Achtung Enteignung!

Wichtige Vorbemerkung des Autors:

Die Aussagen in diesem Buch entsprechen meiner freien Meinung und sind allein meine Ansichten. Meine Werturteile stellen daher eine bloße Meinungsäußerung dar. Fremdbehauptungen werden durch Quellen belegt.

Die Links in den Quellenangaben wurden zum Zeitpunkt der Recherche geprüft und verifiziert. Bei Redaktionsschluss waren die Quellen alle aufrufbar. Sollte dies nach der Drucklegung nicht mehr der Fall sein, so können Online-Artikel oft noch über die Wayback Machine des Internetarchivs (*https://archive.org/web/*) aufgefunden werden. Für Links, die nach der Veröffentlichung von den Seitenbetreibern gelöscht oder verändert wurden, übernehme ich als Autor keine Verantwortung.

Ich weise ferner darauf hin, dass ich keine Finanzberatung oder Ähnliches ausübe und sich jeder Leser selbst informieren und seine Entscheidungen eigenverantwortlich treffen muss. Die in diesem Buch genannten finanziellen Alternativen sind lediglich meine persönliche Meinung. Wenden Sie sich für rechtlich verbindliche Empfehlungen bitte an lizenzierte Finanzberater oder andere Institutionen.

1. Auflage November 2020
2. Auflage November 2020
3. Auflage November 2021

Lektorat, Satz und Layout: Helmut Kunkel
Umschlaggestaltung: Nicole Lechner

ISBN: 978-3-86445-787-6

FSC www.fsc.org MIX Papier aus verantwortungsvollen Quellen FSC® C014496

Gerne senden wir Ihnen unser Verlagsverzeichnis
Kopp Verlag
Bertha-Benz-Straße 10
72108 Rottenburg
E-Mail: info@kopp-verlag.de
Tel.: (0 74 72) 98 06-10
Fax: (0 74 72) 98 06-11

Unser Buchprogramm finden Sie auch im Internet unter:
www.kopp-verlag.de

Michael Grandt

Vorsicht Enteignung!

Der Griff nach Ihrem Vermögen

KOPP VERLAG

Für Maria

Inhalt

»Eigentum ist Diebstahl.«[1]

—Pierre-Joseph Proudhon

»Dieses Land mutiert immer mehr zur DDR 2. Aber das scheint ja genau das zu sein, was gewollt ist. Einen unmündigen Bürger. der sich alles gefallen lassen muss.«[2]

—Loewe, Kommentar in: *Der Tagesspiegel*

»Wer grün wählt, wählt Öko-Marxisten, die kein Problem damit haben, zu enteignen. Das ist verkappter Linksextremismus. Mit freiheitlicher Demokratie hat das wenig zu tun.«[3]

—Zara K., Kommentar in: *Die Welt*

»Will man verhindern, dass es politisch Unglückliche gibt, sorge man dafür, dass der Mensch nicht beide Seiten einer Frage kennenlernt, nur eine. Oder noch besser gar keine.«[4]

—Ray Bradbury

»Je mehr man weiß, desto seltsamer ist alles. Und desto weniger weiß man eigentlich.«[5]

—Blake Crouch

»Deine Freiheit ist ein Trugschluss, eine Fata Morgana.«[6]

—Dmitri Alexejewitsch Gluchowski

»Nur die Schwachen lassen sich benutzen.«[7]

—Matthew Stokoe

VORWORT

Am Anfang ist die Zukunft

Liebe Leser,

in diesem Buch beschreibe ich die vielfältigen Enteignungsmöglichkeiten, die den staatlichen Behörden obliegen, wann sie diese in der Vergangenheit angewandt haben und wie sie sie zukünftig handhaben könnten.

Das Wort »Enteignung« ist hierzulande ähnlich negativ besetzt wie der Begriff »Inflation«. Zu leidvoll sind die Erfahrungen aus unserer Geschichte – ob nun die Geldentwertung in den 1920er-Jahren, die die Ersparnisse unserer Urgroßeltern vernichtete, die *Lastenausgleichsgesetze*, die die Vermögen unserer Großeltern quasi halbierten, die Währungsreformen von 1948, 1990 und 2001* oder die vielfältigen Enteignungen im Rahmen des verlorenen Krieges, der Wiedervereinigung oder aufgrund von Straßen-, Eisenbahn- und Flughafenbau. Nicht zu vergessen auch die Enteignungen im Zuge des Wohnungsbaus, des Baus von Windkraftanlagen, Atomkraftwerken und Stromleitungen sowie des Bergbaus. Der Staat kann sogar ganze Wirtschaftsbranchen vergesellschaften – und das völlig legal.

Der Begriff »Enteignung« suggeriert also, dass staatliche Behörden uns unser Eigentum wegnehmen. Und genauso war und ist es auch, wenn wir den Verlauf der Geschichte betrachten. Eines kann man aus der Vergangenheit für die Zukunft lernen: Niemand ist vor Enteignungen sicher.

* * *

Natürlich wollen uns die grün-rot-linken Ideologen weismachen, dass Enteignungen notwendig seien, um Grund- und Bodenspekulationen einzudämmen. Denn genau das passt in ihre Denkweise vom »bösen

---

* 1948: von der Reichsmark zur D-Mark; 1990: von der Ost-Mark zur D-Mark (für Ostdeutschland); 2001: von der D-Mark zum Euro.

Spekulanten« und in ihren Kampf gegen das bestehende Finanz- und Wirtschaftssystem. Es ist ein gefährlicher Grat, auf dem wir wandern, denn mittlerweile gibt es immer weniger politische und auch mediale Tabus, was Enteignungen und drohende Vergesellschaftungen anbelangt. In diesem Buch erfahren Sie:

- welche Enteignungsgesetze in Deutschland aktuell gelten;
- wie Sie auch ohne unmittelbare Enteignung Ihr Eigentum verlieren können;
- warum die Grünen nicht einmal vor hochbetagten Menschen haltmachen;
- wie sogar Mietrechte enteignet werden können;
- wie man Sie unter Androhung von Bußgeld dazu zwingen kann, Ihr Grundstück zu bebauen;
- dass man zur Sicherung von Flüchtlingsunterkünften ein Gesetz erließ, mit dem man private Immobilien beschlagnahmen konnte;
- warum die »Enteignung« Ihrer Lebensversicherung jederzeit möglich ist;
- weshalb das *Grundgesetz* gar nicht »unser« *Grundgesetz* ist.

Sie werden während der Lektüre dieses Buches erkennen: Zum Zwecke des »Allgemeinwohls« kann man Ihre Wohnungen und Häuser enteignen; wegen des Baus von Flughäfen, Straßen, Bahnhöfen, Gleisen und Windkrafträdern oder für den Bergbau Ihre Grundstücke konfiszieren. Auch kann man Ihnen wegen der Errichtung von Truppenübungsplätzen und Verteidigungsanlagen Ihren Grund und Boden wegnehmen.

Zu den sachlichen und dinglichen Konfiszierungen und Beschlagnahmungen kommt aber auch noch die finanzielle Enteignung. Sie geht viel subtiler vor sich und tarnt sich geschickt. Und zwar so geschickt, dass man sie häufig gar nicht erkennt.

Außerdem erfahren Sie viele wichtige Details, die Ihnen bisher vielleicht entgangen sind oder über die Sie vorsätzlich nicht aufgeklärt wurden:

- warum Behörden Frauen bis zum Alter von 55 Jahren zum Sanitätsdienst zwangsverpflichten können;
- was die verschwiegenen Gründe der Euro-Enteignung sind (es ist viel schlimmer, als Sie sich vorstellen können!);

- was Reichsnotopfer, Wehrbeitrag und Hauszinssteuer mit unserer gegenwärtigen Situation zu tun haben;
- wie Ihre gesamte private Altersvorsorge mit einem Federstrich enteignet werden kann;
- warum die Möglichkeiten zu einem »Lastenausgleich« und zu einer »Vermögensabgabe« in unserem *Grundgesetz* stehen;
- weshalb das *Sanierungs- und Abwicklungsgesetz* das wichtigste Finanzgesetz der letzten Jahrzehnte ist, warum darüber weitgehend geschwiegen wird und was es speziell für Sie bedeutet.

Was viele außerdem nicht wissen: Zurzeit existieren in Deutschland vier (!) militärische Enteignungs- und Requirierungsgesetze, mit denen die Behörden Ihr Eigentum konfiszieren können. Im Falle eines Krieges, Bürgerkrieges, bei inneren Unruhen oder im Katastrophenfall kann man Ihr privates Eigentum beschlagnahmen. Das nennt man »Requirierung«. Wer sich weigert, dem droht sogar Gefängnis.

All das ist möglich, weil die 1968 verabschiedeten *Notstandsgesetze* heute noch gelten. Mit ihrer Anwendung kann die Regierung unsere Grundrechte drastisch einschränken. Im Falle der Reisebeschränkungen sowie der Masken- und Abstandspflicht in der Corona-Zeit haben wir das bereits eindringlich vor Augen geführt bekommen.

* * *

Ich habe dem Verlag ein »anderes« Sachbuch versprochen, denn ich war mir der Gefahr bewusst, dass dieses Thema, bei dem sehr viele juristische Fakten eine Rolle spielen, für manche Leser vielleicht etwas zu »trocken« sein könnte.

Deshalb habe ich, ähnlich wie in meiner Publikation *Der Staatsbankrott kommt*[8] einen kleinen »Trick« angewandt und eine fiktive Zeitmaschine »gebaut«, die Sie direkt an die Orte des Geschehens in der Vergangenheit und auch in die Zukunft bringt. So werden Sie »hautnah« miterleben, wie Bundeskanzler Robert Habeck (Die Grünen), Finanzministerin Katja Kipping (Die Linke) und Justizministerin Saskia Esken (SPD) in nicht allzu ferner Zukunft über das gerade beschlossene *Vermögensabgabe- und Lastenausgleichsgesetz* diskutieren, wie aufgebrachte Bürger den Bau einer Windkraftanlage verhindern wollen und dann von der neu gegründeten Umweltpolizei zusammenknüppelt werden. Sie werden »live« den Tag erleben, an dem der Euro eingeführt wurde, und einiges mehr.

* * *

Um Ihnen das staatliche »Instrument« der Enteignung näherzubringen und zu erklären, musste ich auf wichtige Gesetze eingehen und verschiedene verfassungsrechtliche Begriffe benutzen. Die in der »Beamtensprache« verfassten Paragrafen mögen etwas mühsam zu lesen sein, aber ich erkläre das »Juristendeutsch« und führe viele Beispiele an, um Ihnen leicht verständlich zu illustrieren, was damit gemeint ist. Der Laie mag mir danken, der Fachmann verzeihen.

Als »Highlight« habe ich ***exklusiv*** für Sie eine »Horrorliste« von 41 staatlichen Möglichkeiten erarbeitet, die bei der Vermögensumverteilung nach der Corona-, Wirtschafts- und Finanzkrise angewandt werden können, um die gigantischen Schulden zu tilgen, sprich: Ihnen das Geld aus der Tasche zu ziehen. ***Das*** finden Sie in dieser Form in ***keinem*** anderen Buch.

Das bedeutet für Sie: Sie wissen ***heute*** schon, was ***morgen*** auf Sie zukommen kann. Dieser Informationsvorsprung kann entscheidend für Ihre wirtschaftliche und finanzielle Zukunft sein.

Zum Schluss erläutere ich Ihnen die Möglichkeiten, wie Sie sich vor einer Enteignung schützen und wie Sie Ihr Vermögen in diesen unruhigen Zeiten sicherer machen können.

Danke, dass Sie zu diesem Buch gegriffen haben. Bitte bleiben Sie mir treu. Nur mit vielen Lesern kann ich meinen Kampf gegen die staatlichen Desinformationen und gegen die »Lückenpresse« fortsetzen, den ich seit nahezu 30 Jahren führe.

Ich wünsche Ihnen und Ihrer Familie für die Zukunft von Herzen alles Gute.

Ihr
Michael Grandt

Zeitmaschine

Montag, 20. April 2026, 21:45 Uhr
Sendung *hart aber fair*, ARD-Studio Berlin (Ausschnitte)

Holger Benjamin, Nachfolger des beliebten Moderators Frank Plasberg, moderiert das Thema: »Die Wirtschaft am Boden – Jetzt kommt die Enteignung!«

Gäste der heutigen Sendung:
Robert Habeck (Die Grünen), Bundeskanzler
Katja Kipping (Die Linke), Finanzministerin
Saskia Esken (SPD), Justizministerin
Björn Höcke (AfD), Parteivorsitzender

Benjamin: Seit der Corona-Krise, die 2020 ihren Anfang nahm und bis heute verheerende Auswirkungen an den Finanzmärkten, aber auch in unserer Wirtschaft verursacht, nehmen die Verarmung und die Arbeitslosigkeit in unserem Land zu. Herr Bundeskanzler, was wollen Sie dagegen unternehmen? Schließlich spüren wir die Konsequenzen seit nun fast genau 6 Jahren.
Habeck: Herr Benjamin, die Lage ist wirklich dramatisch, und ich will hier auch nichts schönreden. Aber ich möchte doch zu bedenken geben, dass wir besser aus der Krise gekommen sind als viele andere Länder um uns herum …
Benjamin: Wenn ich Sie da gleich unterbrechen darf … Sie sprechen von »aus der Krise gekommen«. Für die meisten Menschen sind wir aber noch mittendrin, und die aktuellen wirtschafts- und arbeitsmarktpolitischen Daten zeigen das ja auch auf.
Habeck: Da haben Sie vollkommen recht, und wie gesagt, ich möchte nichts beschönigen, aber wir dürfen ja auch stolz sein, wie wir uns verhalten haben und noch verhalten.
Benjamin: Ich hoffe, Sie vergessen meine Frage nicht.
Habeck: Die habe ich noch auf dem Schirm.
Benjamin: Also?

Habeck: Bei den Koalitionsgesprächen mit der SPD und den Linken war uns von vornherein klar: Wir müssen jetzt ran ans Eingemachte. Ran an die Vermögen – um das Land zu stabilisieren und die immer größer werdende soziale Schieflage, die unter meiner Vorgängerregierung verursacht wurde, wieder in den Griff zu bekommen.
Benjamin: Sie meinen damit: Starke Schultern tragen mehr als schwache?
Habeck: Ja, genau.

[Esken und Kipping nicken zustimmend.]

Benjamin: Aber ist das nicht eine abgedroschene Redewendung? Die starken Schultern haben uns doch die letzten Jahre über Wasser gehalten.
Esken: Aber nicht genug …
Benjamin: Zu Ihnen komme ich gleich noch, Frau Esken. Also, Herr Habeck?
Habeck: Sie stehen Ihrem Vorgänger, Herrn Plasberg, in der Beharrlichkeit in nichts nach, das muss ich Ihnen lassen. Nun, um hier klar zu antworten: Vermögende und Krisengewinnler müssen künftig mehr zur Kasse gebeten werden.
Höcke: Was heißt das konkret?
Benjamin: Danke, Herr Höcke, diese Frage wollte ich auch gerade stellen.
Kipping: Darf ich antworten?
Benjamin: Sie sind in Sachen Finanzen die erste Frau des Landes, und der Herr Bundeskanzler ist vielleicht froh, wenn Sie ihm die Antwort abnehmen.

[Vereinzeltes Gelächter im Publikum.]

Kipping: Die Lage ist ernst. Trotz der Bemühungen der Vorgängerregierung konnte die wirtschaftliche und finanzpolitische, aber vor allem auch die soziale Stabilität nicht wiederhergestellt werden. Um weitere Schieflagen in unserem Land zu verhindern, müssen wir nun drastischere Maßnahmen ergreifen.

Höcke: Reden Sie doch nicht um den Brei herum, Sie wollen enteignen, enteignen, enteignen, so wie es Ihrer kommunistischen Grundeinstellung entspricht. Sagen Sie das doch den Leuten hier im Studio und an den Bildschirmen.

[Vereinzeltes Klatschen.]

Kipping: Ausgerechnet von Ihnen, Herr Höcke, der mit seiner Partei einen immer härteren rechten Kurs fährt, lasse ich mich hier nicht in die Ecke stellen …
Höcke: Doch, genau da gehören Sie hin!
Benjamin: Herr Höcke, bitte lassen Sie die Finanzministerin ausreden. Das gehört zu den Gepflogenheiten dieser Sendung.
Kipping: Danke, Herr Benjamin.
Benjamin: Ich wiederhole meine Frage von vorhin: Was verstehen Sie unter »drastischen Maßnahmen«?
Kipping: Wir erarbeiten gerade einen Gesetzesentwurf für einen Lastenausgleich und eine Vermögensabgabe.
Benjamin: Sie meinen damit das *Vermögensabgabe- und Lastenausgleichsgesetz,* das Sie verharmlosend VerLaG nennen …
Höcke: Sie könnten es ganz nach Couleur der SPD ja auch »Gute-Enteignungsgesetz« nennen.

[Zustimmung im Publikum.]

Kipping: Ich wusste gar nicht, dass Sie heute als Komödiant auftreten wollen, Herr Höcke.
Benjamin: Bitte bleiben Sie beim Thema. Worauf müssen sich die Menschen einstellen? Zumal Sie ja mit der SPD und den Linken eine satte Mehrheit im Bundestag und auch im Bundesrat haben.
Kipping: Wir gehen davon aus, dass Immobilienbesitzer weit weniger von der durch die Corona-Pandemie verursachten Wirtschafts- und Finanzkrise betroffen sind als die Ärmeren der Bevölkerung. Deshalb möchten wir einen Lastenausgleich für Immobilienbesitzer von 50 Prozent des berechneten Vermögenswertes, rückwirkend zum 1. Januar 2026, verteilt auf 60 Monate,

und eine einmalige Abgabe von 70 Prozent für Vermögende ab einer Million Euro. Also 70 Prozent auf alles, was eine Million übersteigt.
Benjamin: Die Vermögensabgabe betrifft dann so gesehen nur die Millionäre …

[Kipping nickt.]

Benjamin: … der Lastenausgleich aber betrifft jeden Haus- und Wohnungsbesitzer. Da werden jetzt viele Menschen an den Bildschirmen und vielleicht auch hier im Studio zusammenzucken. 50 Prozent auf den berechneten Vermögenswert, zahlbar in 5 Jahren?
Höcke: Staatlicher Diebstahl …
Benjamin: Herr Höcke, bitte gedulden Sie sich noch etwas. Ich möchte zunächst herausarbeiten, was auf uns alle zukommen wird – Frau Kipping, das *Lastenausgleichsgesetz* von 1952 sah ebenfalls eine Abgabe von 50 Prozent vor, aber verteilt auf 120 Monate. Warum halbieren Sie diese Frist jetzt?
Kipping: Besondere Zeiten verlangen besondere Maßnahmen. Wir haben keine 10 Jahre Zeit, dazu kommt ja noch die Klimakrise. Lange haben wir uns überlegt, ob wir diese Frist nicht auf 2 Jahre ansetzen sollen.

[Raunen im Publikum, Pfiffe und vereinzelte Buhrufe.]

Benjamin: Sie hören, unsere Zuschauer sind nicht sehr erfreut über Ihre Pläne. Ob nun die Frist 5 oder nur 2 Jahre beträgt, Fakt ist: Die Hälfte des Vermögens ist weg.
Esken: So populistisch würde ich das nicht formulieren.
Benjamin: Dann helfen Sie mir, das besser zu verstehen.
Esken: Der Lastenausgleich betrifft ja nicht alle in der Bevölkerung. Lediglich diejenigen, die Immobilien haben und Vermögen.
Benjamin: Das sind aber eine ganze Menge.
Esken: Sonst hätte dieses Gesetz ja auch keinen Sinn …

[Wieder Pfiffe.]

Esken: Um es ganz klar zu sagen: Es kann nicht angehen, dass die eine Hälfte unserer Gesellschaft kaum Auswirkungen der Krise verspürt, während die andere unter die Räder kommt.

[Vereinzeltes Klatschen.]

Benjamin: Sie scheinen hier zwei, drei Fans zu haben.
Höcke: Das sind die Nutznießer.
Esken: Das ist doch allerhand …
Benjamin: Nun zu Ihnen, Herr Höcke. Wie bewerten Sie die Pläne der rot-rot-grünen Bundesregierung?
Höcke: Das ist staatlicher Raub an privatem Eigentum. Wenn die Regierung versagt, müssen die Bürger die Zeche zahlen.
Benjamin: Wenn man satirisch wäre, könnte man sagen, das Volk, das gewählt hat, hat nun die Regierung bekommen, die es verdient.
Höcke: Ganz so stimmt das nicht, denn im Wahlkampf wurde mit gezinkten Karten gespielt. Das Volk wurde im Unklaren gelassen. Zu der ganzen Enteignungsorgie und der kommunistischen Gleichmacherei kommt ja auch noch die Klimahysterie, der Umbau unserer Gesellschaft und der Verlust eigener Ressourcen …
Benjamin: Dieses Thema hatten wir letzte Woche in der Sendung. Bleiben wir bei den Enteignungen. Finden Sie das gut?
Höcke: Natürlich nicht. Familien, die sich ihr ganzes Leben etwas aufgebaut haben, sind jetzt die Dummen.
Benjamin: Aber etwas ist ja schon dran an dem Argument, dass der, der mehr hat, in schwierigen Zeiten auch etwas mehr leisten sollte.
Höcke: Nein.
Benjamin: Warum nicht? Erklären Sie es uns.
Höcke: Das ist ganz einfach. Jeder ist für sein Leben verantwortlich. Jeder hat die Möglichkeit, etwas aus sich zu machen. Aber gerade jene aus dem linken Spektrum bevorzugen es, sich mit immer mehr staatlichen Alimentierungen durchs Leben zu mogeln. Der Staat soll alles richten. Das ist falsch. Wer etwas

leistet, sollte nicht bestraft, sondern belohnt werden. Aber das ist in unserem Land seit Jahrzehnten so: Wer fleißig ist, wird bestraft – und jetzt sogar enteignet. Wer faul ist, wird belohnt …«

[Buhrufe und Klatschen.]

Habeck: Da muss ich einfach etwas dazu sagen, Herr Benjamin, wenn Sie erlauben.
Benjamin: Herr Bundeskanzler, Sie haben das Wort.
Habeck: Die AfD hat es immer noch nicht verstanden: Es geht nicht um die Spaltung der Gesellschaft, sondern um ihre Einigung.
Benjamin: Und die Lastenabgabe wird das Volk einigen? Sind Sie sich da ganz sicher?
Habeck: Es ist wichtig, dass wir den Menschen erklären, worum es geht: Es geht um den Zusammenhalt in der Gesellschaft, um den Abbau von Vorurteilen und um die Finanzierung und Stabilisierung unserer Sozialsysteme, wovon letztlich alle etwas haben.
Kipping: Auch Sie, Herr Höcke.

[Vereinzeltes Gelächter.]

Habeck: Ganz im Ernst: Wir müssen aufpassen, dass uns der Laden nicht um die Ohren fliegt. Deshalb müssen wir diese Maßnahmen ergreifen. Als ich vereidigt wurde, habe ich geschworen, meine Kraft dem Wohle des deutschen Volkes zu widmen, seinen Nutzen zu mehren und Schaden von ihm zu wenden …
Höcke: Das »So wahr mir Gott helfe« haben Sie bei der Vereidigung aber vergessen oder wollten es nicht sagen …

[Gelächter.]

Habeck: Sie sind heute wirklich ein Komödiant, Herr Höcke, und beweisen dadurch, dass Sie und Ihre Partei in so einer ernsten Situation nur billige Witze reißen können.
Höcke: Mit Verlaub, Herr Bundeskanzler, etwas anderes fällt mir zu Ihnen und Ihrer Politik auch nicht ein.

Benjamin: Wir sollten das Thema im Auge behalten. Herr Habeck, Sie haben immer noch das Wort.
Habeck: Es gibt keinen anderen Weg als einen Lastenausgleich, und zwar schnell. Wir werden das Gesetz noch innerhalb der nächsten 4 Wochen verabschieden.

[Esken und Kipping nicken zustimmend.]

Benjamin: Ich nehme an, die Regierung steht zu dem, was sie ankündigt?
Habeck: So wahr mir Gott helfe.

KAPITEL 1

Was bedeutet »Enteignung«?

Begriff

Das Bundesverfassungsgericht definiert »Enteignung« so:

> Die Enteignung im verfassungsrechtlichen Sinn ist auf die vollständige oder teilweise Entziehung konkreter subjektiver Eigentumspositionen im Sinne des Art. 14 Abs. 1 Satz 1 GG [siehe unten; MGR*] zur Erfüllung bestimmter öffentlicher Aufgaben gerichtet.[9]

Im *Jura-Forum* lesen wir:

> Als »Enteignung« wird der Entzug des Eigentums an einer beweglichen oder unbeweglichen Sache durch den Staat bezeichnet. Diese hat im Rahmen der Gesetze sowie gegen Zahlung einer Entschädigung zu erfolgen. [...] Gemäß Art. 14 GG hat zwar jeder Bürger einen Anspruch auf Eigentum, ist aber gleichzeitig dazu verpflichtet, dem Allgemeinwohl zu dienen. So hat der Gesetzgeber individuell die Interessen abzuwägen und zu entscheiden, welches Recht Oberhand hat; das bedeutet, es ist immer eine Einzelfallentscheidung. So ist also eine Enteignung als eine rechtmäßige Entziehung des Eigentums zum Wohle der Allgemeinheit anzusehen, welche durch einen staatlichen Hoheitsakt erfolgt. Zu beachten ist, dass sie nur aufgrund eines Gesetzes erfolgen darf, welches auch die Art und die Höhe der Entschädigung regelt.[10]

Das *Gabler Wirtschaftslexikon* beschreibt den Begriff wie folgt:

> Enteignung ist die vollständige oder teilweise Entziehung vermögenswerter Rechtspositionen im Sinn des Art. 14|1 GG (Eigentum) durch einen gezielten hoheitlichen Rechtsakt zum Wohl der Allgemeinheit, das heißt zur Erfüllung bestimmter öffentlichen Aufgaben. Die Enteignung erfolgt durch Verwaltungsakt aufgrund eines Gesetzes (Administrativenteignung) oder unmittelbar durch Gesetz (Legalenteignung), das Art und

---

* MGR: Namenskürzel des Autors.

Ausmaß der Entschädigung regelt. Die Entschädigung ist unter gerechter Abwägung der Interessen der Allgemeinheit von den Beteiligten zu bestimmen (Art. 14 III GG).[11]

Von Enteignung wird also immer dann gesprochen, wenn ein Entzug einer unbeweglichen (z. B. Immobilien) oder beweglichen Sache (z. B. Gegenstände) auf juristischer Basis durch den Staat erfolgt.[12]

> **Merke:** Die Enteignung kann sich sowohl auf privates wie auch auf wirtschaftliches Eigentum beziehen.[13]

Die gesetzlichen Grundlagen werden von den einzelnen Bundesländern festgesetzt, somit gibt es keine einheitliche Gesetzesbestimmung.[14] Es wird zwischen zwei verschiedenen Arten unterschieden:

❶ **Legalenteignung:** Sie ist aufgrund eines neuen Gesetzes möglich, das dazu erlassen wird. Die Legalenteignung greift in konkrete und individuelle Rechtspositionen ein und weicht vom typischen Gesetz ab. Sie ist also auf eine Entscheidung seitens des Parlaments zurückzuführen und wird ohne weiteren Vollzugsakt wirksam, sobald das Gesetz in Kraft tritt. Betroffene können nur mithilfe einer Verfassungsbeschwerde gegen das anordnende Gesetz vorgehen.[15]

❷ **Administrativenteignung:** Sie ist aufgrund eines Verwaltungsaktes bezüglich eines bereits bestehenden Gesetzes möglich.[16] Eine Administrativenteignung ist auf eine Entscheidung der Verwaltung zurückzuführen und nicht auf eine unmittelbare Entscheidung des Parlaments. Sie ist jedoch nur rechtmäßig, wenn sie auf einem formellen Gesetz beruht.[17]

Gesetze, auf deren Grundlage eine Enteignung bzw. Requirierung möglich ist, finden sich beispielsweise im:

- *Allgemeinen Eisenbahngesetz* (AEG)
- *Baugesetzbuch* (BauGB)
- *Bundesfernstraßengesetz* (FStrG)
- *Bundeswasserstraßengesetz* (WaStrG)
- *Energiewirtschaftsgesetz* (EnWG)

- *Luftverkehrsgesetz* (LuftVG)
- *Landbeschaffungsgesetz* (LBG)
- *Schutzbereichgesetz* (SchBerG)
- *Bundesleistungsgesetz* (BLG)
- *Verkehrsleistungsgesetz* (VerkLG)
- *Rettungsübernahmegesetz* (RettungsG)
- *Sanierungs- und Abwicklungsgesetz* (SAG)
- in den *Landesstraßengesetzen*[18]

Eine Enteignung ist also eine sehr komplexe Sache, die von vielen verschiedenen Parametern abhängt. Ich werde später die wichtigsten Punkte erklären. Zunächst wende ich mich jedoch dem geschichtlichen Hintergrund zu.

Historische Wurzeln

Schon das Römische Recht kannte das Institut der Enteignung. Römisches Recht galt zunächst in Rom und später im ganzen römischen Weltreich. Das *Corpus Iuris Civilis*[19] (»Bestand des zivilen Rechts«) umfasst ein Gesetzeswerk, das von 528 bis 534 n. Chr. im Auftrag des oströmischen Kaisers Justinian I.[20] zusammengestellt wurde. Das hochkomplexe Recht, das in einer Vielzahl von Rechtsquellen (alten Gesetzen, Kaisersprüchen, Schriften von Juristen usw.) verstreut existierte, sollte schließlich in einem Werk zusammengefasst werden.[21] Erstmals veröffentlicht wurde dieser Codex im Jahr 529. Aber erst am 30. Dezember 533 erlangte eine modifizierte Zweitauflage Gesetzeskraft. Diese Fassung ist die bis heute bekannte.[22]

Im 18. Jahrhundert wurde die Enteignung als Rechtsinstitut quasi »wiederentdeckt«, und zwar in Schweden. Im Jahr 1743 wurde dort die Möglichkeit der Enteignung für den Straßen- und Wegebau geschaffen. Aber auch in Frankreich war das Thema kein Tabu mehr.

Nach der Erklärung der Rechte der Verfassung von 1793 war das Eigentum »das Recht, sein Vermögen, seine Einkünfte, den Ertrag seiner Arbeit und Erwerbstätigkeit zu genießen und nach Belieben darüber zu verfügen«, und im *Code Napoleon,* Art. 544 ist zu lesen: »Das Eigentum ist das Recht, seine Sache völlig uneingeschränkt zu gebrauchen und über sie zu verfügen, vorausgesetzt, dass man davon keinen durch Gesetze und Verordnungen verbotenen Gebrauch macht.«[23]

Das französische *Enteignungsgesetz* von 1810[24] hatte großen Einfluss auf die internationale Entwicklung dieses Rechts und ging auch in sozialphilosophische Ideen ein.

Hintergrund: »Eigentum ist Diebstahl«

Vom französischen Sozialreformer und Theoretiker Pierre-Joseph Proudhon[25] stammt das Zitat: »Eigentum ist Diebstahl«[26], das noch heute in den Reihen von Anarchisten und Linken herumgeistert. In seiner Schrift *Qu'est-ce que la propriété? Ou recherches sur le principe du droit et du gouvernement* (deutsch: *Was ist das Eigentum? Erste Denkschrift – Untersuchungen über den Ursprung und die Grundlagen des Rechts und der Herrschaft*) zieht Proudhon den Schluss: »Solange Eigentum Privilegien birgt, solange bedeutet privilegiertes – also erpresserisches – Eigentum Diebstahl.«[27]

Proudhon argumentierte, wenn man politische Gleichheit haben wolle, müsse man das Eigentum abschaffen.[28] Er ging ebenso davon aus, dass man außer den persönlichen Arbeitsmitteln lediglich diejenigen Güter besitzen dürfe, die man durch eigene oder kollektive Arbeit hergestellt oder im Tausch dafür erworben habe. Ferner wollte er die Ausbeutung der Arbeitskraft anderer unterbinden, um eine daraus resultierende Kapitalanhäufung und Machtkonzentration zu verhindern.[29] Der Franzose trat auch für den freiwilligen Zusammenschluss dezentral organisierter, überschaubarer Einheiten ein, für ein herrschaftsfreies System ohne Staat und Kirche.[30]

Damit gab der Sozialreformer bis in die heutige Zeit eine exakte Vorlage für die wirren Gedanken von Linken, Autonomen und Anarchisten.

Im deutschsprachigen Raum finden sich im *Preußischen Allgemeinen Landrecht* bereits 1794[31] erste umfassende Regelungen der Enteignung. Dort heißt es:

> §. 4. Auch der Staat ist jemanden zum Verkaufe seiner Sache zu zwingen nur alsdann berechtigt, wenn es zum Wohl des gemeinen Wesens notwendig ist.

§. 5. Zur Anlegung oder Verbreitung einer öffentlichen Landstraße oder eines schiffbaren Kanals oder Flussbettes können die Besitzer der angrenzenden Grundstücke so viel davon, als zu diesem Behufe erfordert wird, dem Staate käuflich zu überlassen gezwungen werden.[32]

Dass sich gerade die Verfassungen des 19. Jahrhunderts mit dem Zugriff des Staates auf das Privateigentum beschäftigten, ist nicht verwunderlich. Denn die Freiheitslehren des politischen und ökonomischen Liberalismus brachten die Idee der individuellen Freiheit mit der Idee des Privateigentums in Verbindung. Sie begriffen das Privateigentum und die Staatsgewalt als prinzipiell autonome Bezirke und unterschieden zwischen der privaten Rechtssphäre und dem staatlichen Aktionskreis.[33] Die Eigentumsgarantie sollte dabei die Grundlage für die eigenverantwortliche wirtschaftliche Entfaltung des Individuums bilden und einer wettbewerblichen Wirtschaftsordnung Vorschub leisten.[34]

Diese Vorstellungen fanden Eingang in die Verfassungstexte, die die Freiheit des Eigentums garantierten und den Bürger vor willkürlichen Enteignungen schützen wollten. Genau das kam in Artikel 17 der *Französischen Menschenrechtserklärung* von 1789 zum Ausdruck: Demnach konnte das Eigentum niemandem entzogen werden, es sei denn, dass die gesetzlich festgestellte öffentliche Notwendigkeit dies augenscheinlich erforderte, aber unter der Bedingung einer vorherigen gerechten Entschädigung.[35]

Im österreichischen *Allgemeinen Bürgerlichen Gesetzbuch* (ABGB) von 1811 regelte der Paragraf 365 die Entschädigung, wenn der Staat enteignet.[36] Als erste deutsche Staaten erließen Baden (1835) und Bayern (1837) eigenständige Enteignungsgesetze. Es folgten Württemberg (1888), Mecklenburg (1890), Hessen (1894), Oldenburg (1897) und Sachsen (1902).[37]

Nach der Reichsverfassung vom 11. August 1919 übernahm dann das Reich die Gesetzgebung über Enteignungen.[38] Artikel 153 der Weimarer Verfassung lautete:

Das Eigentum wird von der Verfassung gewährleistet. Sein Inhalt und seine Schranken ergeben sich aus den Gesetzen. Eine Enteignung kann nur zum Wohle der Allgemeinheit und auf gesetzlicher Grundlage vorgenommen werden. Sie erfolgt gegen angemessene Entschädigung, so-

> weit nicht ein Reichsgesetz etwas anderes bestimmt. Wegen der Höhe der Entschädigung ist im Streitfalle der Rechtsweg bei den ordentlichen Gerichten offen zu halten, soweit Reichsgesetze nichts anderes bestimmen. Enteignung durch das Reich gegenüber Ländern, Gemeinden und gemeinnützigen Verbänden kann nur gegen Entschädigung erfolgen. Eigentum verpflichtet. Sein Gebrauch soll zugleich Dienst sein für das Gemeine.[39]

Das wichtigste Anwendungsfeld für Enteignungen waren damals der Eisenbahn- und Schifffahrtskanalbau, später kamen der Fernstraßenbau und in der Weimarer Republik das Thema Fürstenenteignung[40] hinzu. In der Zeit des Nationalsozialismus zwischen 1933 und 1945 trafen staatliche Enteignungsmaßnahmen im Rahmen der »Arisierung« vor allem Juden, aber auch staatsfeindliche Organisationen und Personen.[41]

Aber auch in der Nachkriegszeit gab es Enteignungen. Die Siegermächte vollführten einen wahren Raubbau am deutschen Eigentum. Zahlreiche Industrieanlagen wurden abgebaut und landwirtschaftliche Grundstücke – zum Teil gewaltsam – konfisziert. Der Gesamtwert der demontierten Industrieanlagen betrug rund 10 Milliarden D-Mark.[42] Eine gigantische Summe!

In unser *Grundgesetz,* das am 23. Mai 1949 in Kraft trat, wurde die Möglichkeit von Enteignungen ebenfalls aufgenommen.

»Enteignung« steht im *Grundgesetz*

Artikel 14: Enteignungen zum Wohle der Allgemeinheit

Die meisten von uns kennen die allgemeine Phrase vom Eigentum, das verpflichtet, die aktuell von so vielen Politikern (hauptsächlich linker Couleur) benutzt wird. Doch was bedeutet das überhaupt? Ist es so lapidar, wie es sich anhört, oder was steckt wirklich dahinter? Interessante Fragen vor allem für jene, die Eigentum wie Immobilien oder Grundstücke besitzen. Wichtig in diesem Zusammenhang ist Artikel 14 unseres *Grundgesetzes* (Hervorhebungen durch mich):

> (1) Das Eigentum und das Erbrecht werden gewährleistet. Inhalt und Schranken werden durch die Gesetze bestimmt.

> (2) Eigentum verpflichtet. Sein Gebrauch ***soll zugleich dem Wohle der Allgemeinheit dienen.***
> (3) ***Eine Enteignung ist nur zum Wohle der Allgemeinheit zulässig.*** Sie darf nur durch Gesetz oder auf Grund eines Gesetzes erfolgen, das Art und Ausmaß der Entschädigung regelt. Die Entschädigung ist unter gerechter Abwägung der Interessen der Allgemeinheit und der Beteiligten zu bestimmen. Wegen der Höhe der Entschädigung steht im Streitfalle der Rechtsweg vor den ordentlichen Gerichten offen.[43]

Sie sehen: Enteignungen sind »zum Wohle der Allgemeinheit« zulässig. In dieser schwammigen Formulierung liegt meiner Ansicht nach das Problem, und genau das hat schon unzählige Gerichte beschäftigt und beschäftigt sie bis heute.

Hintergrund: Ist »Eigentum zu haben« ein Grundrecht?

Aus verfassungsrechtlicher Sicht ist das Grundrecht auf Eigentum eines der schwächsten Grundrechte in unserem *Grundgesetz,* denn der Inhalt des Eigentums wird durch den Gesetzgeber definiert. Daraus folgt: Wenn der Gesetzgeber Regeln zum Gebrauch des Eigentums aufstellt, hat der Eigentümer diese grundsätzlich zu akzeptieren.[44]

Artikel 14 Abs. 1 GG gewährleistet zwar das Eigentum, erläutert jedoch nicht genau, was mit Eigentum gemeint ist. Das ist wiederum im *Bürgerlichen Gesetzbuch* (BGB) geregelt,[45] und zwar in § 903:

> Der Eigentümer einer Sache kann, soweit nicht das Gesetz oder Rechte Dritter entgegenstehen, mit der Sache nach Belieben verfahren und andere von jeder Einwirkung ausschließen. Der Eigentümer eines Tieres hat bei der Ausübung seiner Befugnisse die besonderen Vorschriften zum Schutz der Tiere zu beachten.[46]

Die Verfassung hat jedoch ein weiter gefasstes Bild vom Eigentum als das des einfachen Rechts. Eigentum im Sinne von Artikel 14 Abs. 1 GG sind alle vom Gesetzgeber gewährten konkreten vermögenswerten Rechte[47] (siehe unten).

Das *Gabler Wirtschaftslexikon* definiert Eigentum in diesem Sinne so:

> Seinem rechtlichen Gehalt nach ist es gekennzeichnet durch Privatnützigkeit, d.h. durch die Zuordnung zu einem Rechtsträger, in dessen Hand es als Grundlage privater Initiative und im eigenverantwortlichen Interesse »von Nutzen sein soll«, und durch die grundsätzliche Verfügungsbefugnis über den Eigentumsgegenstand. Art. 14 GG gewährleistet Eigentum sowohl als Rechtsinstitut wie auch in seiner konkreten Gestalt in der Hand des einzelnen Eigentümers. Unter die Garantie des Eigentums nach Art. 14 | 1 GG fallen neben dem Sacheigentum des Bürgerlichen Rechts z.B. Forderungen, Aktien, Urheberrechte, Versicherungsrenten oder Rentenanwartschaften, nicht aber das Vermögen als solches, Geld im Sinn einer Wertgarantie, Gewinnchancen, Verdienstmöglichkeiten.[48]

Daraus folgt: Der grundgesetzliche Eigentumsschutz hängt zuerst davon ab, dass überhaupt gesetzliche Regelungen bestehen. Sie bestimmen nach Artikel 14 Abs. 1 Satz 2 GG den Inhalt und die Schranken des Eigentums. So wird nicht nur geregelt, welche Rechtspositionen es geben kann, sondern auch, wie weit sie geschützt sind.[49]

Zu den vom Eigentumsgrundrecht geschützten Rechten gehören Forderungen (etwa gegen eine Bank auf Auszahlung eines Sparguthabens), das Eigentum im Sinne des Zivilrechts (also Eigentum an beweglichen Sachen und Grundeigentum), aber auch Ansprüche gegenüber dem Staat, wie beispielsweise der Anspruch auf Zahlung einer Rente aus der Sozialversicherung.[50]

Beschränkungen der Ausübung des Eigentums

Das Eigentum kann aber auch »beschränkt« werden:

- **Schikaneverbot:** Dies ist das in Paragraf 226 BGB ausgesprochene Verbot, ein Recht lediglich zu dem Zwecke auszuüben, einem anderen Schaden zuzufügen.[51] *Beispiele*:
  - Bau einer Garage ohne Rücksichtnahme auf Anwohner.[52]
  - Unangemessener Baulärm.[53]
  - Notwegerecht bei fehlender Verbindung zu einem öffentlichen Weg.[54]

- Unzulässige Zwangsvollstreckung.[55]
- Verstöße gegen das Abstandsflächenrecht.[56]
- Unterlassung der Errichtung von Zäunen des Nachbarn[57] usw.

▸ **Verbot der unzulässigen Rechtsausübung:** Gemeint ist die Ausübung eines formell bestehenden Rechts, die dem Grundsatz von Treu und Glauben (nach Paragraf 242 BGB) zuwiderläuft.[58] »Treue« heißt so viel wie »Zuverlässigkeit« und »Rücksichtnahme«. »Glauben« ist das Vertrauen in die »Treue« des anderen.[59]

Das bedeutet: Der Schuldner hat die Leistung so zu bewirken, wie Treu und Glauben mit Rücksicht auf die Verkehrssitte (»gewöhnlicher Umgang«)[60] es erfordern. Das gilt heute als allgemeiner Rechtsgrundsatz auf allen Gebieten des Privatrechts, in manchen Fällen auch im öffentlichen Recht. Der Gesichtspunkt von Treu und Glauben kann zur Begründung, Abänderung oder zum Wegfall von Rechten und Pflichten führen.[61] *Beispiele*:

- Ein Kunde sagt zu, eine Ware abzuholen und dann zu bezahlen; der Verkäufer kann dann von einem Kaufvertrag ausgehen, der vom Kunden erfüllt werden muss.[62]
- Wenn ein Vertragspartner weiß, dass der andere ihm eine Kündigungserklärung schicken will, aber die Annahme des Briefs verweigert, dann gilt das als Verstoß gegen Treu und Glauben, die Kündigung gilt als zugestellt.[63]
- Es obliegt einem früheren Arbeitgeber, wahrheitsgemäße Auskünfte an den gegenwärtigen Arbeitgeber des Arbeitnehmers zu erteilen.[64]

▸ **Nachbarrecht:** Das Eigentumsrecht des Nachbarn ist zu akzeptieren (Paragraf 906 ff. BGB). Neben diesem privaten Nachbarrecht ist auch das öffentliche Nachbarrecht (z. B. öffentliches Baurecht) zu beachten.[65] *Beispiele*:

- Unzulässige Gase, Dämpfe, Gerüche, Rauch, Ruß, Wärme, Geräusche und Erschütterungen, die das Leben des Nachbarn beeinflussen.[66]
- Anlagen, deren Bestand oder ihre Benutzung eine unzulässige Einwirkung auf das Nachbargrundstück zur Folge hat.[67]

- Wenn durch Einsturzgefahr oder durch Ablösung von Teilen des Gebäudes Gefahr für das Nachbargrundstück besteht.[68]
- Ein Grundstück darf nicht so vertieft werden, dass der Boden des Nachbargrundstücks die erforderliche Stütze verliert, usw.[69]

▸ **Notwehr und Notstand:** Siehe Kapitel 10 → »Wenn Kriege oder Katastrophen ausbrechen – So kann das Militär Ihr Eigentum beschlagnahmen« (S. 159).

Die Sozialpflichtigkeit des Eigentums (siehe unten) schränkt den Schutzbereich des Eigentums[70] ein, indem sie verfassungsrechtliche Inhalts- oder Schrankenbestimmungen ausspricht.[71] Sie beschreibt die Pflichten und Beschränkungen des Eigentums.[72]

Vor dem Hintergrund einer grundsätzlichen Anerkennung des Privateigentums und einer entsprechenden Verfügungsfreiheit wird aber auch gefordert, dass der Gebrauch des Eigentums dem Gemeinwohl nicht zuwiderlaufen bzw. ihm zugutekommen soll.[73]

Merke: Sie können über Ihr Eigentum nicht völlig frei verfügen, denn der Gesetzgeber bestimmt über diesbezügliche Schranken.

Die *Sozialpflichtigkeit des Eigentums* muss vor allem der Gesetzgeber berücksichtigen, wenn er regelt, was Eigentum ist und wie weit es geht.

Beispiel: Der Gesetzgeber muss bei der Ausgestaltung des Mietrechts sowohl die Interessen der Eigentümer als auch die Interessen der Mieter in einen gerechten Ausgleich bringen.[74]

In der einschlägigen Rechtsprechung des Bundesverfassungsgerichts ist die Sozialbindung verschiedentlich konkretisiert worden. Etwa, dass nicht jedes Eigentum einer solchen Bindung unterliege, sondern nur solches, das soziale Relevanz habe, was die Sache jedoch nicht unkomplizierter macht.[75]

Auch die Wissenschaftlichen Dienste des Deutschen Bundestages haben sich mit der Frage der Sozialpflichtigkeit befasst und kamen zu folgendem Ergebnis (Hervorhebungen durch mich):

Die ***Eingriffsberechtigung*** des Art. 14 Abs. 1 S. 2 GG ***ermöglicht es dem Gesetzgeber, Inhalt und Schranken von Eigentum zu bestimmen.*** Der Begriff der Inhalts- und Schrankenbestimmung erfasst alle rechtlichen Regelungen, mit denen der Gesetzgeber Eigentum im Rahmen seiner Ausgestaltungsbefugnis abstrakt-generell definiert. Bei der Ausgestaltung der Eigentumsordnung hat der Gesetzgeber dem Zweck und der Funktion der Eigentumsgarantie und ihrer Bedeutung im Gesamtgefüge der Verfassung Rechnung zu tragen.

Dabei muss er die schutzwürdigen Interessen der Beteiligten in einen gerechten Ausgleich und ein ausgewogenes Verhältnis bringen. Eine einseitige Bevorzugung oder Benachteiligung von Eigentümerinteressen oder des Sozialbezugs des Eigentums stünde mit dem Eigentumsmodell des Grundgesetzes nicht in Einklang.[76]

Weiter:

Bei der Suche nach einer ausgewogenen Eigentumsordnung ***verfügt der Gesetzgeber grundsätzlich über einen weiten Gestaltungsspielraum.*** Dient das Eigentum der unmittelbaren persönlichen Lebensführung, ist der Gesetzgeber in seiner Gestaltungsfreiheit beschränkter, als wenn das Eigentum einen sozialen Bezug hat, d.h. sein Gebrauch dem Wohl der Allgemeinheit dient. Inhalts-und Schrankenbestimmungen nach Art. 14 Abs. 1 S. 2 GG sind dann verfassungsmäßig, wenn sie einen sachgerechten Ausgleich der unterschiedlichen Interessen nach Verhältnismäßigkeitskriterien bewirken, unter Berücksichtigung insbesondere des personalen Bezugs des Eigentums einerseits, seiner Sozialbindung andererseits, die ***Eigenart des jeweiligen Gutes und seiner Bedeutung für den Eigentümer wie die Allgemeinheit.***[77]

Und weiter:

In die Abwägung des Gesetzgebers muss die Bedeutung der vermögenswerten Rechtsposition für den Eigentümer einfließen. Stellt sich das Eigentum als Element der Sicherung der persönlichen Freiheit dar, genießt es einen besonders ausgeprägten Schutz. Die Befugnis des Gesetzgebers zur Inhalts-und Schrankenbestimmung reicht ***umso weiter, je mehr das Eigentumsobjekt in einem sozialen Bezug und einer sozialen Funktion steht.*** Demzufolge muss der Gesetzgeber, einzelfallbezogen, die widerstreitenden Interessen abwägen, wenn er den Inhalt und die Schranken des Eigentums nach Art 14 Abs. 1 S. 2 GG bestimmt. Er muss die Gesamtumstände des konkreten Falles in seiner Abwägung berücksichtigen. Wenn das Eigentum unmittelbar nur der persönlichen Lebensführung dient, ist sein Gestaltungsspielraum nicht so weit, als wenn das Eigentum auch dem Wohl der Allgemeinheit dient.[78]

Ganz vereinfacht ausgedrückt bedeutet Artikel 14 *Grundgesetz*:

- Was uns gehört, darf man uns nicht einfach so wegnehmen.
- Der Staat schützt unser Eigentum.

Aber:

- Eigentum ist eine Verpflichtung, das bedeutet: Es soll so genutzt werden, dass es allen nützt. ***Beispiel:*** Wer eine Fabrik besitzt, der soll Menschen Arbeitsplätze anbieten. Wer viele Häuser hat, der soll Wohnungen vermieten, damit andere Menschen dort wohnen können. Wer viel Geld hat, der muss Steuern zahlen, damit der Staat diese dann für die Allgemeinheit einsetzen kann.
- Der Artikel sagt zudem: Es gibt eine Ausnahme. Der Staat kann in wichtigen Fällen Eigentum enteignen. ***Zum Beispiel:*** Der Staat kann ein Grundstück wegnehmen, wenn eine wichtige Straße gebaut werden soll. Der Staat darf jedoch nur etwas enteignen, wenn es ein entsprechendes Gesetz dazu gibt.
- Der Staat muss jedoch eine Entschädigung anbieten.[79] Die Ausgleichszahlung kann jedoch auch unter dem aktuellen Marktwert liegen (dazu komme ich noch). Dann bleibt dem Betroffenen nur die Möglichkeit, die Zahlung zu akzeptieren oder vor Gericht zu klagen.[80]

Die »klassische Enteignung« nach Artikel 14, Abs. 3 GG ist hierzulande üblich. Sollen beispielsweise Straßen gebaut oder Kohle gefördert werden, dann darf grundsätzlich per Enteignung in das Grundrecht auf Eigentum eingegriffen werden. So kann es sein, dass die Eigentümer von angrenzenden Grundstücken enteignet werden, allerdings nur »zum Wohle der Allgemeinheit«. Doch jeder dieser Eingriffe muss »verhältnismäßig« sein. Das bedeutet, es darf kein »milderes« Mittel geben, das den gleichen Effekt hat.

Artikel 14 unseres *Grundgesetzes* ist allgemein bekannt. Weniger beachtet wird allerdings Artikel 15 GG, der Eigentümer sogar noch schlimmer treffen kann.

Artikel 15: Sozialisierungen zum Zwecke der Vergesellschaftung

Artikel 15 *Grundgesetz* lautet (Hervorhebungen durch mich):

> ***Grund und Boden, Naturschätze und Produktionsmittel können zum Zwecke der Vergesellschaftung*** durch ein Gesetz, das Art und Ausmaß der Entschädigung regelt, in ***Gemeineigentum oder in andere Formen der Gemeinwirtschaft überführt*** werden. Für die Entschädigung gilt Artikel 14 Absatz 3 Satz 3 und 4 entsprechend.[81]

Die Bundeszentrale für politische Bildung schreibt dazu (Hervorhebungen durch mich):

> Nicht nur durch die Enteignung, auch im ***Sozialisierungsartikel 15 GG*** sieht das Grundgesetz die ***Entziehung von Eigentum*** vor. Mit ihr würden nicht wie bei der Enteignung nur bestimmte Eigentumspositionen im Einzelfall entzogen, sondern ***die genannten vergesellschaftungsfähigen Güter insgesamt, mit dem Ziel, sie in die Gemeinwirtschaft zu überführen***. Dies bedeutet, dass die Güter nicht mehr zum privaten Gewinnstreben eingesetzt werden, sondern ihre ***Nutzung unmittelbar der Allgemeinheit zugutekommt***, wobei auch hier eine Entschädigung vorgesehen ist.[82]

Artikel 15 GG eröffnet mit anderen Worten für die Rechtsgüter ***Grund und Boden, Naturschätze*** und ***Produktionsmittel*** die Option, diese in Gemeineigentum oder auch in andere Formen der Gemeinwirtschaft zu überführen.

> **Merke:** Das *Grundgesetz* lässt für bestimmte Rechtsgüter eine Vergesellschaftung zu.

Die Aufzählung der genannten Rechtsgüter ist abschließend, das wird auch in der juristischen Literatur nicht bestritten.[83]

Ganz vereinfacht ausgedrückt, bedeutet Artikel 15:

- Der Staat kann Grund und Boden, Naturschätze und Produktionsmittel vergesellschaften. ***Beispiele für Grund und Boden***: Wiesen oder Wald. ***Beispiele für Naturschätze***: Kohle- oder Erzbergwerke. ***Beispiele für Produktionsmittel***: Fabriken.
- Vergesellschaften heißt, ein Bergwerk oder eine Fabrik gehören den Menschen gemeinsam, und sie verwalten diese zusammen.[84]

Was unter Grund und Boden sowie Naturschätzen zu verstehen ist, ist in der juristischen Literatur relativ klar. Unter Naturschätze fallen Kohle, Erdöl oder Eisenerze und wirtschaftlich nutzbare Naturkräfte wie Wasserkraft oder Windenergie.[85]

Ganz anders verhält es sich bei der Auslegung des Rechtsgutes »Produktionsmittel«, auch im Hinblick auf eine digitalisierte Welt. Darüber ist ein regelrechter juristischer Streit entstanden. Auf der einen Seite gibt es diejenigen, die auf die Debatten im Parlamentarischen Rat zur Entstehung des *Grundgesetzes* abstellen (siehe → »Hintergrund: Unser *Grundgesetz* musste von den Siegermächten ›genehmigt‹ werden«, S. 36), in denen es lediglich um Schlüsselindustrien gegangen und der Dienstleistungssektor ausgenommen worden sei.[86]

Andere wiederum folgern aus dem Wortlaut von Artikel 15 GG, dass damit *sämtliche* Mittel zur Produktion oder Bereitstellung von Wirtschaftsgütern und damit auch Handels- und Dienstleistungsunternehmen erfasst seien.[87]

Für Vertreter der linken Rosa-Luxemburg-Stiftung ist jedoch klar (Hervorhebungen durch mich):

> Der Vorteil der Enteignung gegenüber der Vergesellschaftung ist, dass diese nicht auf bestimmte Rechtsgüter beschränkt ist. Andererseits findet mit einer Enteignung nicht zwingend die Überführung in Gemeineigentum oder andere Formen der Gemeinwirtschaft statt. Enteignung bedeutet deshalb nicht, dass Eigentum zwangsläufig demokratischer kontrolliert und eingesetzt wird. ***Vergesellschaftung hingegen mit der strengen Bindung an die Überführung in Gemeinwohl oder andere Formen der Gemeinwirtschaft ist der umfassendere gesellschaftsverändernde Ansatz. Und gerade deshalb wollen Marktliberale den Art. 15 GG lieber heute als morgen abschaffen.***[88]

Und weiter:

> Die historisch bedingte Beschränkung der Vergesellschaftung auf bestimmte Rechtsgüter stellt eine Herausforderung für die Zukunft dar. ***Aufgabe linker Jurist*innen muss es sein, für einen weiten Begriff des vergesellschaftungsfähigen Rechtsgutes Produktionsmittel einzutreten und dies gegebenenfalls auch juristisch durchzukämpfen.*** Nur so wird es gelingen, den Art. 15 GG auch für die Vergesellschaftung der für eine digitalisierte Welt zentralen Produktionsmittel Patente und Algorithmen anwendbar zu halten.[89]

Die Linken wollen sich also dafür einsetzen, dass eine Vergesellschaftung zukünftig auf möglichst viele Produktionsmittel angewendet werden kann.[90] Eine »Überführung in Gemeineigentum« nach Artikel 15 soll demnach dazu dienen, den Staat selbst dauerhaft an die Stelle eines Unternehmers zu setzen und ihm damit mehr Handlungsspielraum zu gewähren. Dagegen soll eine Enteignung nach Artikel 14 lediglich in einzelnen Fällen ein Hindernis für das Interesse der Allgemeinheit aus dem Weg räumen.[91]

Warum gibt es Artikel 15 überhaupt?

Als das *Grundgesetz* 1949 »beschlossen« wurde, gab es unterschiedliche Meinungen über die zukünftige Wirtschaftspolitik in Westdeutschland. Manche politischen Vertreter waren der Auffassung, die Wirtschaftsunternehmen müssten allen Menschen gemeinsam gehören,[92] andere teilten diese Meinung wiederum nicht. Demnach ist Artikel 15 im Jahr 1949 vom Parlamentarischen Rat[93] als Ausdruck der »Offenheit« in Bezug auf die künftige Wirtschaftsverfassung Deutschlands eingeführt worden. Damals wollte man auch planwirtschaftliche Entwicklungen noch nicht ausschließen,[94] denn die Vergesellschaftung von Schlüsselindustrien war in jener Zeit ein breit diskutiertes Thema.

Auch die Siegermächte USA, Großbritannien und Frankreich standen der deutschen Industrie wegen ihrer ehemaligen Verbundenheit mit dem NS-Regime skeptisch gegenüber.[95] Doch die Vergemeinschaftung ließ sich in Westdeutschland nicht umsetzen. Dennoch steht Artikel 15 nach wie vor in unserem *Grundgesetz.*

Hintergrund: Unser *Grundgesetz* musste von den Siegermächten »genehmigt« werden

Manche mögen es nicht wissen, manche mögen es nicht glauben. Aber unser so hoch gelobtes *Grundgesetz* führt eigentlich die Siegergeschichtsschreibung fort, denn es ist keine Verfassung, die wir uns Deutsche »eigenständig« gegeben haben, wenn es auch medial und politisch so »verkauft« wird. Doch ganz im Gegensatz zu den politisch korrekten Verlautbarungen musste unsere Verfassung von den westlichen Siegermächten erst »genehmigt« werden. Zudem hatten diese auch noch verschiedene »Vorbehalte«, die der Kriegsverlierer Deutschland natürlich »ändern« musste, damit seine Verfassung letztendlich »genehmigt« wurde.

Hier der Text des Schreibens der Militärgouverneure der drei Westzonen an den Präsidenten des Parlamentarischen Rates und späteren Bundeskanzler Konrad Adenauer. Achten Sie auf die Diktion, die alles aussagt (Hervorhebungen durch mich):

Herrn Dr. Konrad Adenauer
Präsident des Parlamentarischen Rates
Bonn

Sehr geehrter Herr Dr. Adenauer!

1. Das am 8. Mai vom Parlamentarischen Rat angenommene Grundgesetz hat unsere sorgfältige und interessierte Aufmerksamkeit gefunden. Nach unserer Auffassung verbindet es in glücklicher Weise deutsche demokratische Überlieferung mit den Prinzipien einer repräsentativen Regierung und einer Rechtsordnung, die die Welt als für das Leben eines freien Volkes unerlässlich betrachtet.

*2. **Indem wir die Verfassung genehmigen**, damit sie gemäß Artikel 144 (1) dem deutschen Volke zur Ratifizierung unterbreitet werde, nehmen wir an, dass Sie verstehen werden, dass wir **verschiedene Vorbehalte machen müssen**. Zum ersten **unterliegen die Befugnisse**, die dem **Bund** durch das Grundgesetz übertragen werden, sowie die von den **Ländern und den örtlichen Verwaltungskörperschaften** ausgeübten*

Befugnisse ***den Bestimmungen des Besatzungsstatutes****, das wir Ihnen schon übermittelt haben und das mit dem heutigen Datum verkündet wird.*

3. Zweitens ***versteht*** *es sich, dass die* ***Polizeibefugnisse****, wie sie in Artikel 91(2) enthalten sind,* ***nicht ausgeübt werden dürfen, bis sie von den Besatzungsbehörden ausdrücklich gebilligt sind****. In gleicher Weise sollen die übrigen Polizeifunktionen des Bundes im Einklang mit dem in dieser Frage an Sie gerichteten Schreiben vom 14.4.49 ausgeübt werden.*[96]

4. Ein ***dritter Vorbehalt*** *betrifft die* ***Beteiligung Groß-Berlins am Bund****. Wir interpretieren den Inhalt der Artikel 23 und 144 (2) des Grundgesetzes dahin, dass er die Annahme unseres früheren Ersuchens darstellt,* ***demzufolge Berlin*** *keine abstimmungsberechtigte Mitgliedschaft im Bundestag oder Bundesrat erhalten und auch* ***nicht durch den Bund regiert werden wird****, dass es jedoch eine beschränkte Anzahl Vertreter zur Teilnahme an den Sitzungen dieser gesetzgebenden Körperschaften benennen darf.*

5. Ein ***vierter Vorbehalt*** *bezieht sich auf die Artikel 29 und 118 und die allgemeinen* ***Fragen der Neufestsetzung der Ländergrenzen****. Abgesehen von Württemberg-Baden und Hohenzollern hat sich unsere Haltung in dieser Frage, seitdem wir die Angelegenheit mit Ihnen am 2. März*[97] *besprochen haben, nicht geändert.* ***Sofern nicht die Hohen Kommissare einstimmig eine Änderung dieser Haltung beschließen, sollen die in den genannten Artikeln festgelegten Befugnisse nicht ausgeübt werden*** *und die Grenzen aller Länder mit Ausnahme von Württemberg-Baden und Hohenzollern bis zum Zeitpunkt des Friedensvertrages, so wie sie jetzt festgelegt sind, bestehen bleiben.*[98]

6. Wir sind fünftens der Auffassung, dass Artikel 84, Absatz 5, und Artikel 87, Absatz 3, dem Bund ***sehr weitgehende Befugnisse auf dem Gebiet der Verwaltung geben. Die Hohen Kommissare werden der Ausübung dieser Befugnisse sorgfältige Beachtung schenken müssen, um sicherzustellen, dass sie nicht zu einer übermäßigen Machtkonzentration führen.***

7. Bei unserer Zusammenkunft mit Ihnen am 25. April unterbreiteten wir Ihnen eine Formel, in der auf Englisch der Sinn des Artikels 72 (2), 3, wiedergegeben war. Diese Formel, die Sie annahmen, da Sie Ihre Auffassung wiedergebe, lautete wie folgt: »... weil die Wahrung der Rechts- oder wirtschaftlichen Einheit sie erfordert, um die wirtschaftlichen Interessen des Bundes zu fördern oder eine angemessene Gleichheit wirtschaftlicher Möglichkeiten für alle Menschen sicherzustellen«.

Wir möchten Sie davon unterrichten, dass die ***Hohen Kommissare diesen Artikel in Übereinstimmung mit dem vorliegenden Text auslegen*** *werden.*

8. Um die Möglichkeit zukünftiger Rechtsstreitigkeiten auszuschalten, möchten ***wir klarstellen****, dass* ***wir bei der Genehmigung der Verfassungen für die Länder bestimmten****, dass nichts in diesen Verfassungen als Beschränkung der Bestimmungen der Bundesverfassung ausgelegt werden kann. Ein Konflikt zwischen den Länderverfassungen und der vorläufigen Bundesverfassung muss daher zugunsten der letzteren entschieden werden.*

9. Wir ***möchten es auch klar verstanden wissen****, dass nach Zusammentritt der gesetzgebenden Körperschaften, die das Grundgesetz vorsieht, und nach dem entsprechend dem im Grundgesetz festgelegten Verfahren die Wahl des Präsidenten sowie die Wahl und Ernennung des Kanzlers bzw. der Bundesminister erfolgt sind, die Regierung der Bundesrepublik Deutschland konstituiert ist und* ***das Besatzungsstatut daraufhin in Kraft tritt.***

10. Nach Vollendung seiner letzten Aufgabe, wie sie in Artikel 145, Absatz 1, festgelegt ist, wird der Parlamentarische Rat aufgelöst. Wir möchten diese Gelegenheit benützen, um die Mitglieder des Parlamentarischen Rates zur erfolgreichen Vollendung ihrer unter kritischen Verhältnissen durchgeführten schwierigen Aufgabe sowie zu der offenkundigen Sorgfalt und Gründlichkeit, mit der sie ihre Arbeit geleistet haben, und zu der Hingabe an demokratische Ideale, nach deren Erreichung wir alle streben, zu beglückwünschen.

Frankfurt, den 12. Mai 1949

B. H. Robertson
General
Militärgouverneur
Britische Zone

Pierre Koenig
General d'Armee
Militärgouverneur
Französische Zone

Lucius D. Clay
General, US Army
Militärgouverneur
Amerikanische Zone[99]

Demnach ist »unser« *Grundgesetz* der Wille der Sieger über die Besiegten. Noch immer warten wir auf eine Verfassung, die von »unserem« Volk ausgeht:

> *Dieses Grundgesetz, das nach Vollendung der Einheit und Freiheit Deutschlands für das gesamte deutsche Volk gilt, verliert seine Gültigkeit an dem Tage, an dem eine Verfassung in Kraft tritt, die von dem deutschen Volke in freier Entscheidung beschlossen worden ist.*[100]
> (*Grundgesetz* für die Bundesrepublik Deutschland, Artikel 146)

Darauf können wir wohl lange warten, denn mir scheint, als hätten unsere Volksvertreter Angst vor ihrem eigenen Volk.

Im Unterschied zu Artikel 14 GG ermöglicht Artikel 15 nicht nur die Enteignung einzelner Grundstücke und Gegenstände, sondern gleich ganzer Wirtschaftsbranchen.[101]

Mit Artikel 15 GG ist es möglich, Wirtschaftszweige oder Teile davon institutionell zu »sozialisieren« bzw. zu »vergesellschaften« und gemeinwirtschaftlich zu organisieren.[102] Artikel 15 GG enthält jedoch keinen *Auftrag* zur Sozialisierung, sondern lediglich eine *Ermächtigung*.[103] Dies hat jedoch nichts mit Verstaatlichung zu tun, denn Gemeineigentum ist von der Verstaatlichung zu unterscheiden. Es reicht nämlich nicht aus, Eigentum in Händen des Staates zu begründen, sondern es muss dann auch die Form des Wirtschaftens geändert werden.[104]

Der »Vergesellschaftungsartikel« in unserem *Grundgesetz* kann allerdings nur nach dem Prinzip der Verhältnismäßigkeit der Mittel angewandt werden. Das ist immer zu beachten, wenn der Gesetzgeber oder die Behörden in Grundrechte eingreifen. Das heißt nichts anderes, als dass ein Eingriff geeignet und erforderlich sein muss. In der Juristensprache: Der Nachteil darf im Vergleich zum angestrebten Nutzen nicht unproportional sein. Doch bei Eignung und Erforderlichkeit hat der Staat auch hier einen weiten Einschätzungs- und Gestaltungsspielraum.[105]

Der Staat hat die bisherigen Eigentümer bei einer Sozialisierung jedoch zu entschädigen. Das muss allerdings nicht zum Verkehrswert geschehen, denn die Höhe der Entschädigung ist laut *Grundgesetz* »unter gerechter Abwägung der Interessen der Allgemeinheit und der Beteiligten«[106] zu bestimmen. Der »Trick« dabei: Es kann berücksichtigt werden, dass dem Eigentum alternativ auch einschränkende gesetzliche Regeln hätten auferlegt werden können, was die Entschädigungssumme mindern kann. Ein eventueller künftiger Wertzuwachs oder zukünftige Gewinne müssen nämlich nicht entschädigt werden.[107]

Der ehemalige Präsident des Bundesverfassungsgerichts, Hans-Jürgen Papier, bekräftigte im April 2019 gegenüber der *Welt,*[108] dass eine Enteignung zwar möglich sei, aber nur wenn der Staat ein Gut zwingend für eine bestimmte Gemeinwohlaufgabe benötige. Anders sei dies bei der »klassischen Enteignung« nach Artikel 14, Abs. 3 GG, wenn z. B. Straßen zur öffentlichen Nutzung gebaut werden sollen. Dann dürfe grundsätzlich per Enteignung in das Grundrecht auf Eigentum eingegriffen werden, da es gesetzlich dem Allgemeinwohl zugutekommt.[109]

Für Sozialisten ist allerdings klar: Wenn viele Haus- und Wohnungseigentümer ihre Häuser oder Wohnungen zum Zwecke der Spekulation leer stehen lassen, stellt dies einen eindeutigen Verstoß gegen die Regelung in Artikel 14, Abs. 2 dar, sodass für sie eine Enteignung die logische Konsequenz daraus ist.[110] Man kann es also drehen und wenden, wie man will: Artikel 14 und 15 bedeuten eine tiefe Einschränkung unserer Grundrechte.

Der FDP-Haushaltsexperte Otto Fricke sieht das ähnlich. Artikel 15 stellt für ihn eine »pauschale Möglichkeit zum Zwecke der Vergesellschaftung« dar. Insofern sei dieser Artikel »eine Bedrohung für unsere Wirtschaftsordnung in der Form der sozialen Marktwirtschaft, wie man ja anhand der Äußerungen von Sozialisten und sozialisierenden Grünen erkennen« könne.[111]

So kann eine Enteignung ablaufen

Kriterien

Die Kriterien sind dann erfüllt, wenn ein Grundstück von der öffentlichen Hand[112] für ein Vorhaben, das dem Allgemeinwohl zugutekommt, dem Eigentümer entzogen wird.[113]

Beispiel: Eine Kommune will eine Straßenbahnlinie durch die Ortsmitte anlegen. Da der bestehende Straßenraum nicht ausreicht, muss er zu beiden Seiten des geplanten Linienverlaufs verbreitert werden. Da es keine andere Möglichkeiten gibt, werden die direkten Anlieger um die benötigten Flächen ihrer Vorgärten enteignet und ihnen eine Entschädigung gezahlt oder anders entgolten (etwa durch Ersatzland).[114]

Voraussetzungen

Damit eine Enteignung überhaupt zulässig ist, müssen weitere Voraussetzungen eingehalten werden:

- Die Enteignung *muss* auf der Grundlage eines Bundes- oder Landesgesetzes durchgeführt werden. Beruft sich eine Behörde auf eine Rechtsgrundlage, der eine Entschädigungsregelung *fehlt,* ist die Enteignung unwirksam.
- Die öffentliche Hand muss sich zuvor *ernsthaft* bemüht haben, das betreffende Grundstück auf dem üblichen Weg zu erwerben.
- Die öffentliche Hand muss glaubhaft nachweisen, dass das Grundstück innerhalb eines angemessenen Zeitraums für den vorgesehenen Zweck benötigt wird.
- Dem Enteigneten muss eine Entschädigung zugesprochen werden. Diese kann auch aus geeignetem Ersatzland bestehen.[115]

Achtung: Wenn zwingende städtebauliche Gründe vorliegen, muss die Kommune nur noch ihr ernsthaftes, aber vergebliches Bemühen um Kauf des betreffenden Grundstücks dokumentieren.[116]

Was ist ein Enteignungsprivileg?

Werden unter zwingenden städtebaulichen Gründen z. B. unbebaute Grundstücke enteignet, die nicht überplant, d. h. noch in keinem Bebauungsplan sind, sich aber innerhalb bebauter Ortsteile befinden und dazu dienen sollen, Baulücken zu schließen, nennt man dies »Enteignungsprivileg«. Dieses darf nur zugunsten eines öffentlichen Bedarfs- und Erschließungsträgers oder der Kommune angewendet werden.[117]

Umfang

Der Umfang von Enteignungen muss immer »verhältnismäßig« sein. Verhältnismäßig bedeutet in diesem Fall, dass die enteigneten Eigentümer nur in dem Maße belastet werden dürfen, wie es für den Zweck der Enteignung nötig ist.[118]

Achtung: Eine Enteignung löst keinen Anspruch auf vollumfänglichen Schadensersatz aus. Nur der Verlust des Eigentums ist maßgeblich, nicht aber andere Kriterien wie beispielsweise der durch die Enteignung begründete entgangene Gewinn. Und auch das kann geschehen: Eine Entschädigung kann gekürzt werden, wenn z. B. aufgrund einer Verunreinigung des Erdreichs eine Sanierungsmaßnahme durch die Behörde durchgeführt werden muss.[119]

Ablauf

In der Regel ist eine Enteignung an bestimmte Formvorschriften gebunden. Entsprechende Fachgesetze[120] sehen einen festen Ablauf vor. Sind keine Verfahrensregelungen vorhanden, gelten die Vorschriften des *Verwaltungsverfahrensgesetzes* (VwVfG).[121]

Bei der Enteignung von Grundstücken ist das *Baugesetzbuch*[122] (siehe unten) maßgeblich.[123]

Diejenige Behörde, die eine Enteignung durchzuführen beabsichtigt, muss deren Durchführung bei der höheren Verwaltungsbehörde (in den meisten Bundesländern sind das die Bezirksregierungen) beantragen.

Die Beteiligten sind: der Antragsteller (i. d. R. die Behörde oder die Maßnahmeträger, die ein Enteignungsverfahren durchführen lassen möchten), der von der Enteignung betroffene Eigentümer sowie weitere Personen, denen Rechte an der zu enteignenden Sache zustehen.[124]

Antragstellung

Der Antrag wird durch den Maßnahmeträger gestellt. Der Enteignungsbehörde obliegt dabei die Zuständigkeit der Bearbeitung und des Einleitens des Verfahrens. Die Enteignungsbehörde ist meist in die Kreisverwaltung integriert, wodurch der Antrag dann über das Landratsamt bearbeitet wird.[125] Für den Enteignungsantrag müssen i. d. R. folgende Unterlagen eingereicht werden:

- Grundbucheintrag oder
- Katasterauszüge
- Lagepläne (Maßstab 1:1000)

> **Tipp:** Sie als Betroffene/r haben jederzeit das Recht auf Einsicht.[126]

Zusätzliche Dokumente, die eingereicht werden müssen, sind die folgenden:

- Nachweis über finanzielle Mittel zur Projektrealisierung
- Planfeststellungsbeschlüsse
- Erforderliche Genehmigungen, Bewilligungen, Erlaubnisse und Zustimmungen entsprechender Instanzen[127]

Ermittlung beteiligter Personen

Vor dem ersten mündlichen Anhörungstermin ist es die Pflicht der Enteignungsbehörde, alle Beteiligten und Betroffenen ausfindig zu machen und in das Enteignungsverfahren einzubeziehen.[128]

Beweissicherungsverfahren

Der Betroffene des Enteignungsverfahrens kann verlangen, dass die Enteignungsbehörde ein Beweissicherungsverfahren durchführt. Dieses soll den Zustand des betroffenen Grundstückes bewerten. Dazu wird ein Sachverständiger eingeschaltet, der Nutzbarkeit, Bodenbeschaffenheit und ggf. die bauliche Relevanz ermittelt.

Das Gleiche gilt aber auch umgekehrt. Auch die Enteignungsbehörde kann ohne direktes Verlangen des Eigentümers ein Beweissicherungsverfahren einleiten.[129]

Mündliche Verhandlung

Wenn alle relevanten Papiere und Gutachten erfasst sind, wird eine mündliche Verhandlung anberaumt. Zunächst erhalten alle Verfahrensbeteiligten die Möglichkeit, ihre Ansicht bezüglich der Enteignung darzulegen.

Dabei kann es schon vor Abschluss, wenn besonders dringende Vorhaben zum Wohle der Allgemeinheit anstehen, zu einer vorzeitigen Besitzeinweisung kommen (siehe → Unterkapitel »Vorspiel zur Enteignung: Die vorzeitige Besitzeinweisung«, S. 81). Kurz: Es kann bereits mit der relevanten Maßnahme begonnen werden, bevor der Beschluss zum eigentlichen Entzug des Eigentums endgültig festgelegt wird.[130]

Einigen sich die Beteiligten, ist das Verfahren beendet. Andernfalls erlässt die Enteignungsbehörde einen Enteignungsbeschluss, der eine Begründung und eine Rechtsbehelfsbelehrung enthalten muss. Ist der Enteignete mit dem Beschluss oder Teilen daraus nicht einverstanden, kann er den Rechtsweg beschreiten.[131]

Entschädigung

Ich wiederhole: Nach Artikel 14 Abs. 3 des *Grundgesetzes* muss ein Grundstückseigentümer für den Verlust durch eine Enteignung angemessen entschädigt werden.

Das bedeutet: Der Enteignete sollte mit der Entschädigung in der Lage sein, sich einen vergleichbaren Gegenstand zu beschaffen.[132]

Dabei gilt folgender Grundsatz: Der Enteignete soll mit dem Verkehrswert entschädigt werden, den sein Eigentum zum Zeitpunkt des Enteignungsbeschlusses aufgewiesen hat. Dieser wird durch das Vergleichswertverfahren ermittelt. Kurz: Hierbei wird der Wert des betroffenen Grundstücks durch einen Vergleich mit ähnlichen Grundstücken ermittelt (siehe dazu auch das Unterkapitel → »So können Sie sich gegen eine drohende Enteignung Ihrer Grundstücke und Immobilien wehren«, S. 235). Außerdem werden durch Ertragswert- und Sachwertverfahren (siehe unten) die Entschädigungen für Gebäude, bauliche Anlagen, Außenanlagen und anderes berücksichtigt.[133]

Achtung: Ein durch Altlasten verunreinigtes Grundstück führt zu einer geringeren Entschädigung. Zudem wird der Eigentümer nur für den unmittelbaren Verlust seines Eigentums entschädigt und nicht für einen etwaigen entgangenen Gewinn[134] (mehr dazu im Unterkapitel → »So können Sie sich gegen eine drohende Enteignung Ihrer Grundstücke und Immobilien wehren – Welche Entschädigung Sie erhalten«, S. 235).

Hintergrund: Vergleichswertverfahren • Ertragswertverfahren • Sachwertverfahren

Vergleichswertverfahren

Das Vergleichswertverfahren fußt auf den Paragrafen 15ff. der *Verordnung über die Grundsätze für die Ermittlung der Verkehrswerte von Grundstücken* (ImmoWertV).[135] Es eignet sich für die Ermittlung des Verkehrswertes unbebauter Grundstücke und ist eine von der Rechtsprechung anerkannte Methode.

Der Verkehrswert wird dabei aus dem Mittelwert von Kaufpreisen vergleichbarer Grundstücke abgeleitet. Voraussetzung für die Anwendung dieser Methode ist:

- Es müssen in ausreichender Anzahl Kaufpreise geeigneter Vergleichsgrundstücke zur Verfügung stehen.
- Die Vergleichsgrundstücke und das zu begutachtende Grundstück müssen nach den wertbildenden Merkmalen »hinreichend« übereinstimmen.
- Kaufpreise, die durch ungewöhnliche oder persönliche Verhältnisse beeinflusst sind, dürfen in den Vergleich nicht einfließen.

Neben oder anstelle von Vergleichspreisen können geeignete Bodenrichtwerte herangezogen werden. Das sind durchschnittliche Lagewerte für den Boden unter Berücksichtigung des unterschiedlichen Entwicklungszustandes. Die unabhängigen Gutachterausschüsse ermitteln in regelmäßigen Zeitabständen die Bodenrichtwerte anhand der dort geführten Kaufpreissammlungen.[136]

Ertragswertverfahren
Dieses wird in den Paragrafen 17ff. ImmoWertV behandelt.[137] Es in der Regel bei bebauten Grundstücken anzuwenden, die zur Erzielung von Ertrag durch Vermietung oder Verpachtung bestimmt sind oder für Produktions- oder Dienstleistungszwecke eigengenutzt werden. Das Verfahren kommt aber auch für Grundstücke in Betracht, die über abbauwürdige Bodenschätze (z.B. Kies, Sand oder Ton) verfügen.

Im Ertragswertverfahren setzt sich der Grundstückswert zusammen aus

- dem Bodenwert und
- dem Wert der baulichen Anlagen.

Diese beiden Werte werden zunächst getrennt ermittelt und dann zum Ertragswert des Grundstücks zusammengefasst.[138]

Achtung: Dabei ergibt sich der Verkehrswert nicht automatisch aus der mathematischen Addition. Denn es sind auch sonstige, den Wert beeinflussende Umstände, soweit sie noch nicht erfasst sind, und die Lage auf dem Grundstücksmarkt zu berücksichtigen.[139]

Der Markt bestimmt den Verkehrswert. Der reine Bodenwert wird auch hier im Allgemeinen nach den Grundsätzen des Vergleichswertverfahrens berechnet, während der Wert der baulichen Anlagen nach dem Ertragswertverfahren ermittelt wird. Bei der Ermittlung des Ertragswertes der baulichen Anlagen ist von dem nachhaltig erzielbaren jährlichen Reinertrag des Grundstücks auszugehen.[140]

Merke: Der Reinertrag ergibt sich aus dem Rohertrag (z.B. Mieten und Pachten) abzüglich der Bewirtschaftungskosten (z.B. Betriebs- und Instandhaltungskosten).[141]

Sachwertverfahren
Dieses ist in den Paragrafen 21 ff. ImmoWertV geregelt.[142] Das Sachwertverfahren eignet sich für Grundstücke, bei denen für den Nutzer nicht die Ertragserzielung im Vordergrund steht.

Es ist insbesondere bei Objekten anzuwenden, die am Grundstücksmarkt nach ihrem Substanzwert gehandelt werden, wie z. B. Einfamilienhausgrundstücke. Der Sachwert des Grundstücks setzt sich zusammen aus

- dem Bodenwert,
- dem Wert der baulichen Anlagen (z. B. Gebäude, besondere Betriebseinrichtungen, Garagen) und
- dem Wert der sonstigen Anlagen (z. B. Außenanlagen wie Terrassen).[143]

Die einzelnen Werte werden zunächst gesondert ermittelt und ergeben zusammen den Sachwert des Grundstücks.[144]

Achtung: Der Verkehrswert ergibt sich jedoch auch hier nicht allein aus der mathematischen Addition. Sonstige den Wert beeinflussende Umstände und die Lage auf dem Grundstücksmarkt sind ebenfalls zu berücksichtigen. Es kommt darauf an, was mögliche Käufer zahlen würden.[145]

Der reine Bodenwert wird im Allgemeinen nach den Grundsätzen des Vergleichswertverfahrens berechnet, während der Wert der baulichen und sonstigen Anlagen nach den Herstellungswerten (Anschaffungswerten) zu ermitteln ist. Der Herstellungswert von Gebäuden ist unter Berücksichtigung ihres Alters und von Baumängeln/Bauschäden sowie sonstiger wertbeeinflussender Umstände zu ermitteln. Der Herstellungswert von Außenanlagen und sonstigen Anlagen wird, soweit sie nicht vom Bodenwert miterfasst werden, nach Erfahrungssätzen oder nach den gewöhnlichen Herstellungskosten ermittelt.[146]

KAPITEL 2

Wenn Wohnungen staatlich »verteilt« werden

Wann Immobilieneigentümer enteignet werden können

Wie Sie in Kapitel 1 gelesen haben, ist eine Enteignung von Immobilien grundsätzlich immer dann möglich, wenn sie dem Allgemeinwohl dient. Das ist in Artikel 14 Absatz 3 GG festgelegt. Gleichwohl liegt das Problem darin, dass die Definition des »Allgemeinwohls« von verschiedenen Juristen unterschiedlich ausgelegt wird. So können unter »Allgemeinwohl« nicht nur Infrastrukturmaßnahmen wie etwa Straßenbau oder der Ausbau des Schienennetzes gemeint sein, sondern auch der Braunkohletagebau, in dessen Folge ganze Ortschaften umgesiedelt werden können.

Neben den bereits benannten Artikeln 14 und 15 unseres *Grundgesetzes* bilden auch die verschiedenen Infrastrukturgesetze wie etwa das *Bundesfernstraßen- oder das Luftverkehrsgesetz* juristische Grundlagen für Enteignungen. Wichtig in diesem Zusammenhang sind auch die Paragrafen 85 bis 122 des *Baugesetzbuches* (BauGB).[147] In Paragraf 85 sind die Gründe für eine Enteignung aufgeführt. Dort heißt es:

> Nach diesem Gesetzbuch kann nur enteignet werden, um
>
> 1. entsprechend den Festsetzungen des Bebauungsplans ein Grundstück zu nutzen oder eine solche Nutzung vorzubereiten,
> 2. unbebaute oder geringfügig bebaute Grundstücke, die nicht im Bereich eines Bebauungsplans, aber innerhalb im Zusammenhang bebauter Ortsteile liegen, insbesondere zur Schließung von Baulücken, entsprechend den baurechtlichen Vorschriften zu nutzen oder einer baulichen Nutzung zuzuführen,
> 3. Grundstücke für die Entschädigung in Land* zu beschaffen,

* Gemeint ist Ersatzland.

4. durch Enteignung entzogene Rechte durch neue Rechte zu ersetzen,
5. Grundstücke einer baulichen Nutzung zuzuführen, wenn ein Eigentümer die Verpflichtung nach § 176 Abs. 1 oder 2[148] nicht erfüllt,
6. im Geltungsbereich einer Erhaltungssatzung eine bauliche Anlage aus den in § 172 Abs. 3 bis 5[149] bezeichneten Gründen zu erhalten oder
7. im Geltungsbereich einer Satzung zur Sicherung von Durchführungsmaßnahmen des Stadtumbaus eine bauliche Anlage aus den in § 171d Abs. 3[150] bezeichneten Gründen zu erhalten oder zu beseitigen.[151]

Enteignet werden können:

- Grundstücke,
- Rechte an Grundstücken,
- Rechte, die zum Erwerb, zum Besitz oder zur Nutzung von Grundstücken berechtigen,
- Zubehör eines Grundstücks,
- Sachen, die nur zu einem vorübergehenden Zweck mit dem Grundstück verbunden oder in ein Gebäude eingefügt sind.[152]

Auch hier gilt der Grundsatz: Eine Enteignung ist nur zulässig, wenn das Wohl der Allgemeinheit sie erfordert und der Enteignungszweck auf andere zumutbare Weise nicht erreicht werden kann. Zudem darf die Enteignung eines Grundstücks zu dem Zweck, es für die bauliche Nutzung vorzubereiten oder es der baulichen Nutzung zuzuführen, nur zugunsten der Gemeinde oder eines öffentlichen Bedarfs- oder Erschließungsträgers erfolgen.[153]

Generell gilt, dass Enteignungen immer als letztes Mittel infrage kommen. Eine Alternative zur Enteignung, die der Gesetzgeber vorsieht, könnte sein, dass Eigentümer per Baugebot (siehe nächstes Kapitel) dazu verpflichtet werden, ihre unbebauten Grundstücke zu bebauen,[154] damit mehr Wohnraum für die Allgemeinheit bereitsteht.

Wenn Sie Eigentümer eines Grundstücks sind, heißt das also noch lange nicht, dass Sie damit auch machen können, was Sie wollen.

Rot-links-grüne Träume: Baupflicht und Enteignungen

Schon seit vielen Jahrzehnten werden hierzulande Immobilien enteignet. In der Vergangenheit war dies jedoch in der allgemeinen politischen Debatte und in den Medien kein aufsehenerregendes Thema.

Dies hat sich aufgrund der mancherorts katastrophalen Wohnungsmarktlage mittlerweile geändert.

Die Enteignung von Immobilien wird jetzt auch im politischen Tagesgeschehen und in der Mainstream-Presse immer häufiger diskutiert, und Politiker – meist rot-grün-linker Couleur – halten Enteignungen für nötig. Demzufolge setzen sie sich auch gegebenenfalls immer öfter dafür ein.

Allen voran Bundesjustizministerin Christine Lambrecht, die in der SPD den Parlamentarischen Linken angehört.[155] Sie hatte sich schon 2019 in der Debatte um Enteignungen privater Wohnungsunternehmen zu Wort gemeldet. Unsere höchste »Rechtsvertreterin« hielt Enteignungen privater Wohnungsunternehmen unter bestimmten Voraussetzungen für angebracht:

> Die Enteignung ist eine Möglichkeit, die im *Grundgesetz* verankert ist. Ich glaube, dass sie immer die Ultima Ratio – das letzte Mittel – sein muss …[156]

Die Grünen verfassten im Sommer 2020 den Entwurf eines neuen Grundsatzprogramms, das beim Parteitag im November 2020 verabschiedet werden soll. Unter dem Punkt »Eigentum und Gemeinwohl« heißt es (Hervorhebungen durch mich):

> Ohne Recht auf Eigentum sind eine freiheitliche Gesellschaft und eine sozial-ökologische Marktwirtschaft unvorstellbar. Gleichzeitig verpflichtet es gesellschaftlich, ***weil eine zu starke Konzentration von Eigentum in den Händen Weniger Demokratie und Marktwirtschaft bedroht***. Das ***Privateigentum von Boden und Immobilien unterliegt einer besonderen Sozialpflichtigkeit***. Deshalb sollten ***Renditen*** in diesem Bereich begrenzt sein sowie ***Grund und Boden***, insbesondere in den Großstädten, wieder ***verstärkt in öffentliches Eigentum überführt*** werden. Es braucht neue Formen von gemeinwohlorientiertem Eigentum und eine stärkere ***Gemeinwohlbindung***. Genossenschaften und soziale Unternehmen können unsere Wirtschaft zu einer ***Gemeinwohlökonomie*** weiterentwickeln.[157]

- Eigentum, das die Demokratie »bedroht«;
- Renditen, die »begrenzt« werden sollen;

- Grundstücke, die in öffentliches Eigentum »überführt« werden sollen;
- »gemeinwohlorientiertes« Eigentum;
- »Gemeinwohlbindung«;
- »Genossenschaften«;
- »Gemeinwohlökonomie«.

Das sind die Enteignungs- und Vergesellschaftungsfanatasien der Grünen. Karl Marx hätte es wohl nicht besser ausdrücken können.

Baugebot

Als Grundstückseigentümer müssen Sie wissen, dass man Sie von der Behörde aus zwingen kann, Ihr Grundstück zu bebauen. Wenn Sie dem nicht nachkommen, kann man Sie ebenfalls enteignen. Grundlage dafür ist Paragraf 176 des *Baugesetzbuches*. Darin heißt es (Hervorhebungen durch mich):

1) Im Geltungsbereich eines Bebauungsplans kann die ***Gemeinde*** den Eigentümer durch Bescheid ***verpflichten***, innerhalb einer zu bestimmenden angemessenen Frist
   1. sein Grundstück entsprechend den Festsetzungen des Bebauungsplans ***zu bebauen*** oder
   2. ein vorhandenes Gebäude oder eine ***vorhandene sonstige bauliche Anlage*** den Festsetzungen des ***Bebauungsplans anzupassen***.
2) Das Baugebot kann außerhalb der in Absatz 1 bezeichneten Gebiete, aber innerhalb im Zusammenhang bebauter Ortsteile angeordnet werden, um ***unbebaute oder geringfügig bebaute Grundstücke*** entsprechend den baurechtlichen Vorschriften ***zu nutzen*** oder einer ***baulichen Nutzung zuzuführen***, insbesondere zur Schließung von Baulücken.
3) Ist die Durchführung des Vorhabens aus ***wirtschaftlichen Gründen einem Eigentümer nicht zuzumuten***, hat die ***Gemeinde von dem Baugebot abzusehen***.
4) Der ***Eigentümer kann von der Gemeinde die Übernahme des Grundstücks verlangen***, wenn er glaubhaft macht, dass ihm die Durchführung des Vorhabens aus wirtschaftlichen Gründen nicht zuzumuten ist. § 43 Absatz 1, 4 und 5 sowie § 44 Absatz 3 und 4 sind entsprechend anzuwenden.

5) Ist die ***Durchführung eines Baugebots nur möglich***, wenn ***zuvor*** eine ***bauliche Anlage oder Teile davon beseitigt*** werden, ist der Eigentümer mit dem Baugebot auch zur Beseitigung verpflichtet. § 179 Absatz 2 und 3 Satz 1, § 43 Absatz 2 und 5 sowie § 44 Absatz 3 und 4 sind entsprechend anzuwenden. […]
7) Mit dem Baugebot kann die Verpflichtung verbunden werden, innerhalb einer zu bestimmenden angemessenen Frist den für eine bauliche Nutzung des Grundstücks erforderlichen Antrag auf Erteilung einer bauaufsichtlichen Genehmigung zu stellen.
8) Kommt der ***Eigentümer der Verpflichtung nach Absatz 7 auch nach Vollstreckungsmaßnahmen*** auf Grund landesrechtlicher Vorschriften ***nicht nach***, kann das ***Enteignungsverfahren*** nach § 85 Absatz 1 Nummer 5 auch vor Ablauf der Frist nach Absatz 1 eingeleitet werden.
9) In dem ***Enteignungsverfahren*** ist davon auszugehen, dass die Voraussetzungen des Baugebots vorliegen; die Vorschriften über die Zulässigkeit der Enteignung bleiben unberührt. ***Bei der Bemessung der Entschädigung bleiben Werterhöhungen unberücksichtigt***, die nach Unanfechtbarkeit des Baugebots eingetreten sind, es sei denn, dass der Eigentümer die Werterhöhungen durch eigene Aufwendungen zulässigerweise bewirkt hat.[158]

Paragraf 176 des deutschen *Baugesetzbuches* (BauGB) ermöglicht der Gemeinde somit, unter bestimmten Voraussetzungen die Verwirklichung der zulässigen Nutzung der Grundstücke zu erzwingen. Ein Baugebot setzt jedoch voraus, dass die Durchführung aus städtebaulichen Gründen erforderlich ist, wobei das Gesetz klarstellt, dass hierbei auch ein dringender Wohnbedarf der Bevölkerung Berücksichtigung finden kann.[159]

Beispiele:

- Wenn zum Zwecke der Versorgung der Bevölkerung mit Gütern und Dienstleistungen eine Gemeinbedarfseinrichtung erbaut werden soll.
- Schließung von Baulücken zur Verbesserung des Ortsbildes.[160]
- Wohnungsmangel.[161]

Hintergrund: Was heißt »wirtschaftliche Zumutbarkeit« im Rahmen eines Baugebots?

Zwar ist es im *Baugesetz* festgelegt, wann die Durchführung des Baugebots aus wirtschaftlichen Gründen nicht zumutbar ist, aber das stellt noch lange keinen Ausweg für unwillige Grundstückseigner dar. Denn bei der Prüfung der objektiven wirtschaftlichen Zumutbarkeit ist auf die Sicht eines wirtschaftlich orientierten und vernünftig handelnden Eigentümers abzustellen.

Beispiel: Es ist möglich, einem Grundstückseigentümer zuzumuten, für die Baufinanzierung ein Darlehen aufzunehmen. Erst wenn die Zinsen des Darlehens die erzielbaren Erträge aus dem Baugebot übersteigen, ist von einer wirtschaftlichen Unzumutbarkeit auszugehen.[162]

Die Wissenschaftlichen Dienste des Deutschen Bundestages konkretisieren das wie folgt:

> *Für die Anordnung des Baugebots kommt es dagegen nicht auf die persönlichen Verhältnisse des konkreten Grundeigentümers an: Ist die Maßnahme zwar objektiv wirtschaftlich zumutbar, nur für den konkreten Eigentümer subjektiv wirtschaftlich unzumutbar, hat der Grundeigentümer bei einem erlassenen Baugebot lediglich einen Übernahmeanspruch gegenüber der Gemeinde (vgl. § 176 Absatz 4 BauGB). Nach einer Übernahme des Grundstücks durch die Gemeinde ist es ihre Pflicht, die entsprechende Bebauung des Grundstücks zu veranlassen.*[163]

Das Bundesverfassungsgericht stellte dazu fest: Ein Baugebot, das zu einer objektiv unwirtschaftlichen Maßnahme verpflichte, habe einen »enteignenden Charakter«.[164]

Merke: Die Behörden können Sie – mit Androhung von Zwangsgeld – dazu *zwingen,* Ihr Grundstück zu bebauen, und Ihnen sogar zumuten, dafür ein Darlehen aufzunehmen.

So soll Bauland künftig »mobilisiert« werden

Im Frühsommer 2020 verärgerte Bundesinnen- und gleichzeitig auch Bundesbauminister Horst Seehofer (CSU) viele Immobilieneigentümer. Sein Ministerium verschickte nämlich einen Entwurf für ein Gesetz zur »Mobilisierung von Bauland«[165] (*Baulandmobilisierungsgesetz*). Dem Entwurf zufolge soll die Umwandlung von Miet- in Eigentumswohnungen künftig genehmigungspflichtig sein, wenn es in dem betreffenden Gebiet zu wenige Mietwohnungen gibt.[166]

Die Kommunen sollen Besitzer unbebauter Grundstücke zudem leichter zum Bau von Wohnungen »verpflichten« können. Ebenso soll das Vorkaufsrecht der Gemeinden ausgeweitet werden und ausdrücklich mit der »Deckung eines Wohnbedarfs« begründet werden können.[167]

Florian Schmidt, grüner Baustadtrat in Friedrichshain-Kreuzberg, hatte das Vorkaufsrecht bereits zuvor angewandt.[168]

Kai Warnecke, der Chef des Verbandes »Haus & Grund«, kritisierte die Gesetzesnovelle jedoch scharf: »Das ist keine Wohnungspolitik, das ist nur Populismus.«[169] Seehofer habe dem »Geschrei aus Berlin nachgegeben«.[170] Durch das Quasiverbot von Hausaufteilungen verbaue der Entwurf gerade jungen Familien den einzigen Weg zu Wohneigentum, sagte Wernecke weiter.[171]

Wie nicht anders zu erwarten, lobte Berlins Bausenatorin Katrin Lompscher (Die Linke) hingegen das Seehofer-Gesetz.[172]

Gebotsanordnung und Durchsetzung

Wenn die Voraussetzungen für ein Baugebot erfüllt sind, steht es im Ermessen der Gemeinde, eine entsprechende Anordnung zu treffen.[173]

Die Anordnung ist ein Verwaltungsakt. Das Baugebot muss neben einer angemessenen Frist die städtebaulich erforderliche Maßnahme umschreiben. Es kann durch Androhung und Festsetzung eines Zwangsgeldes vollstreckt werden, was sich nach den Verwaltungsvollstreckungsgesetzen der Länder richtet. Ob die Gemeinde auf Kosten des Grundeigentümers einen Dritten mit der Durchführung der städtebaulichen Maßnahme beauftragen kann (der sogenannten »Ersatzvornahme«), ist in der Literatur und in der Rechtsprechung umstritten. Als Ultima Ratio kommt jedoch letztlich auch eine Enteignung[174] in Betracht.[175]

Grünes Tübingen: Baupflicht für Grundstückseigentümer

Eine der Städte, die das Baugebot rigoros »durchziehen«, ist die Universitätsstadt Tübingen mit ihrem grünen Oberbürgermeister Boris Palmer.[176] Palmer verhängte zur »Linderung des Wohnungsmangels« Baugebote gegen Eigentümer von Baulücken gemäß Paragraf 176 des *Baugesetzbuches*.[177] Er sprach von bis zu 550 vorhandenen Baulücken.[178] Im Antrag der Fraktion AL/Grüne in Tübingen hieß es (Hervorhebungen durch mich):

> Über 500 vorhandene, sofort bebaubare Baulücken gibt es in Tübingen. Die Eigentümer haben aber oft kein Interesse an der Stadtentwicklung und lassen ***die mit Steuermitteln geschaffenen Baumöglichkeiten*** teilweise schon seit Jahrzehnten ungenutzt. Daher muss die Stadt auf alternativen Flächen bauen, was viel teurer und ökologisch falsch ist. ***Eine etwaige Spekulation auf den Wertzuwachs von Boden sollte verhindert werden.*** Eigentum gilt es nicht nur zu schützen, es verpflichtet auch laut Grundgesetz Art. 14 (2).
>
> Der Wissenschaftliche Dienst des Bundestags hat auf Anfrage des Abgeordneten Christian Kühn, Fraktion B'90/Die Grünen, im März [2019; MGR] die Möglichkeiten der Kommunen dargestellt, mittels des »Baugebot«-Paragrafen 176 BauGB, Bauverpflichtungen unter bestimmten Umständen auszusprechen und ***bei Nichtbeachtung auch zu sanktionieren.***
>
> Ein Baugebot setzt zunächst voraus, dass die alsbaldige Durchführung der anzuordnenden Maßnahme aus städtebaulichen Gründen erforderlich ist, wobei das Gesetz klarstellt, dass hierbei ein dringender Wohnbedarf der Bevölkerung Berücksichtigung finden kann (vgl. § 175 Absatz 2 BauGB). Die genannten städtebaulichen Voraussetzungen und die wirtschaftliche Zumutbarkeit liegen unseres Erachtens in Tübingen meist vor.[179]

Palmer hängte sogar ein großes rotes Banner aus dem Rathausfenster seines Büros. Die Aufschrift lautete: »Eigentum verpflichtet. Sein Gebrauch soll zugleich dem Wohle der Allgemeinheit dienen.«[180]

Trotz seiner medienwirksamen Auftritte kritisierte die Haus & Grund Tübingen den grünen Bürgermeister und dessen Fraktion mit scharfen Worten:

- Die Stadt sei bei einem Baugebot verpflichtet, zuerst die Situation mit den Betroffenen zu erörtern und sie umfassend zu beraten.
- Palmer fordere jedoch die Eigentümer schriftlich auf, schon vorneweg innerhalb eines Monats »verbindlich« zu erklären, ob sie binnen 2 Jahren einen Bauantrag stellen und binnen 4 Jahren bauen oder ob sie ihre »Mitwirkung ablehnen«. Hiervon werde das Vorgehen der Stadtverwaltung abhängen. Dies sei nach Auffassung der Haus & Grund Tübingen allerdings rechtswidrig.
- Zudem hätte der Tübinger OB in den Medien verbreitet, wer nicht mitmache, erhalte ein »Bußgeld«. Diese Ankündigung sei »unsinnig«, denn Bußgelder setzten einen Bußgeldtatbestand voraus, den es nicht gebe.
- Es sei »befremdlich«, wie mit solchen haltlosen Drohgebärden versucht werde, die meist älteren Eigentümer (laut Palmer im Schnitt über 70 Jahre) zu verunsichern.[181]

Tatsächlich hatte Palmer Briefe an Grundstückseigentümer verschickt, die er zum Verkauf ihrer Flächen zwingen wollte, wenn sie diese nicht bebauen würden. Der Grüne ging von baureifen Grundstücken mit Platz für etwa 1000 größere Wohnungen in Tübingen aus. Den Wert aller Grundstücke schätzte er auf rund 100 Millionen Euro. Wie schon erwähnt, forderte er die Eigentümer zu einer »verbindlichen Erklärung« auf, »in spätestens 2 Jahren ein Baugesuch einzureichen«. Zudem müssten sie innerhalb von 4 Jahren »die Schaffung von Wohnraum« ermöglichen. Wenn sie das nicht wollten, könnten sie das Grundstück zum Verkehrswert an die Stadt veräußern. Gleichzeitig drohte er, falls die Eigentümer auf sein Schreiben nicht antworten würden, ein formelles Anhörungsverfahren durchzuführen.[182]

Anfang Dezember 2019 stimmte dann auch der Tübinger Gemeinderat mit deutlicher Mehrheit – 26 zu 10 Stimmen – für ein Baugebot. Alle Fraktionen (AL/Grüne, SPD, Tübinger Liste, Die Linke und auch die CDU und die FDP!)[183] trugen Palmers Baugebot mit.[184] Somit hatte der grüne Oberbürgermeister die Rückendeckung des Gremiums für sein Vorhaben, Eigentümer von brachliegenden Grundstücken zum Bauen zu zwingen.[185]

Bis Ende 2021 haben die Eigentümer nun Zeit, um Wohnraum auf ihrem Grundstück zu schaffen und ein Baugesuch einzureichen.

Alternativ können sie das Gelände verkaufen – an Privatleute oder zum Verkehrswert an die Stadt. Bei rund 30 Prozent hatte die Behörde mit einem Anschreiben an die Besitzer Erfolg. Sie stimmten einer Bebauung zu oder waren zumindest gesprächsbereit. Rund die Hälfte der Angeschriebenen wollen jedoch nicht bauen.[186]

Unglaublich: Wenn die anderen Eigentümer im grünen Tübingen weiterhin ihre Grundstücke nicht bebauen, könnte ein Bußgeld von bis zu 50000 Euro auf sie zukommen und letztlich der Zwangsverkauf an die Stadt.[187]

Als Gründe für die Ablehnung einer Bebauung wurden die Verwendung des Grundstücks als Altersversorgung, die Freihaltung für die spätere Nutzung durch Familienangehörige sowie der Erhalt als Grünfläche oder Garten angegeben.[188] Alles also legitime Gründe von Eigentümern, sich der Obrigkeit nicht zu beugen.

Hintergrund: Gründe für brachliegendes Bauland

Natürlich wollen uns die rot-links-grünen Ideologen weismachen, dass Baugebote und Enteignungen notwendig seien, um Grund- und Bodenspekulationen einzudämmen. Genau das passt ja auch in ihre Denkweise vom »bösen Spekulanten«.

Dabei sind Spekulationen nur zu einem geringen Teil der Grund für brachliegendes Bauland. Das hatte eine Umfrage des Immobilienverbands Deutschland (IVD) unter 6000 Immobilienunternehmen bereits 2019 ergeben (Mehrfachantworten waren möglich):[189]

Bevorratung kleiner Grundstücke zur Selbstnutzung:	62,1 %
Baurechtsprobleme:	40,3 %
Erbstreitigkeiten:	39,4 %
Grundstücksspekulation:	34,6 %
Zu geringe Bonität für Eigenentwicklung:	27,6 %
Ungeklärte Eigentumsverhältnisse:	15,7 %
Grundstückszuschnitt:	15,5 %

> Sie erkennen daran, dass der Hauptgrund für brachliegendes Bauland der Umstand ist, dass man sein Grundstück selbst nutzen (oder für seine Kinder oder Enkel »aufheben«) und eben nicht damit spekulieren möchte.

Skandalös: Die verbliebenen Grundstücke in Tübingen sind oft im Besitz älterer Menschen, wie Palmer selbst bestätigte: »Der Altersdurchschnitt ist 70 plus.«[190] Die Grünen machen also nicht einmal Halt vor hochbetagten Menschen, um ihre Ideologien durchzusetzen.

Grünen-Empörung über Palmer

Vor hochbetagten Menschen machte Palmer auch im Zusammenhang mit der Corona-Krise keinen Halt. Im Fernsehen sagte er:

> Ich sag es Ihnen mal ganz brutal: Wir retten in Deutschland möglicherweise Menschen, die in einem halben Jahr sowieso tot wären.«[191]

Und weiter:

> Wenn Sie die Todeszahlen durch Corona anschauen, dann ist es bei vielen so, dass viele Menschen über 80 sterben – und wir wissen, über 80 sterben die meisten irgendwann.[192]

Wellen der Empörung schlugen hoch. Palmer bekam sogar Morddrohungen.[193] Auch innerhalb der Grünen hatte man kein Verständnis für das Statement des Tübinger Oberbürgermeisters. Parteichef Robert Habeck platzte bei *Anne Will* der Kragen:

> Er [Palmer] spricht nicht für die Grünen, er spricht nur für sich. […] Der Satz von Boris war falsch und herzlos. Meine Geduld ist am Ende.[194]

Zwar hatte sich Tübingens OB für seine Corona-Aussage nach heftiger Kritik entschuldigt,[195] aber Habeck sprach trotzdem davon, dass sich die Partei mit einem Ausschlussverfahren beschäftige.[196]

Wie dem auch sei, von den Grünen wird Palmer wohl nicht ausgeschlossen. Doch Annalena Baerbock verkündete, der Parteivorstand habe beschlossen, Palmer bei einer erneuten Kandidatur als Oberbürgermeister (2022) nicht mehr zu unterstützen. Der baden-württembergische Landesverband und der Tübinger Kreisvorstand der Grünen schlossen sich dem an.[197] Dennoch forderten Hunderte Grünen-Mitglieder Palmers Parteiausschluss.[198]

Baugebote – Tübingen ist nur der Anfang

Doch Palmer lässt sich davon nicht beirren und blickt mit seinem Baugebot bereits über den Tübinger Tellerrand hinaus: »In Baden-Württemberg gibt es sicherlich 100 000 baureife Grundstücke.« Da sei viel ungenutzter Wohnraum.[199]

Andere folgen bereits. Beispielsweise die Gemeinde Rannungen in Franken. Sie nahm sich Palmers Baugebot zum Vorbild. Im Januar 2020 stimmte dort der Gemeinderat für ein Baugebot. Bürgermeister Fridolin Zehner (CSU) gab offen zu: »Ja, letztendlich werden Bürger dazu gezwungen, Grundstücke herzugeben.«[200]

Im Frühjahr 2020 befragte das Stadtplanungsamt Esslingen die Besitzer unbebauter Grundstücke, warum sie die Flächen brachliegen lassen. In einem Fragebogen wollte die Behörde von den Besitzern wissen, ob die freien Grundstücke in näherer Zukunft bebaut werden und welche Gründe bisher eine entsprechende Nutzung verhindert hätten. Ziel der Aktion war es, »herauszufinden, welche Gründe dazu führen, dass ein Grundstück nicht bebaut wird«.[201]

Auch andere Gemeinden und Kommunen liebäugeln bereits mit dem »Tübinger Modell« eines Baugebots. Dem schloss sich der Deutsche Städte- und Gemeindebund (DStGB) an. Der DStGB-Präsident sprach sich zudem für ein verbessertes Vorkaufsrecht von Grundstücken aus, damit Kommunen der Bodenspekulation in innerstädtischen Lagen besser begegnen könnten.[202]

Die Grünen-Fraktion im Bundestag verschloss sich der Idee des Baugebots samt Enteignung ebenfalls nicht. In einem Entwurf zu einem Fraktionsbeschluss, der im April 2019 auf der Fraktionsklausur in Potsdam beraten werden sollte, hieß es unter dem Punkt »Ungenutzte Bauflächen aktivieren«:

> Wird trotz Wohnungsnot und nach Aussprache von Baugeboten nicht gebaut, kann wie im Baurecht vorgesehen in letzter Konsequenz eine Enteignung gegen Entschädigung entstehen.[203]

Mehr noch, die Grünen plädierten sogar für Baugebote für bestimmte »Gebiete«. Wenn nicht gebaut werde, müsse »in letzter Konsequenz eine Enteignung gegen Entschädigung« möglich sein.[204]

Folgerichtig will die rot-rot-grüne Landesregierung in Berlin die Bezirke künftig rechtlich dabei unterstützen, Baugebote durchzusetzen. Dafür sollen die Bezirke mit ausreichend Geld und Personal ausgestattet werden.[205]

Der Obmann der Grünen im Bundestagsbauausschuss, Christian Kühn, vertritt die Auffassung, wenn eine Kommune sage: »Wir brauchen dieses Grundstück, hier muss endlich dieses Quartier zu Ende gebaut werden«, dann müsse ein Gespräch mit dem Besitzer geführt werden. Wenn dieses nicht erfolgreich sei, müsse eine Kommune auch die Möglichkeit haben zu enteignen.[206]

Der grüne Ministerpräsident von Baden-Württemberg, Winfried Kretschmann, zeigte ebenfalls Verständnis für Überlegungen im Hinblick auf das Baugebot für brachliegende Grundstücke. Das sei im *Baugesetz* klar geregelt und müsse nur von den Bürgermeistern im Land durchgesetzt werden. Das Gesetz erwähne als letztes Mittel auch Enteignungen der Grundstücksbesitzer.[207]

Und das ausgerechnet im »Ländle«, in dem man ohne eigenes Haus nicht beerdigt wird, wie ein altes Sprichwort sagt.

SPD-Justizministerin Christine Lambrecht zeigt sich ebenfalls offen für die Einführung einer Baupflicht, wie sie etwa im Grün regierten Tübingen gilt: »Wir müssen prüfen, ob das geltende Baugebot ausreicht. Eine Baupflicht nach dem Tübinger Modell kann eine Möglichkeit sein, Menschen mit Baugrundstücken zum Handeln zu bewegen.«[208]

Sie sehen, im rot-links-grünen Polit-Establishment tut sich was in Sachen »Enteignung«. Insbesondere im tiefroten Berlin.

Rot-grün-linkes Berlin: Wohnungsgesellschaften sollen enteignet und vergesellschaftet werden

Ganz besonders eifrig ist der Verein »Mietenvolksentscheid e.V.« in Berlin. Er will durch einen Volksentscheid den Senat auffordern, ein Gesetz zu erlassen, welches die Vergesellschaftung der Objekte von privaten Wohnungsgesellschaften mit mehr als 3000 Berliner Wohnungen regelt sowie deren Überführung in eine Anstalt des öffentlichen Rechts.[209]

Im Visier des »Vereins« steht vor allem die Deutsche Wohnen als wichtigster privatwirtschaftlicher Akteur auf dem Berliner Wohnungsmarkt. Das Unternehmen besitzt etwa 112 000 von rund 200 000 Wohnungen. Der Rest verteilt sich auf Unternehmen wie Vonovia oder Akelius.[210]

Der Verein fordert, das Land Berlin solle eine Anstalt des öffentlichen Rechts (AÖR) gründen, um die enteigneten Wohnungen zu verwalten. Dies soll, so »Mietvolksentscheid e.V.«, durch sogenannte »Gesamtmieterinnenräte«, »Gebietsmieterinnenräte« und »Siedlungsräte« geschehen.[211] Auch hier: Marx und Lenin lassen grüßen. Der Verein schreibt (Hervorhebungen durch mich):

> Vergesellschaftung bedeutet für uns deshalb erstens die Überführung von privatem in öffentliches Eigentum, zweitens eine gemeinwohlorientierte Bewirtschaftung dieses Eigentums – und drittens die demokratische Verwaltung des Ganzen. [...] Die Vergesellschaftung großer Wohnungskonzerne würde die Stadtgesellschaft zur Eigentümerin von über 200 000 Wohnungen samt den dazugehörenden Flächen machen – eine andere Qualität als die Wahrnehmung von Vorkaufsrechten oder Rückkäufe. Erst durch diese Größenordnung wird ein relevanter Sektor des Berliner Wohnungsmarktes zum öffentlichen Gut.[212]

Die Begründung dafür lässt wohl jeden Eigentümer aufhorchen, auch wenn er nicht in Berlin wohnt, denn vielleicht kommt ja bald eine grün-rot-linke Bundesregierung (was Gott verhüten möge):

- Das Recht auf »angemessenen« Wohnraum sei wesentlicher Bestandteil der öffentlichen Daseinsfürsorge. In Artikel 28 der *Verfassung von Berlin* heißt es nämlich: »Jeder Mensch hat das Recht auf angemessenen Wohnraum. Das Land fördert die Schaffung und Erhaltung von angemessenem Wohnraum, insbesondere für Menschen mit geringem Einkommen, sowie die Bildung von Wohnungseigentum.«[213]
- Der Berliner Senat sei durch die Verfassung verpflichtet, dafür zu sorgen, dass für alle Bürger*innen ausreichend »angemessene« Wohnungen vorhanden seien. Als »angemessen« gelten Wohnungen, deren Bruttowarmmiete 30 Prozent des Einkommens nicht übersteige.[214]

- Der Begriff »angemessen« schließe auch ein, dass notwendige Maßnahmen zur Sanierung durchgeführt werden. Nicht »angemessen« sei es, wenn Menschen aus ihrem Lebensumfeld verdrängt werden.[215]
- »Unangemessen« seien zu lange Wege zur Arbeitsstätte, Schulwechsel der Kinder, Zerstörung sozialer Netze von Unterstützung verwandtschaftlicher und nachbarschaftlicher Art (die besonders für Geringverdienende, Alleinerziehende, kranke, eingeschränkte oder ältere Personen lebenswichtig sind).[216]

Auch die politische Richtung des Vereins lässt sich klar herauslesen, denn die Forderungen sind in links-marxistischem Duktus formuliert (Hervorhebungen durch mich):

> Es verletzt Menschen in ihrer Würde, wenn sie zur ***Verschiebemasse*** für ***profithungrige Konzerne*** werden. Der Schutz der Würde wird im Grundgesetz garantiert (Artikel 1GG). Ein Leben in ständiger Angst vor finanziellen Nöten, dem Verlust der Wohnung, Verdrängung oder gar Zwangsräumung und Obdachlosigkeit ist kein Leben in Würde.
>
> Zunehmende Privatisierung im Wohnungswesen und niedrige Zinsen haben längst zu einer gesellschaftlichen Schieflage geführt, die dem Grundgesetz und der Landesverfassung von Berlin entgegen steht und die Politik zu wirksamen Gegenmaßnahmen verpflichtet.[217]

Dementsprechend radikal ist auch die Forderung des Vereins, nämlich die gesetzliche Ausgestaltung der Vergesellschaftung nach Artikel 15 des *Grundgesetzes*.[218]

Ich überlasse es meinen Lesern selbst, die teils linksideologischen Begründungen zu kommentieren. Eine Vergesellschaftung sei notwendig, weil: (Hervorhebungen durch mich):

- Wohnen ein Grundbedürfnis darstellt und in jeder Hinsicht für das Menschsein unverzichtbar ist. Eine Bedrohung der Wohnung ist eine Bedrohung der Menschenwürde, eine ***Bedrohung gegen jede Form der menschlichen Entwicklung***, der Teilhabe, der Familie, ***eine Bedrohung gegen das Leben selbst***. Hierzu sind in der Geschichte reichlich Beispiele zu finden. Nur ein Leben ohne andauernde Existenzangst kann menschenwürdig sein.

- Deutsche Wohnen & Co eine Strategie der Mietpreissteigerung um jeden Preis verfolgen. Da sie hohe Kredite für den Ankauf ihres Bestandes aufgenommen haben und ihren Aktionären hohe Gewinne versprechen, sind sie dazu »gezwungen«, die Mieten immer weiter hochzutreiben. Sie werden durch Appelle an das soziale Gewissen damit nicht aufhören, da das ***Ausquetschen der Mieterschaft*** elementarer Bestandteil ihrer Geschäftsstrategie ist.
- Insbesondere die Deutsche Wohnen, das führende Unternehmen im Berliner Immobilienmarkt, eine marktbestimmende Stellung besitzt. Die kleinen ***Miethaie*** schauen auf den großen ***Miethai*** und nehmen ihn als Vorbild. So wird auch eine Niederlage des großen ***Miethais*** für die Kleineren eine Lehre sein. Deutsche Wohnen das ***Handwerk zu legen*** nützt allen Mieterinnen und Mietern in Berlin, die vom Mietenwahnsinn betroffen sind. […]
- Es notwendig ist, eine Grenze zu ziehen. Wie lange wollen wir zusehen, dass unsere Stadt zur Beute einiger gieriger ***Profitjäger*** wird? Ja, es muss auch ein ***Exempel statuiert werden***, damit die weiterhin nach Berlin strömenden »Investoren« abgeschreckt werden. […]
- Wir wollen einfach unsere Häuser zurück. […]
- Die Großkonzerne das Land Berlin und somit die Berliner*innen durch sogenannte »share deals« nach Schätzungen um einen dreistelligen Millionenbetrag hintergangen haben. Diese Einsparung der Grunderwerbssteuer ist zwar ***legal (wer macht solche Gesetze?)***, jedoch ***nicht legitim.***[219]

Es gehe jedoch auch um eine »dezentrale Unterbringung von Geflüchteten« (Hervorhebungen durch mich):

> Die Zeit der Tempohomes und Container ist noch nicht vorbei in Berlin und nach wie vor sind Geflüchtete die am meisten benachteiligte Gruppe auf dem Berliner Wohnungsmarkt. ***Keine eigene Wohnung zu haben*** erschwert die Integration in Bildung und Beruf und ***verstärkt psychische Erkrankungen***. Die dezentrale Unterbringung kommt jedoch nur schleppend voran, weil der private Markt keine Wohnungen für Geflüchtete bereithält, sondern ***nur Hostelbetten*** und Immobilien für absurd überteuerte Tagessätze. Das Mehrfache einer Monatsmiete wird dabei für eine Unterbringung aufgebracht, die unter allen Standards ist. Nur ein

> großer öffentlicher Wohnungsbestand würde Geflüchteten menschenwürdiges Wohnen ermöglichen. ***Vergesellschaftung schafft diesen Wohnungsbestand und würde dezentrale Unterbringung erleichtern.*** Ein Teil ***freiwerdender Wohnungen*** könnte ähnlich wie bei den landeseigenen Wohnungsbaugesellschaften für Härtefälle ***vorgehalten werden***, die am Markt zu kurz kommen – darunter auch ***Geflüchtete***. Dazu braucht es natürlich politischen Willen: Bislang sind Geflüchtete mit dem Status »Asylbewerber« und »Duldung« vom Erhalt eines Wohnberechtigungsscheins ausgeschlossen. Derartige Diskriminierungen müssen abgebaut werden – ***vergesellschaftete Wohnungen*** sollen ***allen Mitgliedern der Stadtgesellschaft offenstehen***, den alteingesessenen und den ***neu dazugekommenen***.[220]

Übrigens: Ein »Zugriffsrecht« auf Wohnungen ihrer Städtischen Wohnungsbaugesellschaft (SWG), um Asylbewerber unterzubringen, sicherte sich bereits 2014 die Stadt Friedrichshafen.[221] Sie sehen: Auch da geht noch was.

Doch zurück nach Berlin. Der »Verein« mit dem hochtrabenden Namen »Mietenvolksentscheid e. V.« ist für mich zugleich das Vehikel linker politisch-ideologischer Vorstellungen von Enteignungen und Vergesellschaftungen.

Wer von Menschen als »Verschiebemasse« spricht, von »profitgierigen« Konzernen, von »Ausquetschen«, »Miethaien«, von »Profitjägern«, denen man das »Handwerk legen« und an denen man »ein Exempel statuieren müsse«, und legale Gesetze als »nicht legitim« darstellt, der outet sich für mich, wes Geistes Kind er ist.

Dennoch wurden dem Berliner Senat ein Volksbegehren mit über 77 000 Stimmen übergeben.[222] Nach der ersten Stufe eines Volksbegehrens sieht das *Berliner Abstimmungsgesetz* eine »juristische Prüfung« durch den Senat für Inneres vor, dann eine senatsinterne Abstimmung und eine weitere Unterschriftensammlung. Viele juristische Gutachten sind seither geschrieben worden. Einige davon erklärten die Vergesellschaftung der Berliner Wohnungsbestände großer Immobilienkonzerne für verfassungsgemäß.[223]

Der rot-rot-grüne Senat stellt bereits Überlegungen an, die Entschädigung für eine eventuelle Enteignung herunterzurechnen. Und zwar mit folgendem »Trick«: Er schlägt eine Unterschreitung des Verkehrswerts vor, indem er nicht auf Eigenleistungen der Unternehmen beruhende Wertsteigerungen der Immobilien herausrechnen will. Somit könnte die Entschädigung mit einem Federstrich von 28,8 Milliarden Euro auf 18,1 Milliarden Euro reduziert werden.[224]

Der Wissenschaftliche Dienst des Abgeordnetenhauses kam in einem Gutachten zu dem Ergebnis, dass das Begehren der Initiative »Deutsche Wohnen und Co enteignen« rechtlich möglich ist:

»Eine Vergesellschaftung des Wohnungsbestandes von Immobilienunternehmen in Berlin mit mindestens 3000 Wohnungen wäre auf der Grundlage von Art. 15 GG möglich«, schrieben die Gutachter in einem 38 Seiten langen Papier. Und weiter: Artikel 15 des *Grundgesetzes* sehe vor, dass unter anderem »Grund und Boden« gegen Entschädigung in Gemeineigentum überführt werden könne – darunter fallen auch »Bestandteile und Zubehör« der Grundstücke, also Wohnungen. Zwar sei der Artikel 15 in der Geschichte der Bundesrepublik noch nie angewendet worden, dennoch stelle dieser »geltendes Recht« dar. Dass es in der Berliner Verfassung keine entsprechende Norm gebe, stehe der »Zuständigkeit des Landes Berlin zum Erlass eines entsprechenden Gesetzes« nicht im Wege.

Laut den Gutachtern kann trotz gewisser Bedenken die Verhältnismäßigkeit eines »Vergesellschaftungsgesetzes bejaht werden«. Ausschlaggebend hierfür sei aber das »weite politische Ermessen des Parlaments«.[225]

Juristisch dürfte der Volksentscheid jedoch nicht zu stoppen sein. Der Senat signalisierte bereits seine grundsätzliche Bereitschaft. Der Regierende Bürgermeister Michael Müller (SPD), der Senator für Justiz Dirk Behrendt (Grüne), Katina Schubert (Die Linke) und andere sollen daran beteiligt sein.[226]

Im Juli 2020 wurde dann bekannt, dass dem Volksbegehren »Deutsche Wohnen & Co enteignen« nichts mehr im Wege steht. Die Initiative hatte sich mit der Senatsverwaltung für Inneres nach langem politischem und juristischem Streit auf einen Abstimmungstext geeinigt. »Die Berliner werden im kommenden Jahr darüber abstimmen, ob große profitorientierte Immobiliengesellschaften nach Artikel 15 des *Grundgesetzes* vergesellschaftet werden sollen«, kündigte der Sprecher der Initiative, Rouzbeh Taheri, vollmundig an. Der Volksentscheid soll im Sommer 2021 stattfinden.[227]

Eine Vergesellschaftung kann jedoch nur durch ein formelles Gesetz geschehen. Der Berliner Landesgesetzgeber müsste also ein entsprechendes Gesetz beschließen und darin alles genau regeln. Die Verwaltung selbst kann eine Vergesellschaftung nicht durchführen, denn Volksbegehren können nur den politischen Anstoß darstellen, aber niemals eine Rechtsgrundlage für Vergesellschaftungen liefern.[228] Ein Berliner »Enteignungsgesetz« würde dann sicherlich vom Bundesverfassungsgericht überprüft werden, wenn die Wohnbaugesellschaft dagegen klagt.

Michael Voigtländer vom Institut der Deutschen Wirtschaft warnt unterdessen vor einem »Tabubruch«, dass Investoren sich ihres Eigentums nicht mehr sicher sein könnten.[229]

Rückenwind erhält der linke »Räte-Enteignungsverein« in Berlin hingegen von Barbara Schönig, Professorin für Stadtplanung an der Bauhaus-Universität Weimar. Sie hält Enteignungen für ein »adäquates Mittel für eine soziale Wohnraumversorgung«[230], was mich bei einer »Vertrauensdozentin«[231] der Hans-Böckler-Stiftung des Deutschen Gewerkschaftsbundes (DGB) ehrlich gesagt auch nicht sonderlich verwundert.

Die Linkspartei unterstützt den »Enteignungsverein« natürlich – natürlich! Bundesvorsitzende Katja Kipping sagte, Enteignungen seien ein klares Signal an große Immobilienkonzerne und deren profitorientierte Geschäftspraxis.[232] Außerdem wolle sie Immobilienkonzerne nicht nur enteignen, sondern setze im Zweifel auch auf Beschlagnahmungen.[233] Die stellvertretende Bundestagsfraktionsvorsitzende der Linken, Caren Lay, sagte: »Natürlich kann Enteignung nur das letzte Mittel sein.«[234] Auch das kommt nicht von ungefähr, denn die Linkspartei hatte die Forderung nach Vergesellschaftung von Wohnraum in ihr Wahlprogramm aufgenommen.[235]

> **Achtung:** Die Linke will Immobilien nicht nur enteignen, sondern auch beschlagnahmen!

Der Grünen-Mitvorsitzende Robert Habeck sagte, wenn etwa Eigentümer brachliegende Grundstücke weder bebauen noch an die Stadt verkaufen wollten, müsse notfalls die Enteignung folgen. Das *Grundgesetz* sehe solche Enteignungen zum Allgemeinwohl grundsätzlich vor.[236] Im April 2019 wurde er noch deutlicher. Er sagte gegenüber dem *Inforadio*, es wäre absurd, Enteignungen nur anzuwenden, »um neue Autobahnen zu bauen, aber nicht, um gegen die grassierende Wohnungsnot vorzugehen.«[237] Man könne die Mieten deckeln, »aber denkbar ist auch zu sagen, wir kaufen das zurück, das ist ja nicht Enteignung wie in der DDR, sondern Enteignung gegen Entschädigung«.[238]

Für Habeck ist eine Enteignung gegen Entschädigung, auch wenn sie unter dem Verkehrswert liegt, also keine »richtige« Enteignung? Wie dem auch sei, der Berliner Landesverband der Grünen jedenfalls unterstützt die Ziele des Volksbegehrens des »Vereins« Mietenvolksentscheid e.V. im Grundsatz.[239] In einem Antrag für den Parteitag im November 2019 hieß es: »Wir wollen Enteignungen nur als letztes Mittel anwenden, wenn es zu einem groben Missbrauch des Eigentumsrechts kommt.«[240]

Der FDP-Baupolitiker Daniel Föst kommentierte dies so: »Die Grünen zeigen ihr wahres Gesicht. Mit ihren Enteignungsplänen entpuppen sie sich als Salon-Sozialisten.«[241]

Doch auch für SPD-»Miesepeter« Ralf Stegner könnten Enteignungen ein »Notwehrrecht gegen Marktradikalismus für einen handlungsfähigen Staat« sein.[242] Im gleichen Atemzug forderte er auch noch eine »Bodengewinnsteuer«.[243]

SPD: Enteignungen als »Notwehr« gegen den Markt.

Auch für die SPD-Mitvorsitzende Saskia Esken sind Enteignungen und Vergesellschaftungen mögliche Instrumente zur Schaffung einer gerechteren Gesellschaft:

> In unserem *Grundgesetz* ist angelegt, dass sowohl Enteignung als auch Vergesellschaftung Mittel sind, die dem Staat und der Gesellschaft an die Hand gegeben werden, um den verantwortlichen Umgang mit Eigentum zu gewährleisten. Wären das komplett spinnerte Ideen, würden sie nicht in unserer Verfassung stehen.[244]

Ein Kommentar im *Tagesspiegel* spricht mir aus der Seele: »Dieses Land mutiert immer mehr zur DDR 2. Aber das scheint ja genau das zu sein, was gewollt ist. Einen unmündigen Bürger, der sich alles gefallen lassen muss.«[245]

Eine »Ermächtigung zur Sozialisierung aus wirtschaftspolitischen Erwägungen« gemäß Artikel 15 unseres *Grundgesetzes* hat es in der Geschichte der Bundesrepublik Deutschland noch nicht gegeben. Gerichtsurteile zu genauen Voraussetzungen oder Schranken dieser Vorschrift gibt es deshalb ebenso wenig. Aber was nicht ist, kann ja noch werden …

Auch vorübergehende Enteignungen sind möglich

Nach dem Gesetz ist sogar eine vorübergehende Enteignung möglich. Wie das geht, zeige ich Ihnen im Folgenden an einem Beispiel: Der Bezirk Berlin-Steglitz-Zehlendorf hatte einen Hausbesitzer (vorübergehend) enteignet, weil er seine Immobilie seit 20 Jahren nicht mehr instand gehalten hatte und diese demzufolge nicht mehr bewohnbar war.[246]

Zuvor hatten nicht einmal Zwangsgelder dazu geführt, dass der Eigentümer sanierte. Grundlage der vorübergehenden Enteignung war das seit April 2018 geltende *Zweckentfremdungsverbotsgesetz* (ZwVbG).[247]

Dabei ist der rot-links-grüne Berliner Senat nicht zimperlich, wenn es um den Eingriff in das Eigentum des Einzelnen geht. Denn eine Zweckentfremdung und damit eine drohende (vorübergehende) Enteignung ist bereits aus folgenden Gründen möglich:

- Wenn der Wohnraum wiederholt tage- oder wochenlang als Ferienwohnung oder zu einer Fremdenbeherbergung, insbesondere einer gewerblichen Zimmervermietung oder der Einrichtung von Schlafstellen, verwendet wird.[248] ***Ausnahme:*** Wenn Wohnraum bereits zum Zeitpunkt des Inkrafttretens einer Verordnung als Ferienwohnung oder zur Fremdenbeherbergung genutzt wird. Dies gilt jedoch nur für eine Dauer von zwei Jahren nach Inkrafttreten der Verordnung. Hierfür hat die oder der Verfügungsberechtigte innerhalb von drei Monaten nach Inkrafttreten der Verordnung die Nutzung dem zuständigen Bezirksamt anzuzeigen;[249]
- Wenn der Wohnraum für gewerbliche oder berufliche sonstige Zwecke verwendet wird.[250] ***Ausnahme:*** Wenn Wohnraum bereits

zum Zeitpunkt des Inkrafttretens einer Verordnung für gewerbliche oder berufliche sonstige Zwecke genutzt wird. Dies gilt jedoch nur, solange das zum Zeitpunkt des Inkrafttretens der Verordnung bestehende Nutzungsverhältnis nicht beendet wird oder ein zu diesem Zweck in den Räumlichkeiten eingerichteter und ausgeübter gewerblicher oder freiberuflicher Betrieb fortgeführt wird;[251]

- Wenn der Wohnraum baulich derart verändert oder in einer Weise genutzt wird, dass er für Wohnzwecke nicht mehr geeignet ist.[252] ***Ausnahme:*** Wenn der Wohnraum leer steht, weil er trotz geeigneter Bemühungen über längere Zeit nicht wieder vermietet werden konnte;[253]
- Wenn der Wohnraum länger als drei Monate leer steht.[254] ***Ausnahme:*** Wenn der Wohnraum zügig umgebaut, instand gesetzt oder modernisiert wird und deshalb bis zu zwölf Monate unbewohnbar ist oder leer steht oder aus anderen objektiven Gründen nicht mehr vermietet werden kann. Dasselbe gilt, wenn eine Klage auf Duldung von Modernisierungs- beziehungsweise Sanierungsmaßnahmen erhoben wurde, bis zur Klärung im rechtskräftigen Urteil und bis zum Abschluss der sich hieran anschließenden zügigen Baumaßnahmen.[255]
- Wenn der Wohnraum beseitigt wird.[256] ***Ausnahme:*** Wenn die Berliner Hauptwohnung, in der der tatsächliche Lebensmittelpunkt begründet wird, durch die Verfügungsberechtigten oder die Nutzungsberechtigten zu anderen als Wohnzwecken mitbenutzt wird, insgesamt aber die Wohnnutzung überwiegt (über 50 vom Hundert der Fläche; bei Küche und Bad wird jeweils hälftige Nutzung unterstellt).[257]

Damit die Behörden das festzustellen können, müssen die Eigentümer und die Nutzungsberechtigten (Mieter) zum Rapport antreten, geeignete Unterlagen zum Nachweis vorlegen und auf Verlangen erklären, ob der Wohnraum auch tatsächlich zu Wohnzwecken genutzt wird.[258] Zuwiderhandlungen sind Ordnungswidrigkeiten und können mit einer Geldbuße bis zu 500 000 Euro geahndet werden.[259]

Doch das Land Berlin ist keine Ausnahme. Auch andere Bundesländer haben Zweckentfremdungsverbotsgesetze.

Hintergrund: Was ist eine »kalte Enteignung«?
Wenn ein Grundstück unter dem Wert und zwangsweise veräußert wird, spricht man von einer »kalten Enteignung«.
Beispiel: Eine Gemeinde übt ein Ankaufsrecht aus. Hierfür wurden vertragliche Regelungen zum Kaufpreis getroffen, die zu einem geringeren Verkaufspreis für den Eigentümer führen[260] (siehe auch das Unterkapitel → »Enteignungen wegen Windkrafträdern«, S. 112).

Grün-schwarzes Stuttgart: Zugriffsrecht der Stadt auf Privatgrundstücke?

Bereits im Jahr 2018 forderte das grün-schwarze Baden-Württemberg in Ausnahmefällen eine Zugriffsmöglichkeit der Gemeinden auf Privatgrundstücke:

Nachdem die Landeshauptstadt Stuttgart bereits ein Zugriffsrecht auf leer stehende Wohnungen gefordert hatte, sprach sich das CDU-geführte Wirtschaftsministerium auch für ein Zugriffsrecht der Kommunen auf Privatgrundstücke im Innenbereich der Städte aus. Das ging aus einem internen Dokument zur »Innenentwicklungsmaßnahme« (IEM) des Ministeriums hervor.

Der Hintergrund dieser dreisten Forderung ist folgender: Das Land wollte Bauland für neue Wohnungen aktivieren. Zu diesem Zweck sollten gezielt innerörtliche Brachflächen und Baulücken aktiviert werden.[261]

Diese Maßnahme sollte folgendermaßen umgesetzt und angewendet werden:

- Die Kommune wählt eine innerörtliche Fläche für den Bau neuer Wohnungen aus.
- Ein Bebauungsplan wird erstellt.
- Die Eigentümer werden verpflichtet, die Flächen zu bebauen.
- Wollen oder können Grundbesitzer der Verpflichtung nicht folgen, soll die Gemeinde eine »Zugriffsmöglichkeit« auf die Privatgrundstücke erhalten.
- Das Ministerium sah hierfür ein Potenzial von 11200 Wohneinheiten allein in Stuttgart.[262]

Rot-grünes Hamburg: Vermieter wird enteignet

Im November 2016 griff Falko Droßmann (SPD), Bezirksamtsleiter im Bezirk Hamburg-Mitte, gegen einen Leerstandsvermieter eines Mehrfamilienhauses durch, indem er ihm sein Eigentum schlichtweg entzog. Das Haus hatte seit 4 Jahren leer gestanden.[263]

Diesen Zustand konnte und wollte Sozi Droßmann nicht mehr hinnehmen. Sein Plan: Insgesamt sollten sechs Wohnungen quasi zwangsvermietet und vorher saniert werden. Die Rechnung sollte an den Eigentümer gehen, der seine Immobilie erst dann zurückbekommen sollte, wenn die Wohnungen vermietet worden waren und die Mieter durch entsprechende Mietverträge auch eine Bleibeperspektive hätten.[264] Der umtriebige Bezirksamtsleiter erklärte:

»In einer Stadt wie Hamburg können wir es nicht dulden, dass Wohnungen leer stehen.« Im Umgang mit Leerstand sei die Maßnahme »ein Schritt, den wir bei Erfolg weiter beschreiten werden«. Grundlage für seine Maßnahme war das *Wohnraumschutzgesetz,* das zuletzt 2013 deutlich verschärft wurde.[265] Gesagt, getan.[266] Das Beispiel könnte Schule machen. Auch an dieser Stelle möchte ich wieder Kommentare der *Welt*-Leser zitieren:

Charles E.: »Dass der Bolschewismus zuerst in den roten Stadtstaaten wieder auftaucht, war klar.«[267]

Sebastian S.: »Tja, schöne, neue Welt, in der Eigentum eben nicht mehr viel bedeutet …«[268]

John D.: »Das ist ja schlimmer als bei Putin oder Erdogan.«[269]

Gridlock: »Es lebe der real existierende Sozialismus!!!«[270]

Michael K.: »Ich komme mir vor wie zurückgesetzt in alte DDR-Zeiten.«[271]

Rot-grün-linkes Berlin: Zutritt von Behörden auch gegen den Willen des Eigentümers

Im November 2015, also auf dem Höhepunkt der Flüchtlingskrise, wollten die Grünen in Berlin ein Gesetz ins Abgeordnetenhaus einbringen, um Gebäude zur Flüchtlingsunterbringung zu beschlagnahmen. Das Gesetz trug den Titel: *Sicherstellung privater Grundstücke und Gebäude oder Teile davon zum Zwecke der Flüchtlingsunterbringung.*[272]

Grundsätzlich, so schrieben die Grünen, sollen »alle Arten von Immobilien in Anspruch genommen werden können, die eine zügige Unterbringung von Geflüchteten tatsächlich ermöglichen«.[273] Aber nur, wenn das Grundstück, Gebäude oder ein Teil davon ungenutzt sei. Allerdings sollten die Behörden »entscheiden«, ob eine Immobilie genutzt wird oder nicht. Hierzu hieß es im Gesetzestext: »Im Zweifel hat die sofortige Inanspruchnahme … Vorrang vor Verhandlungen mit ungewissem Ausgang.«[274]

Der Zugriff auf das private Eigentum sollte folgendermaßen geregelt werden: »Die Beauftragten der zuständigen Behörde sind berechtigt, Grundstücke sowie Gebäude oder Teile davon zur Prüfung der Frage, ob die Voraussetzungen für eine Sicherstellung … vorliegen, zu betreten.« Sie sollten das auch gegen den Willen des Eigentümers tun dürfen, aber »nicht während der Nachtzeit«.[275]

Und weiter: »Durch dieses Gesetz wird das Grundrecht auf Unverletzlichkeit der Wohnung (Artikel 13 des *Grundgesetzes*) eingeschränkt.«[276]

Unglaublich: Um Unterkünfte für Flüchtlinge zu »sicherzustellen«, sollten Behörden sogar gegen den Willen der Eigentümer deren Wohnungen betreten dürfen.

Wie sich später herausstellte, geisterte diese »Idee« schon länger im Senat herum.

Hintergrund: Polizei und Ordnungsamt sollten ohne Beschluss in Privaträume eindringen können

Im November 2015 machte eine seltsame Meldung in Berlin die Runde: Der Senat wolle die Polizei ermächtigen, in Privatwohnungen einzudringen, um dort Flüchtlinge unterzubringen, auch gegen den Willen der Eigentümer.[277]

Gunnar Schupelius von der *Berliner Zeitung* (B.Z.) ging der Sache auf den Grund und wurde fündig:

Es handelte sich um einen »Vorschlag«, welcher offenbar von der Senatskanzlei (das ist quasi das erweiterte Büro des Regierenden SPD-Bürgermeisters) in die Runde der Senatoren gestreut wurde. Er sollte dazu führen, dass das *Allgemeine Gesetz zum Schutz der öffentlichen Sicherheit und Ordnung in Berlin* (ASOG) geändert wird. Im ASOG ist unter Paragraf 36 geregelt, wann die Polizei ohne richterlichen Beschluss in eine Privatwohnung eindringen darf. Sie darf das nämlich nur zur Abwehr dringender Gefahren, kurz: um schwere Verbrechen zu verhindern und zu bekämpfen.

Der »Vorschlag« sollte dem Paragrafen 36 ASOG folgenden neuen »Absatz 4« hinzufügen:

> *Die Ordnungsbehörden und die Polizei können zur Prüfung der Geeignetheit zur Unterbringung von Flüchtlingen Grundstücke, Gebäude oder Teile davon ohne Einwilligung des Inhabers betreten, wenn dies zur Verhütung drohender Obdachlosigkeit erforderlich ist.*[278]

Das hätte bedeutet: Die Polizei oder die Ordnungsämter dürften ohne richterlichen Beschluss in Privateigentum eindringen, um nach Wohnraum für Flüchtlinge zu suchen, wenn diesen die Obdachlosigkeit droht.

Schließlich landete der »Vorschlag« nach internen Protesten erst einmal in der Schublade.[279] Allerdings lehrt uns die politische Erfahrung: Aufgeschoben ist nicht aufgehoben.

Aus der ideologischen Buntmenschensicht der Grünen war das alles logisch: Es kamen immer mehr Flüchtlinge nach Berlin, der Winter nahte, die Unterkünfte wurden knapp, und der Senat war (und ist übrigens noch immer) verpflichtet, Asylbewerber einzuquartieren. Da die Vermieter und Makler aber kaum bereit waren, Immobilien als Unterkunft zur Verfügung zu stellen, musste man diese einfach dazu zwingen.[280]

Wenn Sie sich jetzt als Immobilieneigentümer aufregen, dann werden sie das beim Lesen des nächsten Kapitels erst recht tun, denn Hamburg hat bereits ein entsprechendes Gesetz verabschiedet.

Rot-grünes Hamburg beschließt *Gesetz zur Sicherung der Flüchtlingsunterbringung in Einrichtungen*

Bereits am 1. Oktober 2015 verabschiedete die Hamburger Bürgerschaft das *Gesetz zur Sicherung der Flüchtlingsunterbringung in Einrichtungen,*[281] das die Beschlagnahme (Sicherstellung) von Immobilien zu Zwecken der Schaffung von Flüchtlingsunterkünften ermöglichte.[282]

Dazu wurde eigens ein neuer Paragraf 14 a zur »Sicherstellung privater Grundstücke und Gebäude oder Teilen davon zur Flüchtlingsunterbringung« in das *Gesetz zum Schutz der öffentlichen Sicherheit und Ordnung* (HmbSOG) eingefügt.[283]

In Paragraf 14 a heißt es (Hervorhebungen durch mich):

> Die zuständige Behörde kann ***zum Zwecke der Unterbringung von Flüchtlingen oder Asylbegehrenden*** zur Abwehr von bevorstehenden Gefahren für Leib und Leben ***Grundstücke und Gebäude sowie Teile davon sicherstellen.*** […] ***Die Beauftragten der zuständigen Behörde sind berechtigt, Grundstücke sowie Gebäude oder Teile davon*** zur Prüfung der Frage, ob die Voraussetzungen für eine Sicherstellung nach diesem Absatz vorliegen, ***zu betreten.*** Die Betretung ist vorher anzukündigen und darf ***nicht während der Nachtzeit*** (§ 104 Absatz 3 der SPO) erfolgen.[284]

In § 2 finden wir folgenden Text:

> Durch dieses Gesetz wird das ***Grundrecht auf Unverletzlichkeit der Wohnung*** (Artikel 13 des Grundgesetzes) ***eingeschränkt.***[285]

Hintergrund: Artikel 13 *Grundgesetz*

(1) Die Wohnung ist unverletzlich.
(2) Durchsuchungen dürfen nur durch den Richter, bei Gefahr im Verzuge auch durch die in den Gesetzen vorgesehenen anderen Organe angeordnet und nur in der dort vorgeschriebenen Form durchgeführt werden.
(3) Begründen bestimmte Tatsachen den Verdacht, dass jemand eine durch Gesetz einzeln bestimmte besonders schwere Straftat begangen hat, so dürfen zur Verfolgung der Tat auf Grund richterlicher

Anordnung technische Mittel zur akustischen Überwachung von Wohnungen, in denen der Beschuldigte sich vermutlich aufhält, eingesetzt werden, wenn die Erforschung des Sachverhalts auf andere Weise unverhältnismäßig erschwert oder aussichtslos wäre. Die Maßnahme ist zu befristen. Die Anordnung erfolgt durch einen mit drei Richtern besetzten Spruchkörper. Bei Gefahr im Verzuge kann sie auch durch einen einzelnen Richter getroffen werden.
(4) Zur Abwehr dringender Gefahren für die öffentliche Sicherheit, insbesondere einer gemeinen Gefahr oder einer Lebensgefahr, dürfen technische Mittel zur Überwachung von Wohnungen nur auf Grund richterlicher Anordnung eingesetzt werden. Bei Gefahr im Verzuge kann die Maßnahme auch durch eine andere gesetzlich bestimmte Stelle angeordnet werden; eine richterliche Entscheidung ist unverzüglich nachzuholen.
(5) Sind technische Mittel ausschließlich zum Schutze der bei einem Einsatz in Wohnungen tätigen Personen vorgesehen, kann die Maßnahme durch eine gesetzlich bestimmte Stelle angeordnet werden. Eine anderweitige Verwertung der hierbei erlangten Erkenntnisse ist nur zum Zwecke der Strafverfolgung oder der Gefahrenabwehr und nur zulässig, wenn zuvor die Rechtmäßigkeit der Maßnahme richterlich festgestellt ist; bei Gefahr im Verzuge ist die richterliche Entscheidung unverzüglich nachzuholen.
(6) Die Bundesregierung unterrichtet den Bundestag jährlich über den nach Absatz 3 sowie über den im Zuständigkeitsbereich des Bundes nach Absatz 4 und, soweit richterlich überprüfungsbedürftig, nach Absatz 5 erfolgten Einsatz technischer Mittel. Ein vom Bundestag gewähltes Gremium übt auf der Grundlage dieses Berichts die parlamentarische Kontrolle aus. Die Länder gewährleisten eine gleichwertige parlamentarische Kontrolle.
(7) Eingriffe und Beschränkungen dürfen im Übrigen nur zur Abwehr einer gemeinen Gefahr oder einer Lebensgefahr für einzelne Personen, auf Grund eines Gesetzes auch zur Verhütung dringender Gefahren für die öffentliche Sicherheit und Ordnung, insbesondere zur Behebung der Raumnot, zur Bekämpfung von Seuchengefahr oder zum Schutze gefährdeter Jugendlicher vorgenommen werden.«[286]

Dr. Thomas Reichelt, Rechtsanwalt und Fachanwalt für Verwaltungsrecht, kommentierte das Hamburgische *Gesetz zur Sicherung der Flüchtlingsunterbringung in Einrichtungen* so (Hervorhebungen durch mich):

> Mit § 14 a HmbSOG ist unter dem Aspekt der Sicherstellung eine zumindest ***vorübergehende Entziehung des Eigentums auch privater Immobilien möglich***. Neben den damit aufgeworfenen verfassungsrechtlichen Fragen ***bleiben Zweifel an der Rechtmäßigkeit des Gesetzes*** zum einen unter dem Blickwinkel des das Polizeirecht prägenden Subsidiaritätsprinzips und zum anderen des Einschreitens auch bei nicht unmittelbar drohenden Gefahren bestehen. Und trotz gegenteiliger Bekundungen des Senats ***schließt*** diese Regelung nach ihrem Wortlaut die ***Inanspruchnahme auch privaten Wohneigentums keineswegs aus***.[287]

Merke: So schnell kann der Staat in das Privateigentum eingreifen und unsere vom *Grundgesetz* garantierten Rechte einschränken oder aussetzen.

Das Gute am Hamburgischen Gesetz: Es war befristet und galt nur bis zum 31. März 2017. Das Schlechte: Es kann jederzeit auf jedes andere Bundesland modifiziert wieder erlassen werden.

Grüne Enteignungsfantasien

Wie beschrieben, können sich besonders die Grünen, die Linken und die SPD Enteignungen vorstellen. Das entspricht wohl ihrem ideologischen Hintergrund der Gleichmacherei und Abschaffung des Leistungsprinzips. Für mich bedeutet das: Armut für alle, Grundeinkommen für Faule und Kollektivierung von Eigentum.

Besonders eifrig sind aber die Grünen, wenn es um Enteignungsfantasien geht. Aus dem Antrag des Bundesvorstandes für den Bielefelder Parteitag im November 2019 ging hervor, dass die Grünen Kommunen unterstützen, die Besitzer von Grundstücken, die auf steigende Bodenpreise spekulieren, statt zu bauen, »bei besonders angespannten Wohnungsmärkten« zum Verkauf zwingen oder gegen Entschädigung enteignen wollen.[288] Im Antrag hieß es weiter:

> Falls dem Baugebot nicht entsprochen wird und die öffentliche Hand daraufhin als Ultima Ratio enteignet, sollte die Entschädigung einem realistischen Ertragswert entsprechen.[289]

Doch damit nicht genug. Die Grünen wollten außerdem die Wertsteigerungen von Grund und Boden, die aus einer Verbesserung der öffentlichen Infrastruktur resultieren, teilweise abschöpfen. Ziel sei es, das Geld in die Infrastruktur zu reinvestieren. So seien für die Eigentümer neu entstehende Kultureinrichtungen oder Universitäten im Umfeld ein leistungsloser Vermögenszuwachs.[290] Dreister geht es nicht!

Beispiel: Stellen Sie sich eine Durchschnittsfamilie mit einem durchschnittlichen Einkommen vor, die es geschafft hat, ihr Eigenheim zu finanzieren und abzubezahlen. Das Häuschen soll als Alterssicherung dienen. Viel »freies« Geld dürfte da nicht mehr zur Verfügung stehen. Plötzlich kommen Vertreter der Gemeinde und stellen eine Wertsteigerung des Hauses und/oder des Grundstückes fest, weil in der Nähe ein Museum eröffnet worden ist, und bitten die Familie dafür zur Kasse. Ginge es nach den grünen Kommunisten, könnte demnach jede öffentliche Maßnahme im näheren Umkreis von wenigen Kilometern künftig beliebig und willkürlich auf Immobilien in der sehr weiten Nachbarschaft umgelegt werden.[291] Völlig absurd!

Aber auch das war der Öko-Partei noch nicht genug. Sie forderte darüber hinaus ein »Recht« für Mieter, Wohnungen unterschiedlicher Größe untereinander zu »tauschen«.[292] Und wieder haben sie nicht richtig nachgedacht: Wenn Mieter untereinander unterschiedlich große Wohnungen tauschen können, ohne dass der Vermieter ein Vetorecht hat, werden auch solvente, ordentliche Mieter gegen Mietnomaden und zahlungsunfähige Mieter auf Kosten und Risiko des Vermieters ausgetauscht.[293] Auch das ist eine Form der Enteignung.

Doch damit waren die Fantasien der Grünen noch lange nicht am Ende. Sie forderten außerdem:

- Die Einschränkung der Nutzung von Wohnraum für touristische Zwecke in Großstädten.
- Die Einführung eines Transparenzregisters, aus dem die Besitzverhältnisse von Häusern und Wohnungen hervorgeht.
- Die Anhebung der Grunderwerbssteuer für Wohnungskonzerne als »Antispekulationssteuer«.[294]

Ein Kommentar auf *Welt Online* weist auf Folgendes hin: »Bemerkenswert, dass ausgerechnet jene, die unbegrenzten Zuzug fordern, fehlende Wohnungen bemängeln.«[295]

Wolfgang N. ergänzt: »Wer jedes Jahr eine ganze Großstadt in unseren Sozialstaat einwandern lässt, jedoch keine Großstadt baut, hat ein Problem (erschaffen). Aber so viel Realismus kann man von den Grünen nicht erwarten. Wahrscheinlich verstehen sie den Zusammenhang gar nicht.«[296]

Zara K.: »Wer grün wählt, wählt Öko-Marxisten, die kein Problem damit haben, zu enteignen. Das ist verkappter Linksextremismus. Mit freiheitlicher Demokratie hat das wenig zu tun.«[297]

Ich wiederhole es immer und immer wieder in meinen Publikationen wie zum Beispiel *Die Grünen – Zwischen Kindersex, Kriegshetze und Zwangsbeglückung* oder *Kommt die Klima-Diktatur?*: Gnade uns Gott, wenn die Grünen und die Linken einmal die Regierungshoheit in unserem Land gewinnen!

KAPITEL 3

So kann der Staat Ihre Grundstücke rauben

Wie in Kapitel 1 → »Was bedeutet ›Enteignung‹?« (S. 21) bereits erläutert, ist eine Enteignung nur zum Wohle der Allgemeinheit zulässig. Sie darf nur durch Gesetz oder aufgrund eines Gesetzes erfolgen, das Art und Ausmaß der Entschädigung regelt. Die Entschädigung ist unter gerechter Abwägung der Interessen der Allgemeinheit und der Beteiligten zu bestimmen.[298]

Auf Bundesebene sind Enteignungen in zahlreichen Fachgesetzen für spezielle Zwecke vorgesehen. Beispiele: das *Allgemeine Eisenbahngesetz* (AEG), das *Bundesfernstraßengesetz* (FStrG), das *Baugesetzbuch* (BauGB) oder das *Energiewirtschaftsgesetz* (EnWG). Hinsichtlich des Enteignungsverfahrens verweisen die Bundesgesetze zum Teil auf die jeweiligen *Enteignungsgesetze der Länder* (LEntG).[299]

Die Enteignungsbehörde[300] als Teil der öffentlichen Verwaltung ist an die gesetzlichen Vorgaben nach Art. 20 Abs. 3 GG gebunden.[301] Die Behörde führt Enteignungs-, Besitzeinweisungs- und Entschädigungsfestsetzungsverfahren durch, wenn ein Grundstück bzw. Grundstücksteil für eine Maßnahme, die dem Allgemeinwohl dient, in Anspruch genommen werden soll (etwa für den Bau einer Straße, Eisenbahntrasse, Gas- oder Stromleitung oder als Flughafenfläche). Außerdem, wenn zwischen Vorhabenträger und Eigentümer/Beisitzer keine oder nur eine Teileinigung erzielt werden kann.[302]

Vorspiel zur Enteignung: Die vorzeitige Besitzeinweisung

Die vorzeitige Besitzeinweisung ist dem Enteignungsverfahren normalerweise vorgeschaltet. Der Grund dafür ist meistens, dass mit dem Bau einer öffentlichen Infrastruktur dringend begonnen werden muss, bevor die oft langwierigen Enteignungsverfahren abgeschlossen sind. In der Amtssprache am Beispiel des Bundeslandes Baden-Württemberg klingt das so (Hervorhebungen durch mich):

> Sie [die vorzeitige Besitzeinweisung; MGR] kommt in Betracht, wenn die Infrastrukturmaßnahme derart eilig ist, dass der Vorhabenträger noch ***vor dem Abschluss des Enteignungsverfahrens zum Wohl der Allgemeinheit beginnen muss***, und Sie Ihr Grundstück dem Vorhabenträger unter Vorbehalt aller Entschädigungsansprüche nicht überlassen möchten und die übrigen gesetzlichen Voraussetzungen vorliegen (Antrag, vollziehbarer Planfeststellungsbeschluss oder vollziehbare Plangenehmigung). Wird der Vorhabenträger durch Beschluss vorzeitig in den Besitz der benötigten Flächen eingewiesen, ***kann er mit den Bauarbeiten beginnen. Dem bisherigen unmittelbaren Besitzer (z. B. Mieter/Pächter/Eigentümer) wird der Besitz entzogen***. Eine Belastung des Eigentums findet nicht statt. ***Sie bleiben nach wie vor Eigentümer*** und behalten – wie auch der unmittelbare Besitzer (z. B. Mieter/Pächter) – ***alle Entschädigungsansprüche.***[303]

So läuft ein Enteignungs-/ vorzeitiges Besitzeinweisungsverfahren ab

Ich möchte den Ablauf ebenfalls am Beispiel von Baden-Württemberg verdeutlichen:

❶ Die Enteignungsbehörde wird auf Antrag tätig, soweit keine Einigung erzielt wurde.

❷ Den Antrag auf vorzeitige Besitzeinweisung kann der Vorhabenträger allein oder gleichzeitig mit einem Enteignungsantrag stellen.

❸ Im Enteignungsverfahren wird ab dem Zeitpunkt der Antragsstellung die Eintragung einer Verfügungs-und Veränderungssperre im Grundbuch angeordnet.

❹ Sind Sie von einer Enteignung oder vorzeitigen Besitzeinweisung betroffen, werden Sie zur mündlichen Verhandlung geladen.

❺ Mit der Ladung erhalten Sie eine Mehrfertigung des Antrags und die Gelegenheit, sich zu dem Antrag schriftlich zu äußern.

❻ Bei einer Enteignung wird der Termin öffentlich bekannt gemacht.

❼ Grundlage für die Enteignung oder vorzeitige Besitzeinweisung ist eine mündliche Verhandlung. Diese ist nicht öffentlich und ermöglicht den Beteiligten, alle mit dem Verfahren zusammenhängenden Fragen zu erörtern. Die Enteignungskommission ist zur Hinwirkung auf eine gütliche Einigung verpflichtet.

❽ Wenn sich die Parteien nicht einigen, entscheidet die Enteignungskommission durch einen förmlichen Beschluss, der gerichtlich überprüft werden kann. Zu jeder Zeit können die in ihren Rechten Betroffenen (z. B. Grundstückseigentümer, Mieter, Pächter, Nießbrauchsberechtigte) eine Bauerlaubnis vorbehaltlich aller Entschädigungsansprüche erteilen. Dabei handelt es sich um eine privatrechtliche Vereinbarung zwischen dem Vorhabenträger und dem Betroffenen (siehe unten). Durch die Erteilung der Bauerlaubnis erfahren die Beteiligten keine finanziellen Nachteile.

❾ Die später festzusetzende Entschädigung wird ab dem Tag der Besitzüberlassung verzinst.

❿ Über die Höhe der Entschädigung wird im vorzeitigen Besitzeinweisungsverfahren weder verhandelt noch entschieden. Dies bleibt dem Enteignungs- oder Entschädigungsfestsetzungsverfahren vorbehalten.[304]

Praktisches Beispiel:
Stadt Wehr/Baden-Württemberg – Anordnung einer Flurbereinigung (Flurneuordnungsverfahren)

Eine sogenannte »Flurneuordnung« entzerrt miteinander konkurrierende Flächennutzungen. Sie kann in unterschiedlichen Verfahrensarten durchgeführt werden. Sie dient, so der offizielle Wortlaut, der Entwicklung der Gemeinden, der Wettbewerbsfähigkeit der Landwirtschaft und dem Erhalt einer attraktiven Kulturlandschaft. Sie soll zudem zur Schaffung und Sicherung von Arbeitsplätzen im ländlichen Raum beitragen.[305]

Zunächst einmal sorgen Flurneuordnungen bei wichtigen Großprojekten der öffentlichen Hand dafür, dass die benötigten Flächen ohne Enteignungen sozialverträglich und rasch bereitgestellt werden können. Solche Projekte sind z. B.:

- Fern- oder Umgehungsstraßen,
- neue Schienentrassen,
- Hochwasserschutzanlagen,
- Kommunale Infrastrukturmaßnahmen.[306]

So läuft das Verfahren in der Regel ab:

- Vor Beginn werden alle beteiligten Grundeigentümer über Zweck, Ziele, geschätzte Kosten und Ablauf informiert. Das geschieht

durch Bürgerversammlungen, Mitteilungsblätter der Gemeinde und Informationsveranstaltungen.
- Nach der Information der Öffentlichkeit beschließt die zuständige Behörde dann das Flurneuordnungsverfahren und ordnet es an.
- Der Beschluss wird dann öffentlich bekannt gemacht, z. B. durch Aushänge oder Bekanntmachungen in der Gemeindezeitung. In der Flurbereinigungsgemeinde und den angrenzenden Gemeinden liegen Gebietskarten einen Monat lang öffentlich aus. In diesen Karten ist das Flurbereinigungsgebiet dargestellt.
- Alle Eigentümer der zum Verfahrensgebiet gehörenden Grundstücke und die Erbbauberechtigten sind Teilnehmer am Flurneuordnungsverfahren. Sie bilden die Teilnehmergemeinschaft. Diese ist eine Körperschaft des öffentlichen Rechts und entsteht kraft Gesetzes mit dem Flurbereinigungsbeschluss. Die Teilnehmer haben bestimmte Rechte. Die Teilnehmergemeinschaft wählt einen aus mehreren Mitgliedern bestehenden Vorstand. Er führt die Geschäfte, vertritt die Interessen der Teilnehmer und wirkt an der Flurneuordnung mit.
- Vor der Neugestaltung des Geländes wird der Wert der betroffenen Grundstücke ermittelt. Dadurch soll eine wertgleiche Abfindung der Eigentümer sichergestellt werden.
- Landwirtschaftliche Sachverständige bewerten die Bodengüte der betroffenen landwirtschaftlichen Flächen. Handelt es sich bei den betroffenen Grundstücken um Bauland oder bebaute Grundstücke, wird der Verkehrswert herangezogen.
- Die Ergebnisse der Wertermittlung werden 3 bis 4 Wochen öffentlich ausgelegt. Während dieser Frist können die Teilnehmer Einwände gegen die Ergebnisse der Wertermittlung vorbringen. Begründete Einwendungen werden in die Feststellung der Wertermittlung aufgenommen. Gegen die Feststellung der Ergebnisse kann Widerspruch und danach ggf. Klage beim Flurbereinigungsgericht erhoben werden.
- Nach der Wertermittlung erarbeitet die Behörde die Neugestaltung des Flurneuordnungsgebietes im Einvernehmen mit den Beteiligten.
- Die Ergebnisse werden in einem Wege- und Gewässerplan mit landschaftspflegerischem Begleitplan zusammengefasst.

- Die Maßnahmen dieses Plans sowie der Kosten- und Finanzierungsplan müssen durch die obere Flurbereinigungsbehörde genehmigt werden.
- Sind die Ausgaben bewilligt, kann mit dem Ausbau und der Vermessung als Grundlage für die Neuzuteilung begonnen werden.

Achtung: Alle Teilnehmer müssen vor der Neuzuteilung bei einem Planwunschtermin über ihre Abfindungswünsche gehört werden. Ein Rechtsanspruch auf die Erfüllung der Wünsche besteht jedoch nicht.[307]

- Den Teilnehmern werden in der vorläufigen Besitzeinweisung vorläufige neue Grundstücke zugeteilt. Dabei werden die vorgesehenen neuen Grenzen in die Örtlichkeit übertragen und markiert.

Achtung: Damit geht aber noch kein Eigentum über.[308]

- Die Teilnehmer müssen die neuen Flächen bewirtschaften. Sie können so durch eigene Bewirtschaftung beurteilen, ob die Abfindungsgrundstücke vergleichbar mit den eingebrachten Grundstücken sind.
- Nach der vorläufigen Besitzeinweisung erstellt die Flurbereinigungsbehörde den Flurbereinigungsplan. Darin sind alle im Rahmen der Flurbereinigung getroffenen Maßnahmen und Regelungen aufgeführt. Er wird öffentlich bekannt gegeben und liegt 4 Wochen zur Einsichtnahme aus. Zusätzlich erhalten alle Teilnehmer einen Auszug aus dem Flurbereinigungsplan. Er enthält die sie persönlich betreffenden Regelungen, beispielsweise den Flurbereinigungsnachweis »Alter Bestand« und »Neuer Bestand«. Auch eine detaillierte Abrechnung über die Beiträge und Geldentschädigungen gehört dazu.

Achtung: Gegen den Flurbereinigungsplan kann nur im Anhörungstermin Widerspruch erhoben werden.[309]

- Der Abschluss des Verfahrens besteht dann aus der Eintragung der neuen Eigentumsverhältnisse und rechtlichen Regelungen ins Grundbuch, der Berichtigung weiterer öffentlicher Bücher (z.B. Liegenschaftskataster, Wasserbuch, Denkmalbuch, Baulastenverzeichnis) und der Schlussfeststellung, mit der das Verfahren offiziell beendet wird.[310]

Achtung: Die Kosten dafür werden durch staatliche Zuschüsse (Baden-Württemberg) jedoch nur zu 55 bis 85 Prozent übernommen. Den Restbetrag muss die Teilnehmergemeinschaft übernehmen. Eventuell gibt es freiwillige Beiträge der Gemeinden.[311]

Mein Tipp (für Baden-Württemberg): Der Beitrag einzelner Teilnehmer kann auch in Form von Dienstleistungen oder Sachbeiträgen erbracht werden (beispielsweise indem jemand als Messgehilfe im Verfahren tätig wird, beziehungsweise Maschinen oder Material für den Bau zur Verfügung stellt).[312]

So werden Sie bei einer vorzeitigen Besitzeinweisung entschädigt

Der Vorhabenträger muss Ihnen die Vermögensnachteile entschädigen, die sich aus der Besitzübergabe ergeben. Als Ausgleich für die Entziehung oder Belastung des Eigentums oder eines anderen Rechts wird die Geldentschädigung verzinst. Wie bereits erwähnt, erfolgt die Verzinsung ab dem Zeitpunkt, an dem die Besitzeinweisung beziehungsweise die freiwillig erteilte Bauerlaubnis wirksam ist. Der Zinssatz beträgt jährlich 2 Prozent über dem Basiszinssatz der Europäischen Zentralbank.

Die Verzinsung ist der Ausgleich dafür, dass die Nutzung des Grundstücks nicht mehr möglich ist, die Entschädigungssumme aber noch nicht zur Verfügung steht.[313]

Weitere Vermögensnachteile, z.B. Ernteausfälle oder Aufwuchsschäden, werden zusätzlich entschädigt. Ergeht gegen den unmittelbaren Besitzer (z.B. Mieter/Pächter) ein Besitzeinweisungsbeschluss, so steht auch diesem eine Entschädigung zu.[314]

Achtung: Wird ein Grundstück nur vorübergehend – beispielsweise als Baustelleneinrichtungsfläche oder Arbeitsstreifen – in Anspruch genommen, so scheidet die Verzinsung aus, da der Eigentümer das Grundstück später wieder zurückerhält. Der Ausgleich erfolgt in diesem Falle in Form der ortsüblichen Miete oder Pacht oder durch die Erstattung des tatsächlichen Nutzungsausfalls. Auch den Mietern bzw. Pächtern ist eine Entschädigung für Nutzungsausfall zu gewähren.[315]

Hintergrund:
Was ist ein Entschädigungsfestsetzungsverfahren?

Wenn Sie mit dem Vorhabenträger nur über die Höhe der Entschädigung uneinig sind, können Sie den Übergang des Eigentums oder eines anderen Rechts auf den Vorhabenträger außerhalb des Enteignungsverfahrens z. B. durch einen notariellen Kaufvertrag oder eine Dienstbarkeitsbewilligung vereinbaren. In diesem Vertrag können Sie sich alle Entschädigungsansprüche vorbehalten.[316]

Achtung: Der Vorhabenträger sollte sich in dem Vertrag verpflichten, bei der Enteignungsbehörde ein Entschädigungsfestsetzungsverfahren zu beantragen. In diesem Verfahren dient (wie bei einem Enteignungsverfahren) zur Ermittlung des maßgeblichen Grundstückswertes in der Regel die Bewertung eines unabhängigen Gutachters bzw. Gutachterausschusses. In der Verhandlung wird ausschließlich über die Höhe der Entschädigung gesprochen. Wenn es zu keiner Einigung kommt, wird im Beschluss die Höhe der Entschädigung festgesetzt.[317]

Muss ich die Kosten des Verfahrens tragen?

Die Kosten eines Besitzeinweisungsverfahrens trägt der Antragsteller. In anderen Verfahren trägt die Kosten in der Regel der zur Entschädigung Verpflichtete. Dies gilt auch dann, wenn dem Antrag nur teilweise stattgegeben wird.[318]

Kosten können entstehen durch:

- die Erstellung von Gutachten,
- die Hinzuziehung eines Rechtsanwalts/einer Rechtsanwältin,
- Reisekosten,
- Verdienstausfall etc.

Im Beschluss wird angeordnet, wer die Kosten trägt.[319]

Kann ich die Beschlüsse gerichtlich überprüfen lassen?

Den Besitzeinweisungs-, den Entschädigungsfeststellungs- und den Enteignungsbeschluss können Sie gerichtlich überprüfen lassen. Dem Beschluss ist jeweils eine Rechtsbehelfsbelehrung beigefügt. Sie führt auf, welcher Rechtsbehelf bei welcher Stelle einzureichen ist. Dieser muss innerhalb eines Monats nach Zustellung der Entscheidung bei der zuständigen Stelle eingegangen sein.[320]

So vermeiden Sie eine vorzeitige Besitzeinweisung

Wenn Sie sich vorab mit dem Vorhabenträger über die Eintragung der Rechte im Grundbuch oder über die Entschädigungshöhe nicht einigen können, ist es zur Wahrung Ihrer Rechte nicht notwendig, den Besitz an Ihrem Grundstück zurückzuhalten. Sie können unter Vorbehalt aller Entschädigungsansprüche eine Bauerlaubnis erteilen.[321] Das bedeutet für Sie:

- Das Recht auf eine angemessene Entschädigung bleibt bestehen.
- Über den Übergang des Eigentums oder die Eintragung einer Dienstbarkeit oder die Übertragung eines anderen Rechts können Sie anschließend mit dem Vorhabenträger weiterverhandeln.
- Wenn Sie mit dem Vorhabenträger keine Einigung über die Höhe der Entschädigung erreichen, kann bei der Enteignungsbehörde ein Entschädigungsfestsetzungsverfahren beantragt werden.[322]

Enteignungsbeispiele

Wer glaubt, in Deutschland werde nicht enteignet und »Enteignung« sei nur ein theoretischer Begriff, weil wir ja nicht in einem sozialistischen Staat leben, der täuscht sich gewaltig. Denn enteignet wird schon lange. Hier ein paar Beispiele:

Enteignungen für den Bergbau

Für die Abbaugebiete von Kohle wurden in den letzten Jahrzehnten riesige Flächen geopfert. Allein dem Braunkohlebergbau mussten etwa 370 Gemeinden weichen. 125 000 Menschen wurden umgesiedelt und enteignet. Jüngstes Beispiel der Umsiedlung einer ganzen Gemeinde ist das Dorf Mühlrose in der sächsischen Lausitz[323] (siehe dazu Kapitel 5 → »Wenn Bagger oder Windräder kommen – Enteignungen nach dem *Energiewirtschaftsgesetz*«, S. 97).

Enteignungen für den Straßenbau

In Deutschland gibt es rund 13 000 Kilometer Autobahn. Auch dafür wurden viele Grundstücke benötigt und notfalls auch enteignet[324] (siehe Kapitel 4 → »Wenn die Autos kommen – Enteignungen nach dem *Bundesfernstraßengesetz*«, S. 91). Im *Bundesfernstraßengesetz* sind Enteignungen ausdrücklich vorgesehen: »Die Träger der Straßenbaulast der Bundesfernstraßen haben zur Erfüllung ihrer Aufgaben das Enteignungsrecht.«[325]

Enteignungen für Bahnstrecken

Auch für den Bau von Schienenwegen werden Bürger enteignet. Im *Eisenbahngesetz* heißt es analog zum *Bundesfernstraßengesetz*: »Für Zwecke des Baus und des Ausbaus von Betriebsanlagen der Eisenbahn ist die Enteignung zulässig.«[326]

In Fürth (Bayern) mussten Anrainer einer Bahnstrecke einen Teil ihrer Grundstücke abgeben, weil die Bahn dort zusätzliche S-Bahn-Gleise verlegen wollte.[327]

Ein Bauer in Sachsen-Anhalt wehrte sich vergeblich gegen die Enteignung zweier Äcker mit gut 35 000 Quadratmetern. Dabei benötigte die Bahn die Grundstücke lediglich als Ausgleichsfläche für den Bau eines ICE-Tunnels. Die angebotene Entschädigung betrug 1 Euro pro Quadratmeter.[328] Mehr dazu in Kapitel 7 → »Wenn die Bahn kommt – Enteignungen nach dem *Allgemeinen Eisenbahngesetz*« (S. 133).

Enteignungen für den Flughafenbau

Im Jahr 2005 durfte Airbus in Hamburg eine Landebahn in seinem A380-Werk Finkenwerder um fast 600 Meter verlängern. Die Anwohner wehrten sich dagegen. Doch die Grundstücke mehrerer Obstbauern wurden trotz ihrer Klagen enteignet.[329] Mehr dazu in Kapitel 6 → »Wenn die Flugzeuge kommen – Enteignungen nach dem *Luftverkehrsgesetz*« (S. 129).

Enteignungen von Banken

Während der Finanzkrise trat am 8. April 2009 das sogenannte *Rettungsübernahmegesetz* in Kraft. Es erlaubt für knapp 3 Monate die Enteignung von Finanzinstituten[330] (siehe Kapitel 11 → »Wenn der Finanzcrash kommt – So kann der Staat Ihre Ersparnisse rauben«, S. 177).

KAPITEL 4

Wenn die Autos kommen – Enteignungen nach dem *Bundesfernstraßengesetz*

Bundesstraßen des Fernverkehrs (Bundesfernstraßen) sind öffentliche Straßen, die ein zusammenhängendes Verkehrsnetz bilden und einem weiträumigen Verkehr dienen. In einer geschlossenen Ortslage gehören zum zusammenhängenden Verkehrsnetz auch die notwendigen Straßen für den weiträumigen Verkehr.[331] Die Bundesfernstraßen gliedern sich in:

- Bundesautobahnen; Definition: »Bundesautobahnen sind Bundesfernstraßen, die nur für den Schnellverkehr mit Kraftfahrzeugen bestimmt und so angelegt sind, dass sie frei von höhengleichen Kreuzungen und für Zu- und Abfahrt mit besonderen Anschlussstellen ausgestattet sind. Sie sollen getrennte Fahrbahnen für den Richtungsverkehr haben.[332]
- Bundesstraßen mit den Ortsdurchfahrten.[333]

Was zu Bundesfernstraßen gehört, ist im *Bundesfernstraßengesetz* (FStrG) genauestens geregelt:

❶ der Straßenkörper; das sind besonders der Straßengrund, der Straßenunterbau, die Straßendecke, die Brücken, Tunnel, Durchlässe, Dämme, Gräben, Entwässerungsanlagen, Böschungen, Stützmauern, Lärmschutzanlagen, Trenn-, Seiten-, Rand- und Sicherheitsstreifen;

❷ der Luftraum über dem Straßenkörper;

❸ das Zubehör; das sind die Verkehrszeichen, die Verkehrseinrichtungen und -anlagen aller Art, die der Sicherheit oder Leichtigkeit des Straßenverkehrs oder dem Schutz der Anlieger dienen, und die Bepflanzung; Einrichtungen zur Erhebung von Maut und zur Kontrolle der Einhaltung der Mautpflicht;

❹ die Nebenanlagen; das sind solche Anlagen, die überwiegend den Aufgaben der Straßenbauverwaltung der Bundesfernstraßen dienen, z. B. Straßenmeistereien, Gerätehöfe, Lager, Lagerplätze, Entnahmestellen, Hilfsbetriebe und -einrichtungen;

❺ die Nebenbetriebe an den Bundesautobahnen.[334]

Für den Bau von Autobahnen und Bundesstraßen werden logischerweise Grundstücke benötigt. Diese können nach dem *Bundesfernstraßengesetz* ebenso enteignet werden. Das ist in Paragraf 19 (»Enteignung«) FStrG geregelt. Dort heißt es u. a.:

> Die Träger der Straßenbaulast der Bundesfernstraßen haben zur Erfüllung ihrer Aufgaben das Enteignungsrecht. Die Enteignung ist zulässig, soweit sie zur Unterhaltung oder Ausführung eines nach § 17 Absatz 1 festgestellten oder genehmigten Bauvorhabens notwendig ist [z. B. die Erweiterung von Fahrstreifen; MGR]. Einer weiteren Feststellung der Zulässigkeit der Enteignung bedarf es nicht.[335]

Zudem gelten für öffentliche Straßen die *Enteignungsgesetze der Länder,* auch was Entschädigungen anbelangt.[336]

Doch die Bevormundung der Behörden beginnt schon lange vor dem Bau einer dieser Straßen. Dann gilt die sogenannte »***Veränderungssperre***«. Das bedeutet: Wenn die Pläne im Planfeststellungsverfahren ausgelegt sind, dürfen Sie als Eigentümer auf den vom Plan betroffenen Flächen keine wesentlich wertsteigernde oder den geplanten Straßenbau erheblich erschwerende Veränderungen mehr vornehmen.[337] Zudem steht den Behörden ein Vorkaufsrecht zu.[338]

Dauert die Veränderungssperre länger als 4 Jahre, können die Eigentümer für die dadurch entstandenen Vermögensnachteile eine angemessene Entschädigung in Geld verlangen. Sie können auch die Übernahme der vom Plan betroffenen Flächen verlangen, wenn ihnen die Veränderungssperre wirtschaftlich nicht mehr zuzumuten ist. Kommt keine Einigung über die Übernahme zustande, können die Eigentümer enteignet werden.[339]

Wenn der sofortige Beginn von Bauarbeiten nötig ist, der Eigentümer oder Besitzer sich aber weigert, der Straßenbaubehörde das benötigte Grundstück durch Vereinbarung unter Vorbehalt aller Entschädigungsansprüche zu überlassen, so kann eine Besitzanweisung erlassen werden (siehe Unterkapitel → »Vorspiel zur Enteignung: Die vorzeitige Besitzeinweisung«, S. 81).[340]

Die Enteignungsbehörde muss dann spätestens 6 Wochen nach Eingang des Antrages auf Besitzeinweisung mit den Beteiligten mündlich verhandeln. Die Besitzeinweisung wird zu dem von der Enteignungsbehörde bezeichneten Zeitpunkt wirksam. Durch die Einweisung wird dem Eigentümer oder Besitzer sein Besitz entzogen und der Träger der Straßenbaulast (i. d. R. die Straßenbaubehörde) neuer Besitzer. Art und Höhe der Entschädigung sind ebenfalls von der Enteignungsbehörde in einem Beschluss festzusetzen.[341]

* * *

Zum Bau von Autobahnen und Bundesstraßen laufen derzeit bundesweit 200 Enteignungsverfahren gegen Grundstücks-, Haus- und Wohnungsbesitzer: Dabei handelt es sich um 108 Enteignungsverfahren, um Platz für neue Autobahnen zu schaffen, und um 92 Verfahren für Bundesstraßen.[342] Spitzenreiter der Bundesländer in Sachen Enteignungen für den Straßenbau ist Sachsen mit 61 Verfahren, gefolgt von Niedersachsen mit 32 und Brandenburg mit 19 Verfahren. Nur in Hamburg, Bremen, Thüringen und dem Saarland laufen keine Enteignungen – in Berlin gibt es 3 Verfahren zum Ausbau der A 113 und der A 100.[343] Bundesweit wurden im vergangenen Jahr 18 Enteignungsverfahren abgeschlossen, 30 wurden dagegen neu eröffnet.[344]

Alle diese Enteignungen werden mit Paragraf 19 des *Bundesfernstraßengesetzes* begründet. Solche Enteignungen sind zulässig, »soweit sie zur Ausführung eines festgestellten oder genehmigten Bauvorhabens notwendig« sind und entsprechend Artikel 14 des *Grundgesetzes* dem Wohle der Allgemeinheit dienen.[345]

Ausgerechnet der Grünen-Politiker Sven-Christian Kindler kritisierte dies, obwohl seine Partei bei Wohnungsenteignungen gleich in der ersten Reihe mittanzt. Kindler sagte dem *Tagesspiegel*:

> Für neue, überflüssige Straßen werden im Auftrag des CSU-Verkehrsministeriums reihenweise Bauern und Privatleute enteignet. Zugespitzt kann man sagen: Kevin Kühnert redet, Andi Scheuer handelt.[346]

Der SPD-Politiker Kevin Kühnert hatte zuvor mit kruden Enteignungsfantasien eine Debatte ausgelöst, Bundesverkehrsminister Andreas Scheuer (CSU) ist für den Straßenbau verantwortlich. Kindler sagte: »Scheuer ist der Enteignungsminister der Bundesregierung.«[347]

Andreas Scheuer (CSU) ist der »Enteignungsminister« der Regierung.

Hier zwei Beispiele, eines aus einer Großstadt und das andere aus der Provinz.

Wegen Autobahn: Mietrecht wird »enteignet«

Was viele nicht wissen, ist, dass Enteignungsbehörden auch Mietrechte enteignen können, im Klartext: Mieter aus ihren Wohnungen werfen. Das hört sich in unserer angeblich »freiheitlichen« Demokratie sehr autoritär an, und doch ist es so. Sehen Sie selbst:

Berlin, Ortsteil Alt-Treptow: Die Autobahn A 100 soll weitergeführt werden. Seit 2013 wird am 16. Bauabschnitt gebaut. Die 3,2 Kilometer lange Trasse soll von Neukölln nach Treptow führen. Die für 2022 geplante Eröffnung des Streckenabschnitts wird sich aber voraussichtlich bis 2023 verzögern.[348]

Auch zwei Mietshäuser standen im Weg. Den dortigen Mietern wurden Ersatzwohnungen vorgeschlagen. Doch manche lehnten sie wegen schlechter Lage oder höherer Mietkosten ab.[349] Laut Auskunft eines Mieters hatte ihm die Senatsverwaltung ein Ultimatum gestellt, um seine Wohnung zu räumen. Danach sollte offenbar eine »vorzeitige Besitzeinweisung« und dann ein beschleunigtes Enteignungsverfahren folgen. Damit wollte die Senatsverwaltung zum Nutzen der Stadtentwicklung ein langwieriges Räumungsverfahren verhindern.[350]

Im Februar 2015 mussten die letzten Mieter/innen ihre Wohnungen verlassen, nachdem sie mit der von der Berliner Senatsverwaltung für Stadtentwicklung und Umwelt beauftragten Enteignungsbehörde Entschädigungen ausgehandelt hatten. Die Häuser wurden abgerissen. Die Entschädigungen sahen vor, dass den Mieter/innen die Differenz zwischen den günstigen Mieten und den künftigen höheren Mieten für die Dauer von 191 Monaten aus Bundesmitteln erstattet werden.[351]

Beispiel: Ein ehemaliger Mieter zahlte für seine Wohnung 320 Euro im Monat. Ihm wurde eine 130 Euro teurere Ersatzwohnung angeboten. Die Differenz, die Kaution für die Ersatzwohnungen und die Anwaltskosten der Mieter sollten übernommen werden.[352]

Doch das Bundesverkehrsministerium, das für die Zahlung der von der Berliner Senatsverwaltung ausgehandelten Entschädigung zuständig ist, erkannte die Vereinbarung nicht an und beauftragte eine Anwaltskanzlei, gegen die Berliner Enteignungsbehörde zu klagen. Grund: Den Mieter/innen sei 2015 regulär gekündigt worden. Das sah auch das Berliner Verwaltungsgericht so. Daher stehe den Mietern keine Entschädigung zu.[353]

Grotesk: Daraufhin forderten Mieter, denen de facto ihr Mietrecht enteignet wurde, die Enteignungsbehörde dazu auf, gegen das Urteil der Entschädigungsaberkennung Rechtsmittel einzulegen.[354] Eine Entscheidung ist zum Zeitpunkt der Buchdrucklegung noch nicht gefallen.

Ein anderes Beispiel im Zusammenhang mit dem Straßenbau: Ein älteres Wohnhaus soll einer Autobahntrasse weichen. Der Verkehrswert des Hauses beträgt 100 000 Euro. Allerdings ist für den Enteigneten eine ähnliche Immobilie am regionalen Markt nicht zu finden. Für ein in der Wohnfläche vergleichbares Haus muss der Betroffene 200 000 Euro ausgeben. Dann heißt es: Pech gehabt, denn die Differenz erhält der Enteignete nicht aus der Entschädigung. Es kommt nämlich *nicht* darauf an, ob eine adäquate Ersatzbeschaffung gelingt.[355]

Wegen Neubaugebiet: Grundstück wird enteignet

Um eine Zufahrt zu einem Neubaugebiet zu realisieren, enteignete die Kleinstadt Wehr eine Grundstückseigentümerin. Es ging um 99 Quadratmeter, über deren Nutzung sich die beiden Parteien nicht einigen konnten.[356]

Der Streit ging bis vor das Landgericht Karlsruhe und endete schließlich mit einem Vergleich. Dieser sah vor, dass die von der Stadt bereits gezahlte Entschädigungssumme erhöht wurde. Auf welche Summe sich die Stadt Wehr mit der Eigentümerin des Grundstücks geeinigt hatte, wollte man allerdings nicht öffentlich machen.[357]

KAPITEL 5

Wenn Bagger oder Windräder kommen – Enteignungen nach dem *Energiewirtschaftsgesetz*

Das *Energiewirtschaftsgesetz* (eigentlich: *Gesetz über die Elektrizitäts- und Gasversorgung*, EnWG) regelt unter anderem, wie öffentliche Straßen und Fußwege für Verlegung und Betrieb von Strom- und Gasleitungen genutzt werden können, wenn sie zu einem Energienetz der allgemeinen Versorgung gehören.

Meist bekommt ein einziger Energieversorger das Recht, die Wege für sein Netz zu nutzen. Er schließt darüber mit der Gemeinde einen Vertrag ab. Solche Verträge haben in der Regel eine Laufzeit von bis zu 20 Jahren.[358]

Das EnWG hat den Zweck, eine möglichst sichere, preisgünstige, verbraucherfreundliche, effiziente und umweltverträgliche leitungsgebundene Versorgung der Allgemeinheit mit Elektrizität und Gas zu gewährleisten, die zunehmend auf erneuerbaren Energien beruht.[359] Paragraf 45 des EnWG regelt die Enteignungen. Darin heißt es unter anderem:

> Die Entziehung oder die Beschränkung von Grundeigentum oder von Rechten am Grundeigentum im Wege der Enteignung ist zulässig, soweit sie zur Durchführung 1. eines Vorhabens nach § 43 oder § 43b Nr. 1, für das der Plan festgestellt oder genehmigt ist, oder 2. eines sonstigen Vorhabens zum Zwecke der Energieversorgung erforderlich ist. […] Die Zulässigkeit der Enteignung in den Fällen des Absatzes 1 Nr. 2 stellt die nach Landesrecht zuständige Behörde fest. Das Enteignungsverfahren wird durch Landesrecht geregelt.[360]

Unter »Vorhaben« gemäß Paragraf 43 fallen die folgenden Baumaßnahmen:

- Hochspannungs(frei)leitungen
- Gasversorgungsleitungen

- Anbindungsleitungen
- Erdkabel
- Leerrohre
- Bahnstromfernleitungen
- Konverterstationen
- Phasenschieber
- Verdichterstationen
- Umspannanlagen
- Netzverknüpfungspunkte[361]

Für viele öffentliche Aufgaben – wie z. B. den Bau von Straßen, Schienen, Flughäfen, Energieversorgungsleitungen, Abwasser- und Abfallanlagen oder die Städtebauplanung – werden private Grundstücke benötigt. Aber nicht immer sind die jeweiligen Eigentümer dazu bereit, ihr Privateigentum zu den angebotenen Bedingungen abzugeben. Doch nicht nur Eigentum, auch die Rechte Dritter, wie Miet- oder Pachtrechte, Wegerechte usw., können von der Baumaßnahme betroffen sein.[362]

Ist eine einvernehmliche Regelung nicht möglich und droht das geplante Vorhaben aus diesem Grunde zu scheitern, sehen verschiedene Gesetze die Möglichkeit einer Enteignung vor. Enteignung bedeutet, wie bereits oben beschrieben, den Entzug oder die Belastung des Eigentums oder eines anderen Rechts an einem Grundstück. Durch eine Enteignung wird in das Grundrecht auf Eigentum eingegriffen, das durch Artikel 14 Absatz 1 des *Grundgesetzes* (GG) verfassungsrechtlich geschützt ist (siehe dazu auch das Unterkapitel → »›Enteignung‹ steht im *Grundgesetz*«, S. 26).

Eine Enteignung kann demzufolge angeordnet werden, wenn der Eigentümer sich nicht mit dem Maßnahmeträger einigen kann, der z. B. Energieversorgungsleitungen auf dessen Grundstück verlegen möchte.

Dingliche Sicherung für Leitungsrechte

Ein Enteignungsverfahren muss aber nicht in jedem Falle auch den Entzug von Eigentum zum Ziel haben. In bestimmten Fällen reicht auch schon die »dingliche Sicherung« von Rechten an einem Grundstück aus.[363]

Beispiel: Überspannungen von Grundstücken mit Stromleitungen[364]

Netzbetreiber bzw. Energieversorgungsunternehmen haben grundsätzlich einen Anspruch darauf, dass ihre Einrichtungen durch die Eintragung von Dienstbarkeiten dinglich gesichert werden.[365]

Begründung: Die nach dem *Energiewirtschaftsgesetz* geforderte möglichst sichere Energieversorgung ist nur gewährleistet, wenn auch die Leitungsrechte zeitlich unbegrenzt erworben werden. Diese können dauerhaft nur durch Erwerb eines dinglichen Rechts sichergestellt werden.[366]

> **Achtung:** Ein schuldrechtlicher Gestattungsvertrag[367] ist nicht ausreichend, um auf Dauer unzumutbare Schwierigkeiten für die Versorgungsunternehmen zu vermeiden.[368]

Paragraf 1 EnWG stellt die Kriterien auf, nach denen die »energiewirtschaftliche Notwendigkeit« der Energieversorgung gemessen wird:

- Das Leitungsprojekt ist notwendig zur Erreichung einer sicheren, preisgünstigen, verbraucherfreundlichen, effizienten und umweltverträglichen leitungsgebundenen Energieversorgung.
- Die Notwendigkeit des geplanten Projekts ist durch Bestandsaufnahme (Zu-, Abgänge, geplante Stilllegungen etc.) nachzuweisen und schlüssig zu belegen.
- Eventuelle Durchleitungsmöglichkeiten sind vom Versorger objektiv nachvollziehbar zu prüfen und – soweit möglich und zumutbar – vorrangig in Anspruch zu nehmen.[369]

Entschädigung für dingliche Sicherungen

Entschädigt wird lediglich der Wertverlust, den ein Grundstück wegen der Belastung erfährt. Dabei ist ausschlaggebend, welchen Wert das Grundstück ohne Leitungen etc. und welchen Wert es dann mit der Belastung hat. In aller Regel wird das belastete Grundstück jedoch weniger wert sein, und zwar unabhängig davon, ob die Leitungen nun oberirdisch oder unterirdisch verlegt worden sind.[370]

Allgemeingültige Regeln über die Höhe des Prozentsatzes der Verkehrswertminderung gibt es jedoch nicht.[371]

Achtung: Weitgehend akzeptiert ist die überwiegende OLG-Rechtsprechung, die für den Regelfall einen Entschädigungssatz von 20 Prozent anerkennt. Dies gilt für oberirdische wie auch für unterirdische Leitungen. Wiegt die Beeinträchtigung jedoch besonders schwer (z. B. diagonaler Verlauf, geringe Größe der außerhalb des Schutzstreifens gelegenen Grundstücksteilflächen, Leitungsmast in unmittelbarer Nähe von Gebäuden etc.) oder fällt sie ersichtlich unterdurchschnittlich ins Gewicht (Verlauf am äußersten Grundstücksrand, nur mit einem Teil des Schutzstreifens), müssten je nach Einzelfall Zu- oder Abschläge von den 20 Prozent vorgenommen werden.[372]

Aber das ist noch nicht alles. Das EnWG regelt noch einige andere Enteignungsmöglichkeiten, auf die ich im Folgenden zu sprechen komme:

Leitungserneuerung

Nur mit der Verlegung von Leitungen auf Ihrem Grundstück ist es nicht getan. Denn bei bestehenden Leitungsrechten müssen (regelmäßig) auch Unterhaltungs- oder Erneuerungsmaßnahmen durchgeführt werden.

Beispiel: Schadensfälle der Leitungen durch ein Schneechaos oder durch einen Sturm.

Inhalt und Umfang einer Dienstbarkeit auf Ihrem Grundstück sind deshalb gewissen Veränderungen unterworfen, die sich aus der wirtschaftlichen und technischen Entwicklung ergeben.[373]

Nachträgliche Enteignung für bestehende Leitungen

Auch das ist möglich: Bei Altleitungen, die bis in die 1960er-Jahre hinein in der Regel nur auf der Basis von Gestattungsverträgen verlegt worden sind, kann ebenfalls ein Enteignungsverfahren durchgeführt werden.[374]

In diesen Fällen kann eine Enteignung auf nachträgliche Einräumung einer Leitungsdienstbarkeit beantragt werden.[375]

Enteignung zur Beschaffung von Wegerechten

Grundsätzlich: Für die Beschaffung eines Wegerechts – auch ohne gleichzeitiges Leitungsrecht – ist ebenfalls eine Enteignung zulässig. Dann nämlich, wenn der Weg im Eigentum Dritter steht.[376]

Aber da das Wegerecht normalerweise nicht planfestgestellt ist, muss der Maßnahmeträger hierzu die Zulässigkeitserklärung[377] beim zuständigen Landesministerium beantragen. Die Zulässigkeitserklärung ist dann auch die Enteignungsgrundlage.

Die Bezirksregierung Münster gibt den Maßnahmeträgern dazu folgende Ratschläge:

> Bei der Absicherung der Leitung sollten Sie deshalb stets den Zugang zum Schutzstreifen sichern, und zwar
> - durch Betretungsrecht des Schutzstreifens,
> - ggf. durch Zugangsrecht zum Schutzstreifen über das Restgrundstück,
> - ggf. durch Wegerechte für Wege aus dem Eigentum Dritter.[378]

Nutzung von Leitungsdienstbarkeiten für Telekommunikationslinien

Zum Vorteil von Grundstückseigentümern hat der Bundesgerichtshof festgestellt, dass eine Leitungsdienstbarkeit zum Betrieb einer Hochspannungsleitung (auch »betriebsinterne Überwachungsleitung« genannt) nicht zu einer umfassenden telekommunikativen Nutzung der belasteten Grundstücke berechtigt.[379]

Doch die Bestückung einer vorhandenen Anlage mit einem LWL-Kabel (Lichtwellenleiterkabel) muss der Grundstückseigentümer dulden. So steht es in Beamtendeutsch in Paragraf 1 des *Telekommunikationsgesetzes* (TKG), einem weiteren Knebel- und Enteignungsgesetz für Eigentümer.[380]

Demnach kann ein Grundstückseigentümer die Verwendung, den Betrieb oder die Erneuerung einer Telekommunikationslinie nicht verbieten, wenn die Nutzbarkeit des Grundstücks hierdurch nicht dauerhaft eingeschränkt wird.[381] Denn die »Duldung« stellt eine »zulässige« Inhalts- und Schrankenbestimmung des Eigentums gemäß *Grundgesetz* dar[382] (siehe Kapitel → »Artikel 14: Enteignungen zum Wohle der Allgemeinheit«, S. 26). Ansprüche nach Paragraf 76 TKG sind vor den ordentlichen Gerichten geltend zu machen.[383]

Die gute Nachricht: Eine Enteignung kommt deswegen nicht in Betracht.[384]

Entschädigung für Maststandorte

Für Maststandorte sind hingegen Vollenteignungen zulässig, weil sie eine Restnutzung durch den Eigentümer nicht mehr zulassen. Da die Masten nur einen kleinen Teil eines großen Grundstücks beanspruchen, ist die Ausparzellierung der Flächen nämlich mit einem unverhältnismäßig hohen Aufwand verbunden.[385]

In der Praxis wird meist nur eine beschränkte Dienstbarkeit eingetragen, aber eine Entschädigung in Höhe eines Flächenentzugs anerkannt. Damit wird den Eigentümern für die Maststandorte eine volle Entschädigung zugebilligt. Der damit verbundene Eigentumsübertragungsanspruch wird in der Regel - mit Ausnahmen - aber nicht durchgesetzt.[386]

Wasserrechtliche Duldungsanordnung und Enteignung

Auch für die Verlegung von Wasser- und Abwasserleitungen auf Privatgrundstücken gelten entsprechende Bestimmungen. Ich möchte dies am Land Nordrhein-Westfalen (NRW) illustrieren. Die Regelungen in anderen Bundesländern sind ähnlich.

In NRW gibt es grundsätzlich zwei Möglichkeiten, die allerdings nicht nebeneinander, sondern nur alternativ zur Anwendung gelangen können:

- Die Beschränkung oder Entziehung von Grundeigentum im Wege der ***Enteignung*** durch die Enteignungsbehörde.[387]
- Den Erlass einer wasserrechtlichen ***Duldungsanordnung*** durch die Wasserbehörde, in der diese ein Zwangsrecht betreffend das ober- und unterirdische Durchleiten von Wasser und Abwasser und die Unterhaltung der Leitungen verfügt.[388] Diese wird im Wasserbuch eingetragen.[389] Das Wasserbuch ist eine zentrale Dokumentation der erlaubten Grund- und Oberflächenwassernutzungen.[390]

Auch hier haben Sie wenig Chancen, Ihr Grundstück zu schützen, denn eine Enteignung ist auch für Zwecke der öffentlichen Wasserversorgung und Abwasserbeseitigung zulässig.[391] Voraussetzung ist, wie für alle Enteignungen in Deutschland, dass die geplanten Maßnahmen dem Wohl der Allgemeinheit dienen.

Wenn zum Zwecke dauerhafter Sicherstellung einer umweltgerechten Abwasserentsorgung[392] eine dingliche Sicherung des Leitungsrechts[393] erforderlich ist, dann kann diese per Enteignung durchgesetzt werden.[394]

Achtung: Wenn die aus der Sozialbindung des Eigentums abzuleitenden Eigentümerpflichten überstrapaziert werden und es zu einer sogenannten »Aufopferung«[395] zugunsten des Allgemeinwohls kommt, ist juristischer Rat gefragt. Eine Duldungsverpflichtung kann dann unter Umständen verhindert werden.

Enteignungen wegen Kohlebergbau

Natürlich gab und gibt es Enteignungen aufgrund des Kohleabbaus. Sie stellen jedoch immer nur das letzte Mittel dar. Wenn es dazu kommt, muss ein entsprechender Antrag gestellt werden. Das Enteignungsverfahren wird dann von einer »höheren Verwaltungsbehörde« (Regierungspräsidium, Kreisverwaltung) durchgeführt. Die Gemeinde ist an diesem Verfahren stets beteiligt.[396]

Beispiel: Ein Energiekonzern (Maßnahmeträger) strebt bei seinen geplanten Kohleabbaugebieten Enteignungen an. Das Unternehmen muss dann hierfür einen Antrag bei der betreffenden Gemeinde oder den betreffenden Gemeinden einreichen, in deren Gebieten die zu enteignenden Grundstücke liegen. In erster Linie sind unbebaute oder nur geringfügig bebaute Grundstücke betroffen.[397] Aber eben nicht nur.

Bundesweit mussten bislang 372 Orte ganz oder teilweise der Braunkohle weichen. Insgesamt rund 125 000 Menschen wurden dadurch gezwungen, sich eine neue Heimat zu suchen.[398]

Seit den 1950er-Jahren und bis 2045 sind und werden allein im Rheinland etwa 45 000 Menschen zugunsten der Braunkohlengewinnung aus ihrer Heimat vertrieben und umgesiedelt. Mindestens 130 Ortschaften und Weiler mit zum Teil jahrtausendealter Siedlungskontinuität wurden und werden zerstört.[399] Die Betroffenen hatten und haben wenig Chancen, sich gegen ihre Zwangsumsiedlung zu wehren.[400]

Die Frage der Sozialverträglichkeit der Umsiedlungen ist bis heute heftig umstritten, denn vieles geht in den extra dafür neu geschaffenen »Ersatzdörfern und -städten« für immer verloren: die Verbindung zur Landschaft und zur Natur, ein Baum am Wegrand, der einen seit der Kindheit begleitet hat, die Bachläufe, die kleinen Wäldchen, die Wegekreuze, Bänke und vieles mehr. Durch die Umsiedlung und das »Plattmachen« der Siedlungen werden diese Orte des Erinnerns ein für alle Mal ausgelöscht.[401]

Beispiel: Im Rheinland sollen in den nächsten Jahren die im Folgenden aufgelisteten Dörfer, Höfe, Weiler und Orte dem Kohlebergbau weichen:

Ort	Einwohner	Anwesen	Jahr
Keyenberg	879	314	2023
Kuckum	472	175	2027
Oberwestrich	23	8	2027
Unterwestrich	140	50	2027
Berverath	123	44	2028
Holzweiler	1328	492	2029
Roitzerhof	12	4	2033
Eggeratherhof	10	4	2030
Hauerhof	11	4	2039
Dackweiler	28	10	2042
Quellen: Bezirksregierung Köln: Braunkohlenplan Inden; Braunkohlenplan Garzweiler II.[402]			

Eine weitere sehr umstrittene Region ist der Hambacher Forst. Der Energiekonzern RWE hatte den Wald in den 1970er-Jahren gekauft, weil darunter riesige Mengen Braunkohle liegen sollen. Etwa 2,5 Milliarden Tonnen sind es laut RWE.[403]

Der Energiekonzern will den Tagebau dort bis zum Jahr 2045 fortführen und noch bis zu 1,4 Milliarden Tonnen Braunkohle fördern.[404] Das Unternehmen will den Abbau, wie gehabt, mit riesigen Baggern betreiben, die Kohle dann in seinen Kraftwerken verbrennen, um so Strom und Wärme für die Allgemeinheit zu erzeugen.

Die Bezirksregierung erlaubt dem Energiekonzern RWE, jedes Jahr 70 Hektar Wald zu roden. Dies entspricht etwa der Fläche von 100 Fußballfeldern. Im Tagebau Hambach arbeiten die größten Bagger der Welt. Sie sind 13 500 Tonnen schwer, 220 Meter lang, 96 Meter hoch und können täglich 240 000 Tonnen Kohle oder Kubikmeter Abraum fördern.

Schätzungen zufolge sind von dem ursprünglichen Hambacher Forst nur noch etwa 10 Prozent übrig. Dieser »Rest« liegt mitten im Abbaugebiet und muss dem Tagebau weichen, damit die Braunkohlenbereitstellung für die Kraftwerke und die Veredelungsbetriebe auch weiterhin erfolgen kann.[405]

Genau das treibt mitunter militante grün-linke Umweltaktivisten seit Jahren auf die Barrikaden. Zur Auseinandersetzung zwischen Umweltverbänden, Öko-Parteien, Fridays for Future, Extinction Rebellion und RWE siehe mein Buch *Kommt die Klima-Diktatur?* (Kapitel »Nützliche Idioten für Linksextreme?«).[406]

Das Zieldatum 2038 für den Kohleausstieg mahnt zur Eile. Ende Juni 2020 legte die Bundesregierung Verträge mit den Braunkohlekonzernen vor, die neben 4,35 Milliarden Euro Entschädigung auch den Abschaltplan für die Kraftwerke enthielten.[407]

Die Stilllegung der Kraftwerke beginnt mit dem 300-Megawatt-Block D des Kraftwerks Niederaußem, der zum 31. Dezember 2020 abgeschaltet werden soll. Danach sollen schrittweise die ältesten und leistungsschwächsten Anlagen folgen.[408]

Der Braunkohlevertrag tritt allerdings erst dann in Kraft, wenn der Bundestag ihn abgesegnet hat und das *Gesetz zum Kohleausstieg* beschlossen ist.[409] Der Vertrag soll auch den Erhalt des umkämpften Hambacher Forsts in Nordrhein-Westfalen sichern. In dem Papier heißt es: »Durch die Einhaltung des Stilllegungspfads kann sichergestellt werden, dass der Hambacher Forst … erhalten bleibt.«[410] Der

Konzern RWE werde den Wald, der zu einem Symbol des Widerstands gegen klimaschädlichen Kohlestrom geworden ist, »nicht für den Tagebau in Anspruch nehmen«.[411]

Zurück zu den Enteignungen und Zwangsabtretungen rund um den Hambacher Forst:[412] Im Jahr 2015 hatte die RWE Power AG bei der Bezirksregierung Arnsberg die Zwangsenteignung des dortigen BUND*-Grundstücks im Bereich des Braunkohlentagebaus Hambach beantragt. RWE begründete die Maßnahme damit, dass die bergbauliche Inanspruchnahme des Grundstücks für die ordnungsgemäße Führung des Tagebaus notwendig sei.

Im Mai 2018 wurde das Grundstück dann durch das Land Nordrhein-Westfalen, vertreten durch die Bezirksregierung Arnsberg, zugunsten der RWE AG zwangsenteignet. Begründung: Dem Grundabtretungsbeschluss sei eine Gesamtabwägung aller maßgeblichen Belange vorangegangen und im Ergebnis sei ein Gemeinwohlinteresse für diesen Grundrechtseingriff gegeben. Der BUND legte dagegen rechtliche Mittel ein.[413] Das Verwaltungsgericht Köln wies die Klagen im März 2019 mit dem Verweis auf die nötige Sicherung der Energieversorgung zurück.[414] Der BUND legte auch dagegen Berufung ein, und zwar beim Oberverwaltungsgericht NRW in Münster.[415] Diese Klage gegen die Enteignung ging im Januar 2020 ein.[416] Eine endgültige Entscheidung steht bislang noch aus.

Das tote Dorf

Für den Braunkohleabbau in der Nähe des Hambacher Forsts gab es nicht nur Enteignungen, sondern ganze Umsiedlungen. Auch das Dorf Morschenich mit seinen 500 Einwohnern sollte verlegt werden. Jeder in der Gegend wusste schon im Voraus: Wer sein Heim auf Grund errichtet, aus dem sich Kohle fördern lässt, muss im Zweifelsfall weichen – so regelt es das deutsche Bergrecht.[417]

In der Region starben schon viele Dörfer. Mehrere Zehntausend Menschen mussten wegen der Braunkohle umziehen, und mit ihnen die Kirchen, Vereinshäuser und die Gräber der Eltern. RWE baute für die Morschenicher in »Neu-Morschenich« neue Häuser, eine neue Kirche und sogar einen neuen Park.[418]

---

* BUND: Bund für Umwelt und Naturschutz Deutschland.

In der Praxis lief das so ab: RWE-Vertreter kamen vorbei, erstellten Gutachten und berechneten den Sachwert, sprich: den Entschädigungswert. RWE lehnte im Fall einer Einwohnerin deren Wunsch um eine Vertragsklausel ab, ihr Haus zurückkaufen zu können, falls der Konzern das Dorf doch nicht plattmache. Man musste verkaufen. Doch im Januar 2020 kam die Nachricht, RWE ändere die Pläne für den Tagebau Hambach. Das schon tot geglaubte Dorf war gerettet. Nun wollten einige Einwohner zurück und ihre Häuser wiederhaben. Doch RWE wollte trotzdem weiter umsiedeln.[419]

Der Bürgermeister der Gemeinde Morschenich meinte, die Umsiedlung habe die Leute zusammengeschweißt. Er wollte dem ehemaligen Braunkohledorf ein neues Image mit Start-ups und nachhaltiger Landwirtschaft verpassen. Doch diejenigen, die zurückkehren wollten, passten nicht zu diesen Plänen. Aus diesem Grunde machte er den Rückkehrwilligen den Vorschlag: Wer will, kann noch bis Ende 2020 ein Grundstück im neuen Ort erwerben oder aber in seinem alten Haus verbleiben. Denn noch einmal enteignen kann RWE die Eigentümer nicht mehr.

Aber der alte Ort existiert so gar nicht mehr: Schon vor ein paar Jahren zogen Flüchtlinge in die leeren Häuser,[420] die Kanalisation wurde nicht mehr erneuert, die letzte Kneipe geschlossen und der reguläre Busverkehr eingestellt.[421]

Der Braunkohle-Vorstand der RWE Kulik äußerte sich zu den Umsiedlungen so:

> In dem Kommissionsbericht[422] steht ja auch drin: Die Braunkohlegewinnung und Nutzung soll ja bis 2038 laufen. Und es steht nicht drin, dass die Umsiedlungen nicht fortgeführt werden sollen, sondern, es steht drin, dass sichergestellt werden soll, dass da, wo soziale und wirtschaftliche Härten sind, die vermieden werden.[423]

Aber die Gegner der Enteignungen argumentieren anders: Bisher hieß es, dass überwiegende Allgemeinwohlinteressen betreffs Stromversorgung Enteignungen rechtfertigen würden. Doch mit dem beschlossenen Kohleausstieg, dem »Klimawandel« und dem Versprechen, den CO2-Ausstoß drastisch zu verringern, sei dies nun nicht mehr der Fall. Im Allgemeinwohl wäre nun, dass der Tagebau nicht mehr weitergeführt werde.[424]

Umsiedlung Manheim

Der Stadtteil Kerpen-Manheim liegt ebenfalls im Abbaugebiet des geplanten Tagebaus Hambach. Nach derzeitigem Planungsstand der RWE Power AG und der Bezirksregierung Köln soll die Ortslage Manheim im Jahre 2022 bergbaulich in Anspruch genommen werden. In der Regel werden für die Umsiedlung eines Ortes 10 bis 15 Jahre angesetzt.[425] Die Stadt Kerpen schreibt auf ihrer Website:

> Das Angebot der gemeinsamen Umsiedlung ist im Rheinischen Braunkohlenrevier in den vergangenen rund 50 Jahren von der Mehrheit der Umsiedler angenommen worden und wird von allen Beteiligten als der beste Weg für eine sozialverträgliche Umsiedlung angesehen. Gemeinsame Umsiedlung bedeutet, dass die Bewohner innerhalb eines begrenzten Zeitraums an einen gemeinsamen neuen Standort umziehen. Ziel ist die Erhaltung der Dorfgemeinschaft. An der Suche nach einem geeigneten Umsiedlungsstandort müssen deshalb alle Beteiligten – die von der Umsiedlung betroffene Bevölkerung, der Bürgerbeirat Manheim, die Stadt Kerpen, Landes- und Bezirksregierung sowie RWE Power – verantwortungsvoll mitwirken.[426]

Unabhängig davon stehe es jedem Betroffenen frei, »eigene Wege« zu gehen und sich etwa woanders niederzulassen.[427] Es wurde auch an Umbettungen der Gräber gedacht. Bei einer Infoveranstaltung wurde deren praktische Umsetzung erläutert:

- Die Arbeiten werden mit der gebotenen Sorgfalt und Pietät von entsprechenden Fachfirmen im Auftrag von RWE Power ausgeführt.
- Bei Umbettungen auf den neuen Friedhof im Umsiedlungsstandort entstehen grundsätzlich keine Kosten für die Angehörigen bei Wiederanlage im Umfang der bestehenden Grabstätte.
- Während der Umbettungen wird sowohl auf dem abgebenden sowie auch auf dem aufnehmenden Friedhof im Umsiedlungsstandort jeweils eine Aufsichtsperson von RWE Power anwesend sein.
- Die Exhumierungsarbeiten am alten Friedhof werden im Auftrag von RWE Power für die Angehörigen durchgeführt.
- Die Grabstätten werden anschließend ordentlich mit Rindenmulch eingedeckt, sodass das Erscheinungsbild des alten Friedhofs nicht zu negativ beeinträchtigt wird.

- Die Wiederbeisetzung auf Friedhöfen im Stadtgebiet Kerpen erfolgt im Auftrag von RWE Power für die Angehörigen (bei allen sonstigen Friedhöfen erfolgt die Wiederbeisetzung durch das zuständige Friedhofsamt zu Lasten von RWE Power).[428]

Bewohner von eigenen Immobilien erhielten

- den Verkehrswert ihrer Immobilie (auf der Basis des Ertragswertverfahrens, siehe Unterkapitel → »Hintergrund: Vergleichswertverfahren • Ertragswertverfahren • Sachwertverfahren«, S. 45);
- einen zweckgebundenen Baukostenzuschuss;
- eine Beratungskostenpauschale;
- Herauszahlung: Verrechnung des alten Kaufpreises mit dem neuen Kaufpreis. Auszahlungsbedingungen: 90 Prozent nach Eintragung der Auflassungsvormerkung, 10 Prozent nach geräumter Übergabe;
- Nebenentschädigungen für Grunderwerbsteuer, Notar- und Gerichtskosten, Umschuldungskosten;
- Entschädigung Hausanschlüsse (Strom/Wasser);
- Baukostenzuschuss von 560 €/qm zur Förderung der Wiedererrichtung von Mietobjekten (förderfähig bis zur Wohnfläche der alten Wohnung des Mieters).[429]

Für Bewohner von Mietwohnungen galt:

- Mietern sollen am Umsiedlungsstandort Mietwohnungen in bedarfsgerechtem Umfang und zu akzeptablen Preisen angeboten werden.
- Bestehende Eigentums-und Besitzverhältnisse (Vermieter/Mieter) werden auf Wunsch der Beteiligten am neuen Ort fortgeführt.
- Bauwillige Mieter können ein voll erschlossenes Grundstück am Umsiedlungsstandort erwerben.
- Miete darf öffentlich geförderte Miete des sozialen Wohnungsbaus … nicht überschreiten.
- Sollte Miete am Altstandort bereits höher gewesen sein, darf sie max. 1 €/m² höher sein als am alten Ort.
- Miete wird für 6 Jahre festgeschrieben.
- Mietfestschreibung beträgt 8 Jahre, wenn Miete am Altort 20 Prozent unter der Miete des sozialen Wohnungsbaus liegt.[430]

Die Entschädigungen für Mieter betrugen:

Beratungskostenpauschale:	350 €
Umzugskosten:	26 € je qm Wohnfläche oder Umzug durch RWE
Erschwernispauschale:	26 € je qm Wohnfläche
Sperrmüllcontainer:	wurde bereitgestellt
Umbau der Anbauküche neue Wohnung:	nach Einzelfall
Ummeldung Telefon:	60 €[431]

Beispiel: Für eine 80-Quadratmeter-Wohnung erhielt ein Mieter rund 5100 Euro Entschädigung.[432]

Allen Protesten zum Trotz: Insgesamt fünf Dörfer will RWE am Braunkohletagebau Garzweiler II abbaggern und weitere 1500 Menschen umsiedeln.[433] Der Konzern entgegnete den Vorwürfen, Tagebaubetrieb und Abrissarbeiten liefen auf Grundlage rechtlicher Genehmigungen und energiepolitischer Weichenstellungen. Zudem sei in der Kohleeinigung von Bund und Ländern die energiewirtschaftliche Notwendigkeit des Tagebaus Garzweiler inklusive der Umsiedlung der Dörfer festgehalten worden, denn die Kohle unter den betroffenen Dörfern werde bereits von 2024 an benötigt. Die NRW-Landesregierung will die Leitentscheidung jedoch bis zum Jahresende 2020 an die neuen Kohlebeschlüsse anpassen. Wesentliche Vorgaben für die Leitentscheidung seien die Empfehlung der Kohlekommission, das Ergebnis der Verhandlungen zwischen Konzern und Bundesregierung sowie das *Kohleausstiegsgesetz*.[434]

Mitteldeutschland

Im Mitteldeutschen Braunkohlerevier haben seit 1924 mehr als 80 000 Menschen ihre Heimat aufgrund der Kohleförderung verloren. Rund 250 Orte und Ortschaften wurden allein in dieser Region für den Braunkohletagebau aufgegeben. Konkret waren in der Lausitz 128 Orte betroffen und im Mitteldeutschen Kohlerevier 122 Orte. Zudem wurden Teile von Ortschaften mehrfach verlegt. Ganz hart getroffen hat es den Ort Nachterstedt in Sachsen-Anhalt, der zwischen 1925 und 2010 viermal von Umsiedlungen betroffen war.[435]

Kommentare auf *mdr.de* geben die Schicksale der Betroffenen aus erster Hand wieder.

So schreibt beispielsweise »Alter Döbriser«:

> Für 900 m² Land einschließlich Haus und Hofgebäude wurden vom Braunkohlenkombinat »Erich Weinert« im Raum Zeitz ganze 7000 DDR-Mark gezahlt (Akte liegt vor). Wie freiwillig man die Kaufverträge unterzeichnen musste, lässt sich ausrechnen. Auseinandergerissene Dorfgemeinschaften und der Verlust des letzten Fleckchen Grüns in den Neubausiedlungen hat enorme psychische Probleme verursacht …[436]

Und Robert L. schreibt:

> Die … Entschädigungspraxis besteht in den hier behandelten Regionen erst seit 1990. Ein Großteil der Betroffenen in den DDR-Jahren hat weder eine angemessene Entschädigung erhalten, noch wurde ihm ein neues Dorf errichtet. Und auch in diesen neuen Dörfern, das zeigen z. B. Interviews mit den Umsiedlern von Horno, sind die seelischen Belastungen des erzwungenen Umzugs nicht völlig aus der Welt geschaffen. Übrigens: In der Lausitz wurde in diesem Vorgang sage und schreibe ⅓ des sorbischen* Siedlungsgebietes umgegraben und in seinen Raumbezügen zerstört. Man stelle sich einmal den Aufschrei vor, wenn ⅓ Deutschlands so »umgestaltet« werden würde.[437]

Ähnlich auch in den sächsischen Ortschaften Pödelwitz und Obertitz. Das Bergbauunternehmen MIBRAG will seinen Tagebau erweitern, welcher eine genehmigte Laufzeit bis 2040 hat. Für diese Erweiterung sollen die Dörfer Pödelwitz und Obertitz zusätzlich abgebaggert werden. Auch hier stehen Zwangsenteignungen an, da die verbliebenen Einwohner von Pödelwitz nicht freiwillig umsiedeln wollen.[438]

---

* Sorben (Lausitzer Serben) sind eine westslawische Ethnie, die vorwiegend in der Lausitz im östlichen Deutschland lebt. Zu ihr gehören die Obersorben in der sächsischen Oberlausitz und die Niedersorben/Wenden in der Niederlausitz in Brandenburg. Sie haben neben ihrer Sprache eine offiziell anerkannte Flagge und Hymne. Sorben sind in aller Regel deutsche Staatsangehörige (vgl. Peter Kunze: *Kurze Geschichte der Sorben – Ein kulturhistorischer Überblick*, Bautzen 2017; Peter Kunze: *Die Sorben/Wenden in der Niederlausitz*, Bautzen 2000; Dietrich Scholze: *Die Sorben in Deutschland – Sieben Kapitel Kulturgeschichte*, Bautzen 1993.

Umweltstaatssekretär Gerd Lippold (Grüne) ist jedoch guter Dinge, dass der Wirtschaftsausschuss des Sächsischen Landtages ein Wegbaggern der Dörfer nicht für nötig halten wird. Im Koalitionsvertrag steht zwar, dass Pödelwitz erhalten werden soll, aber eine rechtliche Handhabe gibt es dafür nicht. Denn der jetzige Tagebau beinhaltet noch etwa 160 Millionen Tonnen Braunkohle. Das Kraftwerk Lippendorf soll laut Planung noch 15 Jahre betrieben werden und benötigt jährlich rund 10 Millionen Tonnen Kohle.[439]

Bis zur Drucklegung dieses Buches waren die Ortschaften Pödelwitz und Obertitz immer noch nicht endgültig sicher vor den Baggern des MIBRAG-Tagebaus.[440] Für Pödelwitz sieht es allerdings nicht schlecht aus.[441]

Wenn das Windrad kommt – Enteignungen wegen Windkrafträdern

Nicht nur für Strom- und Telefonleitungen, Straßen und Bahngleise kann enteignet werden, sondern in letzter Zeit auch immer mehr für den Bau von Windkraftanlagen.

Zeitmaschine

Samstag, 6. März 2027:
Reportage: »Enteignung fürs Klima – Recht oder Unrecht?«, *SWR Aktuell*
(Ausschnitte)

Moderator: Die Menschen in Gutach im Landkreis Ortenau/Schwarzwald sind seit Monaten aufgebracht und wütend. Denn jetzt wurde mit dem Bau der zwölften Windenergieanlage des E-Werks Mittelbaden begonnen. Die bisherigen Anlagen sind auf den umliegenden Bergen im Kinzig-, Wolf- und Gutachtal, auf dem Pilfer, der Prechtaler Schanze oder dem Nillkopf verteilt. Doch nun wird die erste Windkraftanlage direkt an der Grenze zum Naturschutzpark Schwarzwald und am Rande des Zweieinhalbtausend-Einwohner-Städtchens errichtet.

Seit die rot-rot-grüne Bundesregierung unter Bundeskanzler Robert Habeck (Die Grünen) den »Windkraft-Marshallplan 2035« ausgerufen hat, der den Bau von 10 000 Windkraftanlagen in 10 Jahren beinhaltet, werden immer mehr Grundstücksbesitzer enteignet. Zwar sind Enteignungen Ländersache, aber gerade in Baden-Württemberg wird die Direktive aus Berlin von der grünen Landesregierung willig vollstreckt. Im Gegensatz zum Norden Deutschlands müssen im Süden nämlich noch einige Tausend Windkraftanlagen gebaut werden. So jedenfalls sieht es der Plan vor – der auch vor flächendeckenden Enteignungen nicht haltmacht.

Die Einwohner von Gutach verweisen auch auf die gesundheitsschädlichen Auswirkungen von Windkraftanlagen. So konnte die Mainzer Uni, »Arbeitsgruppe Infraschall« der Klinik und Poliklinik für Herz-, Thorax- und Gefäßchirurgie, in Versuchen die Beeinträchtigungen von Herzmuskelgewebe durch Infraschall nachweisen,[442] auch wenn die Forschungen dazu noch ganz am Anfang stehen.[443] Dr. Nuno Castelo Branco und Prof. Mariana Alves-Pereira von der Lusofóna-Universität Lissabon haben sich ebenfalls mit den Veränderungen am Herzen beschäftigt und zum Beispiel Herzwand- und Gefäßverdickungen durch Collagenzunahme unter dem Einfluss der Beschallung mit infra- und tieffrequentem Schall belegt.[444]

Bereits 2017 hatten Forscher der Berliner Charité, der Physikalisch-Technischen Bundesanstalt Braunschweig sowie des Universitätsklinikums Hamburg-Eppendorf die gesundheitlichen Beeinträchtigungen des Organismus durch Infraschall bestätigt. Mittels MRT-Untersuchungen wurde nachgewiesen, dass der von Windkraftanlagen erzeugte Infraschall störend auf Grundfunktionen des menschlichen Gehirns einwirkt.[445]

Bedeutsam ist der Aspekt, dass nicht nur der luftgeleitete Infraschall der Windenergieanlage als störende Immission gemessen und festgestellt werden kann, sondern ebenso parallel auch der bodengeleitete »Körperschall«. Demzufolge ist in der Kombinations- und Wechselbelastung (von Luft-, Infraschall und Körperschall) der potenzielle Krankmacher und der Ansatz der humanpathogenen Schädigung zu suchen.[446]

Doch all das blenden die rot-rot-grüne Bundesregierung und auch die grüne Landesregierung in Baden-Württemberg aus, so der Vorwurf der Kritiker. Für Günter Maier von der AfD Freiburg geht es lediglich um die Umsetzung einer links-grünen Ideologie auf Kosten der Gesundheit und durch illegalen Landraub. Darin ist er sich mit der Auffassung der FDP einig.

Doch all die politischen Fragen sind für die Einwohner von Gutach zweitrangig. Ihnen geht es um ihre Felder, Wälder und Grundstücke, die enteignet wurden und noch werden. Das Regierungspräsidium Freiburg hatte den Bau der Windkraftanlagen und die damit einhergehenden Enteignungen schon lange im Vorfeld genehmigt. Dagegen gehen die Menschen nun auf die Barrikaden. Mein Kollege Alexander Raab ist für uns ins Gutachtal gefahren. Er ist nun live vor Ort. Ich gebe ab.

Reporter: Danke, Sven, wir sind jetzt direkt vor der riesigen Baustelle der Windkraftanlage Gutach I, auf der Großkundgebung der GWE, der Bürgerinitiative »Gegen Windkraft und Enteignung • Schützt die Menschen und die Tiere«.

Auf dem Bauplatz ist ein großes Schild aufgestellt mit der Aufschrift: ***Hier verhindert die Bevölkerung das Windkraftwerk Gutach.*** Wir zeigen das mal jetzt. Alle Bürgerinitiativen, die das unterstützen, werden unter dem Schild aufgeführt. Unter Androhung gerichtlicher Schritte hat der Landrat des Ortenaukreises die Landwirte, die das Schild aufgestellt haben, aufgefordert, dieses zu entfernen. Vergeblich.

Wöchentlich strömen immer mehr Menschen in das schöne Gutachtal, um gegen die Errichtung der Windkraftanlage und die Enteignungen sowie für den Erhalt des Naturschutzparks Schwarzwald zu demonstrieren. Unter ihnen sind auch viele Grüne und deren Sympathisanten, die sich von ihrem Bundeskanzler verraten fühlen. Zwar sprechen sie sich in der Mehrheit für erneuerbare Energien aus, aber nicht vor der eigenen

Haustür und schon gar nicht im idyllischen Schwarzwald. Vor 2 Tagen wurde in einer Nacht-und-Nebel-Aktion mit dem Bau der Windkraftanlage begonnen. Der Platz wurde mit einem Maschendrahtzaun und mehreren Rollen NATO-Draht eingezäunt. Auf dem Gelände befinden sich neben dem Werkschutz nun auch mehrere Hundertschaften der von Justizministerin Saskia Esken neu aufgestellten Umweltpolizei (Umpo), die zur Bundespolizei gehört und länderübergreifend zum Schutz von Umweltprojekten eingesetzt werden kann. Sie ist mit Schilden, Schlagstöcken und Hunden ausgestattet.

»Da, sehen Sie mal«, sagt Alfred Scheuerle, der Initiator der GWE, und deutet auf die martialisch anmutenden Beamten in ihren hellgrünen Uniformen. »Und die Grünen wollten mal die Polizei abschaffen! Jetzt haben sie sogar eine Umpo geschaffen, und die ist nicht zimperlich, wie wir das schon an anderen Orten miterleben mussten. Auch hier behindert die Polizei den ordentlichen Ablauf unserer Demonstration: Die Lautsprecheranlage wird nicht durchgelassen, und die angereisten Demonstranten müssen bis zu 11 Kilometer lange Fußmärsche machen, um zur Kundgebung zu kommen, weil die Straßen abgesperrt sind. Aber wir kennen uns in unseren Wäldern aus. Jede Gruppe hat einen Ortskundigen. Die können das nicht verhindern.«

Etwa 8000 bis 10 000 Menschen demonstrieren am heutigen kühlen Samstag gegen die Windkraftanlage. Rund 2000 Personen ist es schon in den frühen Morgenstunden gelungen, Teile des Bauplatzes zu besetzen – trotz Drahtverhau, Werkschutz und Polizei. Es kommt zu kleinen Rangeleien.

Dort hinten sehe ich, wie ein Zug der Umpo eine Gruppe Demonstranten eingekesselt hat. Alfred Scheuerle hat sich jetzt zu ihnen gesellt, diskutiert eifrig. Die Beamten geben sich zurückhaltend, verteilen Platzverweise, lassen die Anti-Windkraft-Demonstranten schließlich unter der Auflage ziehen, nicht mehr wiederzukommen.

Doch die anderen Demonstranten sind noch auf dem Platz. Dort haben sie sich jetzt hingesetzt. Die Polizeibeamten haben sie eingekreist, mit Hunden. Spannung liegt in der Luft. Ich befinde mich etwa 100 Meter vor dem Ort des Geschehens, am Zaun. Wie Sie sehen können, versperrt mir die Umpo trotz Presseausweis den Weg.

»SWR, kann ich durch?«

»Nein, hier ist Feierabend, auch für die Presse.«

»Sie hindern mich an der Berichterstattung?«

»Nein, ich schütze Sie – also, machen Sie keinen Ärger und treten Sie zurück.«

Sie sehen, es gibt kein Weiterkommen mehr. Immer mehr Beamte marschieren vor dem Zaun auf, hindern neue Demonstranten daran, auf das Gelände zu kommen. Ich kann jetzt auch … ja, berittene Polizei und eine Hundestaffel erkennen. Können wir das mit der Kamera einfangen? Dort, hinter dem Bagger, sammelt sich berittene Polizei, dahinter sehe ich mehrere Dutzend Mannschaftswagen. Halt mal drauf, ja, dort hinten.

Unterdessen werden die Demonstranten immer zahlreicher. Wir schwenken mal über die Menge. Überall Schilder und Plakate mit den Aufschriften:

»Weg mit dem grünen Kommunismus!«

»Habeck muss weg!«

»Enteignung wie im Dritten Reich!« und viele mehr.

Die Menge skandiert jetzt:

»Wir sind hier, wir sind laut, weil ihr unsern Boden klaut!«

Das erinnert mich sehr an die Proteste der Klimabewegung Fridays for Future vor ein paar Jahren. Letztlich war es ja die junge Generation, die Habeck und die Grünen an die Macht brachte. Heute ist es aber anders. Hier stehen keine Jungen, sondern die ältere Generation, die sich ihres Lebenswerks für den Klimawahn, wie sie sagen, beraubt sieht.

»Erst enteignen sie unseren Boden, dann unsere Konten«, sagt Martin Huber, ein anderer Aktivist der GWE und früherer Polizist. »Das *Vermögens- und Abgabegesetz* ist genau das, und dann nehmen sie auch noch unsere Grundstücke weg. Wir haben die Nase voll!«

Wenn ich mich umblicke – schwenk mal die Kamera –, sehe ich immer mehr Menschen an den Zaun gehen. Manche von ihnen versuchen auf das Baugelände der Windkraftanlage zu kommen. Über uns kreisen zwei Hubschrauber. Die Polizeihunde bellen aufgeregt.

»Jetzt geht's gleich los«, sagt Martin Huber.

Hier: Die Beamten der Umpo formieren sich am Zaun. Die auf dem Baugelände umkreisten Anti-Windkraft-Demonstranten werden noch mehr in die Zange genommen.

Und nun beginnen die Spezialeinheiten der Umweltpolizei, auch den Platz zu räumen … Die Polizei beschießt die Demonstranten jetzt mit Tränengas; berittene Polizei prescht los, die Hundestaffeln sind im Einsatz.

Sie sehen, wir müssen … halt, lassen Sie das! … zurückweichen. Tränengaswolken kommen immer näher – Moment, wir müssen unsere Maske aufsetzen, und ich hoffe, im Studio kann man mich noch hören … Presse! Presse! Sie dürfen mich nicht schlagen!

Jetzt wird auch ein Wasserwerfer eingesetzt – ja, da hinten, zeig ihn – die Demonstranten sind quasi eingekeilt zwischen dem schweren Gerät, der berittenen Polizei und den Beamten der Umpo.

Die Lage wird immer dramatischer. Wir werden angegriffen. Mein Kameramann, der nur versucht hat, seine Kamera zu schützen, wurde mit einem Schlagstock an der Schulter getroffen. Aber wir machen weiter.

»Habecks SA!«, schreit einer.

Überall ist nun Rauch. Sehen Sie: Schreie, Pfiffe, Hufgetrampel, Hundegebell, fliehende Menschen, darunter auch Kinder, Hunde sind hinter ihnen her. O mein Gott!

Wir sind hier live. Ich hoffe, Sie bekommen das alles mit. Studio, bekommt ihr die Bilder? He! Lassen Sie das, weg!

Die Umweltpolizei geht mit unfassbarer Gewalt vor. Die zusammengekauerten Demonstranten, die noch auf dem Baugelände sind, werden mit Füßen getreten und geschlagen.

Tränengas wird aus nur wenigen Zentimetern Entfernung eingesetzt. Wir können kaum noch atmen oder etwas sehen. Dicke Schleier von Nebelgranaten hängen in der Luft …

Ich hoffe, Sie bekommen das alles live an den Bildschirmen mit. Umdrehen, nein, nicht hier … ich versuche weiter zu kommentieren, während hier die Hölle los ist, man versteht sein eigenes Wort nicht mehr. Ich bekomme nur noch schwer Luft durch meine Maske, wir sind schweißüberströmt … überall fliehende Menschen, Gebrüll, Gekreische. Pass auf, das Kind! Weiter …

Es ist so, als würde der links-rot-grüne Staat versuchen, uns seine Unangreifbarkeit und unsere Machtlosigkeit zu demonstrieren. Es ist offensichtlich, dass die Landesregierung große Angst vor dem entschiedenen Auftreten der Bevölkerung hat, sonst würde sie nicht so vorgehen …

»Scheiß Presse, haut endlich ab!«

Immer mehr Menschen werden zusammengeknüppelt. Aber am schlimmsten sind die Hunde – da kommen sie. Wir müssen jetzt weg hier … Können Sie mich noch hören?

[*Rauschen.*]

Moderator: Dramatische Bilder in einer dramatischen Zeit. Ich hoffe, unserem SWR-Kollegen Alexander Raab und seinem Kameramann ist nichts passiert, und wünsche ihnen von dieser Stelle aus alles Gute. Wir müssen erst einmal durchatmen und das Gesehene und Gehörte verdauen.

Was ich an dieser Stelle noch nachtragen kann: Die Entscheidung der Landesregierung in Stuttgart ist gefallen, am Bau der Windkraftanlage Gutach I unter allen Umständen festzuhalten. Trotz solch unfassbarer Bilder. Darauf hat sich das Kabinett aus Grünen und SPD vor wenigen Minuten geeinigt. Auch angesichts des immer größeren Widerstands der Bevölkerung gegen die »Klimatisierung« hält die Regierung also an ihren Plänen fest. Bundeskanzler Habeck hat das heute Morgen bei einem kurzen Pressestatement begrüßt … Einen Augenblick …

ich höre, gerade kommt eine neue Meldung aus Gutach herein, die ich Ihnen natürlich nicht vorenthalten möchte …

Demnach haben gerade Hubschrauber der Umpo im Tiefflug Demonstranten mit Tränengasgranaten und Nebelkerzen beschossen, die mit chemischen Reizstoffen versehen waren. Es gibt viele Verletzte aufseiten der Anti-Windkraft-Demonstranten. Ärzte und Krankenwagen werden von den Polizeisperren daran gehindert, an den Kundgebungsplatz zu gelangen. Am Baugelände kommt es zu immer mehr Verhaftungen. Die Beamten der Umpo weigern sich, ihre Dienstnummer oder ihren Namen auszugeben, wozu sie gesetzlich auch nicht verpflichtet sind, da sie zu einer Spezialeinheit gehören, die Kritiker die »grüne SA« nennen.

Sobald wir nähere Informationen haben, sind wir gleich wieder bei Ihnen. Bleiben Sie dran – nach einer kurzen Unterbrechung geht es gleich weiter.

Nachtrag:
Bilanz der Ausschreitungen in Gutach: 585 Personen wurden zum Teil erheblich durch den massiven Einsatz der Umweltpolizei verletzt, auch durch den Einsatz verschiedener chemischer Gase. Diese führten zu Augenverletzungen, Hautverätzungen, Atemnot und bedrohlichen Kreislaufreaktionen (in ungefähr fünfzig Fällen), ferner zu Vergiftungserscheinungen, anhaltenden starken Kopfschmerzen und Übelkeit, in einem Fall zu einer lebensgefährlichen Lungenerkrankung (beginnendes Lungenödem). 3 Personen erlitten Wirbelsäulenverletzungen, 3 Schädelfrakturen, 14 schwere Gehirnerschütterungen. 2 Verletzte schweben in Lebensgefahr. 50 Personen wurden durch Knüppelschläge verletzt (Kopfplatzwunden und Prellungen). Bei 52 Menschen wurden unterschiedlich schwere Schnittverletzungen festgestellt. Etwa 150 Personen erlitten Unterkühlungen infolge des Wasserwerfereinsatzes bei den tiefen Außentemperaturen. 23 Beamte wurden durch Steinwürfe verletzt, einer davon schwer.[447]

Stellungnahme der GWE:

»Es muss betont werden, dass die Verantwortlichen diese Art der Körperverletzung bewusst in Kauf genommen haben. Die Dunkelziffer der Verletzten und der von der Umweltpolizei Misshandelten dürfte um ein Vielfaches höher sein. In verschiedenen Fällen hat die Polizei Hilfe für Schwerverletzte unterlassen.

Besonders empörend ist obendrein die Tatsache, dass die freie Fahrt der Notarztwagen des Roten Kreuzes – und das sogar im Falle schwerster Verletzungen – von Polizeibeamten behindert wurde.

Aber egal mit welchen Mitteln die rot-grüne Landesregierung auch weiterhin versuchen wird, unsere Anti-Windkraft-Demonstrationen zu verhindern, wir lassen uns nicht einschüchtern und werden unser Recht auf Demonstrationsfreiheit auch weiterhin wahrnehmen.«

Stellungnahme von Bundeskanzler Habeck (in *ntv*):

»Ich bedauere die Ausschreitungen in Gutach und bin mit meinen Gedanken ganz bei den Verletzten und ihren Familien. Doch es kann nicht angehen, dass mit Gewalt, die vonseiten der Demonstranten durch die Besetzung des Baugeländes ausging, versucht wird, den Bau einer genehmigten Windkraftanlage zu verhindern.

Wir müssen alles dafür tun, unser Klimaschutzziel und den Windkraft-Marshallplan 2035 umzusetzen. Für Sie, für uns, für unsere Zukunft.«

Pressemeldung (*dpa*):

»Die Bundesregierung erwägt, das Demonstrationsrecht gegen den Bau von klimarelevanten Anlagen und Projekten einzuschränken. Die rot-rot-grüne Zweidrittelmehrheit im Bundestag und auch im Bundesrat mache dies möglich, sagte Justizministerin Saskia Esken (SPD) am frühen Abend am Rande einer Parteiveranstaltung.«

Eigentlich ist es paradox: Die grüne Öko-Doppelmoral zeichnet sich auch in der Naturzerstörung aus, nämlich dann, wenn zum Bau für neue Windkraftanlagen ganze Wälder abgeholzt werden müssen. Jedes dieser »Windmonster« braucht nämlich viel Platz. Es kann bis zu 241 Meter Höhe messen und ist somit 84 Meter höher als der Kölner Dom. Ganze 150 Meter Durchmesser hat ein Rotor und kann damit eine Fläche von 17 660 Quadratmetern überstreichen.[448]

Welche Einschränkungen Anwohner durch die Windkrafträder haben und wie diese – auch im »Auftrag« der Grünen – die Landschaft verschandeln, dokumentiere ich ausführlich in meinem Buch *Kommt die Klima-Diktatur?*.[449]

Nur ein Beispiel: 195 Windräder stehen in direkter Umgebung im Windeignungsgebiet Nauener Platte in Brandenburg. Die Beschwerden der Anwohner reichen von getöteten Tieren, Lärm und Sichtbelästigung bis zum Wertverlust von Grundstücken (siehe unten).[450]

Zurück zu den Enteignungen: In einem bahnbrechenden Urteil[451] hat der Bundesgerichtshof (BGH) im Jahre 2015 die Voraussetzungen für die Enteignung von Flächen für die Erschließung und Netzanbindung von Windenergieanlagen präzisiert und erleichtert.

In dem der Entscheidung zugrunde liegenden Fall benötigte ein Unternehmen für die Errichtung und Nutzung von Zuwegen und Kabeltrassen zu einem Windpark diverse Flächen der Gemeinde. Doch mit der Gemeinde konnte keine Einigung erzielt werden. Das Unternehmen beantragte bei der zuständigen Landesbehörde, ihr die benötigten Nutzungsrechte im Wege der Enteignung (nach Paragraf 45 Abs. 1 Nr. 2 EnWG) zuzusprechen. Daraufhin wurde ein Enteignungsbeschluss erlassen, gegen den die Gemeinde klagte, obwohl die immissionsschutzrechtliche Genehmigung zum Zeitpunkt der Enteignungsentscheidung bereits erteilt und für sofort vollziehbar erklärt worden war.[452]

Das Verwaltungsgericht hatte die Entscheidung im Genehmigungsprozess während der Anhängigkeit des Enteignungsverfahrens ausgesetzt. Das OLG Jena hatte vertreten, dass Flächen, die für ***Zuwege*** benötigt werden, ***nicht*** von Paragraf 45 Abs. 1 Nr. 2 EnWG erfasst seien, da diese kein Teil des »Vorhabens« seien, für das enteignet werden könne. Doch der BGH kassierte dies und stellte eindeutig klar, dass der oben benannte Paragraf als Rechtsgrundlage für die Enteignung von

Flächen zum Netzanschluss und zur Erschließung von Windenergieanlagen sehr wohl in Betracht komme.[453]

Der Senat stellte zudem klar, dass die Feststellung der Zulässigkeit der Enteignung durch die zuständige Behörde (Energieaufsichtsbehörde) nur einer beschränkten gerichtlichen Kontrolle unterliege. Bei der Feststellung der Erforderlichkeit der Enteignung sei die »Ausstrahlungswirkung« von Artikel 14 GG zu beachten. Das bedeute: Die Enteignung müsse unumgänglich sein, zudem dürfe keine andere Alternative zur Verfügung stehen.[454]

Ich wiederhole es noch einmal, weil das Urteil des BGH,[455] immerhin das höchste Zivilgericht in der Bundesrepublik, in Zukunft noch wichtiger sein könnte, um Grundstückseigentümer zu enteignen: Auf der Grundlage von Paragraf 45 Abs. 1 Nr. 2 *Energiewirtschaftsgesetz* (EnWG) kann zugunsten von Erneuerbare-Energien-Anlagen grundsätzlich enteignet werden. Es muss nun nicht einmal mehr zwischen Zuwegungen und Verkabelungen unterschieden werden. Vielmehr enthält das Urteil eine sehr umfassende Enteignungsgrundlage, die das gesamte Stromerzeugungsvorhaben, zu dem auch die Wege gehören, erfasst.[456]

Der BGH sah zudem keinen Grund dafür, zwischen planfestgestellten und bloß nach *Bundes-Immissionsschutzgesetz* oder sonstigem Recht genehmigten Anlagen zu unterscheiden. Allerdings setzt eine Enteignung voraus, dass das Vorhaben, zu dessen Gunsten enteignet werden soll, seinerseits rechtmäßig ist, mit anderen Worten: Liegt noch keine bestandskräftige Genehmigung vor, ist die zuständige Enteignungsbehörde verpflichtet, die maßgebliche Genehmigung für die Errichtung und den Betrieb der Anlage noch einmal eigenständig auf ihre Rechtmäßigkeit hin zu überprüfen. Der BGH betonte zudem, dass die Enteignung grundsätzlich dem Wohl der Allgemeinheit dienen müsse.[457]

Die Maslaton-Anwaltsgemeinschaft analysierte das BGH-Urteil und kam zu folgendem Schluss (Hervorhebungen durch mich):

> Im Ergebnis lässt sich allerdings dennoch feststellen, dass die klarstellenden Äußerungen des BGH zur ***grundsätzlichen Zulässigkeit und Möglichkeit*** einer ***Enteignung auch für Windenergieanlagen*** die ***Rechte der Betreiber erheblich gestärkt*** haben dürfte.[458]

Das Fazit der Anwälte lautet: Auch wenn der BGH mit seiner Entscheidung hohe Anforderungen an eine Enteignung gestellt habe, sehen sie »das deutliche Signal«, dass Betreiber von Erneuerbare-Energien-Projekten den Zugriff auf die benötigten Flächen im Zweifelsfall auch gegen den Willen der Grundstückeigentümer durchsetzen können.[459]

Hintergrund: Was ist eine »Versorgungslücke«?

Mit dem Urteil vom 12. März 2015[460] geht der BGH auch darauf ein, wann überhaupt eine »Versorgungslücke« besteht. Dann nämlich, »wenn Energiebedarf in einem Versorgungsraum gegenwärtig und in absehbarer Zeit nicht ausreichend gedeckt werden kann«.[461]

Folglich müsse die Entscheidung über die Erforderlichkeit Ausführungen dazu enthalten, ob es in dem Bundesland auch alternative Standorte für Windparks oder andere Anlagen zur Stromerzeugung aus erneuerbaren Energien gebe, welche geeignet seien, eine angenommene Versorgungslücke aufzufüllen. Hierfür müssten die technischen Möglichkeiten, mögliche Alternativstandorte und auch andere Quellen erneuerbarer Energie geprüft werden. Zudem seien auch mögliche Stromimporte aus anderen Bundesländern in die Bedarfsprüfung einzubeziehen und im Hinblick auf die Versorgungssicherheit zu bewerten.[462]

Achtung: Die Feststellung, dass in einem Bundesland ein Großteil des verbrauchten Stroms nicht selbst gewonnen wird, ist nicht mit einer Versorgungslücke gleichzustellen. Es muss vielmehr begründet werden, weshalb der Bezug aus Stromquellen anderer Länder weniger zuverlässig ist. Wenn solche Erwägungen in der Erforderlichkeitsprüfung fehlen, ist die Feststellung der Zulässigkeit der Enteignung unrechtmäßig.[463]

Aber auch ohne eine offizielle Enteignung können Eigentümer enteignet werden. Wie das geht? Ganz einfach: Die bloße Existenz der Windräder entwertet die Grundstücke. Das ist eine schleichende Enteignung.

Hintergrund:
Windkraftanlagen mindern den Wert von Immobilien

Eine Studie des RWI-Leibniz-Instituts für Wirtschaftsforschung[464] vom Januar 2019 kommt zu einem erschreckenden Ergebnis: Einfamilienhäuser auf dem Land verlieren bis zu **7,1 Prozent** an Wert, wenn in einem Abstand von bis zu einem Kilometer Windenergieanlagen errichtet werden. Bei älteren Häusern kann der Wertverlust sogar bis zu **23 Prozent** betragen.[465]

RWI-Studienleiter Manuel Frondel sagte in der *Welt* (Hervorhebungen durch mich):

> *In absoluten Zahlen kann das einen* ***Vermögensverlust für Hausbesitzer*** *von* ***mehreren zehntausend Euro*** *bedeuten. [...] Der Effekt schrumpft auf null bei einem Abstand von 8 bis 9 Kilometern.*[466]

Nicht verwunderlich ist dagegen die Sicht des Bundesverbandes Windenergie (BWE), der davon ausgeht, dass sich die Windenergieanlagen »nicht negativ auf den Immobilienwert« auswirken.[467]

Aber auch das »Wohngefühl« wird beeinträchtigt. Die Website *Vernunftkraft.de* schreibt dazu:

> *Wer sich ein Eigenheim auf dem Lande erworben hat, sucht das ruhige und naturnahe Wohnen. Dieses Wohngefühl wird durch Windkraftanlagen in der Nähe dramatisch beeinträchtigt. Diese Beeinträchtigung ist allerdings schwer messbar. Hilfsweise kann auch für Selbstnutzer von Wohneigentum eine mögliche Beeinträchtigung der örtlichen Vergleichsmiete herangezogen werden. Für Vermieter von Wohneigentum ist die Mietentwicklung direkt Maßstab für einen Wohnwertverlust. Sinkt die Vergleichsmiete in Wohngegenden nach dem Bau von Windkraftanlagen oder steigt nicht so an wie in vergleichbaren Wohngebieten ohne Windkraftanlagen in der Nähe, ist dies Maßstab für einen Wohnwertverlust.*[468]

Und weiter:

> *Wer sein Haus verkaufen will, wird einen merklich geringeren Preis erzielen. Das betrifft junge Familien, die beruflich mobil bleiben*

wollen. Wer vom Land in ein Ballungszentrum ziehen will, wird es dann noch schwerer haben. Und es betrifft ältere Menschen. Sie werden den Wertverlust schmerzlich erfahren, wenn sie im Alter ihr Haus verkaufen wollen. Ihr altes Haus bringt weniger ein, um vielleicht eine Eigentumswohnung zu kaufen. Oder sie erzielen weniger Geld, um sich ein betreutes Wohnen leisten zu können.

Betroffen ist auch, wer weiterhin in seinem Haus bleibt. Kredite für einen altersgerechten Umbau oder für Modernisierungs- und Energiesparmaßnahmen können schwieriger erhältlich oder teurer werden. Der Grund dafür: Mit dem Verkehrswert des Hauses müssen Banken den Beleihungswert für eine Kreditsicherung herabsetzen. […] Je größer das Darlehen und je geringer der Beleihungswert, desto größer die negativen Auswirkungen für den Häuslebauer.[469]

Dr. Axel Tausendpfund, damals hauptamtlicher Vorstand des Landesverbandes Baden der Eigentümer-Schutzgemeinschaft Haus & Grund, gab der *Rhein-Neckar-Zeitung* im Jahr 2015 ein Interview zu diesem Thema. Hören wir mal rein:

Der Bau von Windenergieanlagen hat nach unserer Einschätzung sowohl auf die Kaufpreise wie auch auf die Mieten der im Einflussbereich solcher Anlagen liegenden Immobilien erhebliche Auswirkungen. Die Beeinträchtigungen – insbesondere Geräuschemissionen, Lichtreflexion, Schatten- und Eiswurf, Eingriff in das Landschaftsbild, Infraschall, Beeinträchtigungen wie Schlafstörungen und Beklemmungsgefühl – führen nach unserer Einschätzung zu Preisabschlägen von 20 bis 30 Prozent, im Ausnahmefall sogar bis hin zu praktischer Unverkäuflichkeit oder Unvermietbarkeit.[470]

Weiter:

Die einzige mir bekannte Möglichkeit ist eine Entschädigung für den sogenannten enteignungsgleichen Eingriff. Allerdings sind die Hürden hier sehr hoch, dies vor Gericht zu beweisen und durchzusetzen. Außerdem muss der Bau der Windkraftanlage dann rechtswidrig gewesen sein.[471]

Zum Thema Vermieter und Mieter sagte Dr. Tausendpfund:

> *Die Wertminderung betrifft natürlich nicht nur den Verkehrswert einer Immobilie, sondern auch unmittelbar die Mieten. Auch hier erscheint die Annahme von Abschlägen von 20 bis 30 Prozent bis hin zu Unvermietbarkeit in Ausnahmefällen realistisch.*[472]

Dr. Tausendpfund riet Eigenheimbesitzern, die ihre Immobilie als Alterssicherung eingeplant haben, Folgendes:

> *In der Tat ist es so, dass für viele Menschen die Immobilie den Schwerpunkt ihrer Altersvorsorge bzw. ihre einzige Altersvorsorge darstellt. Die Sorgen der Betroffenen sind daher absolut nachvollziehbar und ernst zu nehmen. Betroffene sollten im eigenen Interesse am besten bereits vor dem Bau einer Windkraftanlage alle rechtlichen Möglichkeiten ausschöpfen, um die Beeinträchtigung so gering wie möglich zu halten. Das geht über Anhörungen im Planungsstadium, die Gründung von Bürgerinitiativen, die Einbeziehung der Bundes- und Landtagsabgeordneten des Wahlkreises bis hin zur gerichtlichen Untersagung des Baus. Wenn die Anlage mal steht, ist es in der Regel zu spät.*[473]

Rund 30 000 Windkraftanlagen stehen bereits in Deutschland. In den nächsten Jahren werden noch viele dazukommen, denn das politische Ziel ist schon lange vorgegeben: weg von den fossilen Energieträgern Kohle, Öl und Gas, hin zu den erneuerbaren Energien Wind, Sonne und Biomasse. Bis Ende 2022 soll das letzte Atomkraftwerk abgeschaltet werden, bis 2038 will die Bundesregierung schrittweise raus aus dem Kohlestrom, weil der klimaschädlich sei. Das alles spricht dafür, dass es immer mehr Windanlagen geben wird und immer mehr Eigentümer deswegen auch enteignet werden.[474]

Frederik Bewer, parteiloser Bürgermeister von Angermünde, spricht das aus, was viele seiner Kollegen nur hinter vorgehaltener Hand sagen:

> Wir können Windräder nicht generell verhindern, wenn die Landesbehörden entschieden haben. Wenn Gebiete ausgewiesen sind und die

> Genehmigung vorliegt, dann kann gebaut werden. Das ist schon frustrierend. Die Kommunen sind schon ein wenig hilflos und haben zu wenig Mitspracherecht.[475]

Das heißt im Klartext: Wenn die Landesbehörden den Bau und die damit verbundenen Enteignungen beschließen, ist auch die Kommune machtlos.

Die Meinung der Grünen-Führungsspitze zu Enteignungen im Zusammenhang mit Windkrafträdern machte Robert Habeck in der Sendung *Markus Lanz* klar. Der Grünen-Mitchef lehnte hinsichtlich des notwendigen Baus von Windkrafträdern und Stromtrassen Enteignungen nicht grundsätzlich ab, sondern hielt sie für möglich, wenn auch nicht gleich:

> Das ist zurzeit nicht dringend notwendig. [...] Bei großen Infrastrukturprojekten ... sieht das die Bundesgesetzgebung so vor. [..] Dass eine Gesellschaft nicht so funktionieren kann, dass ein einzelner Widerstand am Ende entscheidet, wohin sich die Gemeinschaft bewegt, ist natürlich auch richtig und konsequent.[476]

Alles klar?

KAPITEL 6

Wenn die Flugzeuge kommen – Enteignungen nach dem *Luftverkehrsgesetz*

Auch für Flughäfen gab und gibt es Enteignungen in Deutschland. Paragraf 27g LuftVG regelt die vorzeitige Besitzeinweisung (die wir bereits oben kennengelernt haben) und die Enteignung. Im besagten Paragrafen heißt es u. a. (Hervorhebungen durch mich):

> (1) Ist der sofortige Beginn von Bauarbeiten geboten und ***weigert sich der Eigentümer oder Besitzer***, den Besitz eines für den ***Bau oder die Änderung eines Flughafens oder eines Landeplatzes*** benötigten Grundstücks… zu überlassen, so hat die Enteignungsbehörde den Unternehmer auf Antrag nach Feststellung des Plans oder Erteilung der Plangenehmigung ***in den Besitz einzuweisen***. […]
> (2) Die Enteignungsbehörde hat spätestens sechs Wochen nach Eingang des Antrags auf Besitzeinweisung mit den Beteiligten mündlich zu verhandeln. Hierzu sind der Unternehmer und die Betroffenen zu laden. ***Dabei ist den Betroffenen der Antrag auf Besitzeinweisung mitzuteilen***. […]
> (4) […] Die Besitzeinweisung wird in dem von der ***Enteignungsbehörde bezeichneten Zeitpunkt wirksam***. […] Durch die Besitzeinweisung wird dem ***Besitzer der Besitz entzogen und der Unternehmer Besitzer***. Der Unternehmer darf auf dem Grundstück das im Antrag auf Besitzeinweisung bezeichnete ***Bauvorhaben durchführen*** und die dafür erforderlichen Maßnahmen treffen.[477]

Anmerkung: Paragraf 28 des *Luftverkehrsgesetzes* sah nur Enteignungen für Militär- und Verkehrsflughäfen vor. Doch auf Initiative des damaligen Bundeskanzlers Gerhard Schröder (SPD) wurde die Regel im Jahr 2004 dafür extra auch auf Privatflughäfen ausgedehnt.[478]

Enteignung wegen Verlängerung einer Start- und Landebahn

Das Landgericht Hamburg stellte bereits 2007 klar, dass die Enteignung für die Verlängerung der Start- und Landebahn am Hamburger Airbus-Werk rechtens sei.[479]

Bei dem Streit ging es um ein Grundstück von Obstbauern. Die Kammer für Baulandsachen des Landgerichts Hamburg entschied, dass ein Grundstück durch die »vorzeitige Besitzeinweisung« zu Recht bereits vor der offiziellen Enteignung an die Stadt Hamburg übertragen wurde, weil es für die Startbahn benötigt wurde.[480]

Die Stadt Hamburg hatte sich in einem Vertrag mit Airbus Deutschland dazu verpflichtet, die Voraussetzungen für eine längere Startbahn zu schaffen. Im Gegenzug sicherte Airbus unter anderem zu, ein Auslieferungszentrum für den Großraum-Airbus A380 zu errichten.[481] Ein Schelm, wer Böses dabei denkt!

Die Richter argumentierten auch hier in gewohnter Manier und mit dem *Grundgesetz*-Totschlagargument: »Das Interesse der Allgemeinheit an der Schaffung von Arbeitsplätzen überwiegt das Interesse der Eigentümer erheblich.«[482] Die Ausführung der Bauarbeiten aus Gründen des Allgemeinwohls sei deshalb dringend geboten.[483]

Hamburg ist kein Einzelfall. Auch zum Ausbau des Flughafens München wurden Eigentümer enteignet[484] und das Dorf Franzheim umgesiedelt.[485] Ebenso wurden im Zuge des Baus des Flughafens Berlin-Schönefeld Hausbesitzer um ihren Besitz gebracht.[486]

Umsiedlung wegen BER-Flughafenbau

Da wir gerade bei Berlin sind: Für den immer noch nicht ganz fertigen Großflughafen BER wurde beispielsweise das Dorf Diepensee umgesiedelt.[487] Die meisten Bewohner hatten sich zwar dafür ausgesprochen, ihr neues Zuhause gemeinsam in Deutsch-Wusterhausen bei Königs-Wusterhausen zu bauen, aber damals wussten sie noch nicht, was auf sie zukommen sollte. Die gesamte Umsiedlung kostete rund 82 Millionen Euro.[488]

Im Jahr 1996 fiel der Entschluss zum BER-Flughafen-Standort Schönefeld. 1999 wurde zwischen der Gemeinde und den Flughafen-Gesellschaftern der Umsiedlungsvertrag geschlossen. Er regelte die sozialverträgliche Umsiedlung des 335 Einwohner zählenden Dorfes.[489]

Der Ortsbeirat von Diepensee hatte sich an das Land Brandenburg gewandt, bekam einen Berater gestellt, Listen mit Architekturbüros, Gutachter und Anwälte. In dem kleinen Dorf wurde alles geschätzt: Grundstücke und Mietwohnungen, Apfelbäume, Johannisbeersträucher, Gartenteiche. Alles nach einem festgelegten Satz. Die Menschen wurden entschädigt, und ein paar Kilometer weiter wurden neue Häuser für sie gebaut.[490]

Bei Königs-Wusterhausen entstand eine neue Siedlung mit Eigenheimen, Miethäusern und öffentlichen Einrichtungen. Von der Umsiedlung betroffen waren rund 160 Haushalte (insgesamt 364 Bewohner) und 35 Gewerbebetriebe. Es wurden 56 Eigenheime, 79 Mietwohnungen, ein Bürgerhaus, ein Feuerwehrgerätehaus und eine Kindertagesstätte neu gebaut.[491]

Das war in den Jahren 2003 bis 2005. Doch 2013 wurden die BER-Flugrouten geändert. Die zu erwartende »Hoffmannkurve«[492] lässt alle Flugzeuge nun knapp vor Diepensee abbiegen, sollte der Flughafen in Betrieb gehen. Zum Unglück für die Umgesiedelten. Denn eigentlich haben sie andere Flugrouten und einen anderen Lärmpegel im Vertragsanhang stehen. Juristisch dagegen vorgehen können sie nicht mehr, denn in ihrem Umsiedlungsvertrag steht, dass sie nicht gegen den Flughafen klagen dürfen.[493]

KAPITEL 7

Wenn die Bahn kommt – Enteignungen nach dem *Allgemeinen Eisenbahngesetz*

Wenn für Straßen, Flughäfen, Telefonleitungen und Windräder enteignet werden kann, dann natürlich auch für den Bau von Bahnhöfen oder Gleisen. So regelt das *Allgemeine Eisenbahngesetz* (AEG) die vorzeitige Besitzeinweisung und die Enteignung.[494]

Auch das geht in gewohnter Manier vonstatten (Hervorhebungen durch mich):

> § 21 Vorzeitige Besitzeinweisung
> (1) Ist der sofortige Beginn von Bauarbeiten geboten und ***weigert sich der Eigentümer oder Besitzer, den Besitz eines für den Bau oder die Änderung von Betriebsanlagen der Eisenbahn benötigten Grundstücks*** durch Vereinbarung unter Vorbehalt aller Entschädigungsansprüche ***zu überlassen,*** so hat die ***Enteignungsbehörde*** den Träger des Vorhabens auf Antrag nach Feststellung des Planes oder Erteilung der Plangenehmigung in ***den Besitz einzuweisen.*** Der Planfeststellungsbeschluss oder die Plangenehmigung müssen vollziehbar sein. Weiterer Voraussetzungen bedarf es nicht …[495]

> § 22 Enteignung
> (1) Für Zwecke des ***Baus und des Ausbaus von Betriebsanlagen der Eisenbahn*** ist die ***Enteignung zulässig.*** […]
> (2) Der festgestellte oder genehmigte Plan ist dem Enteignungsverfahren zugrunde zu legen. Er ist für die Enteignungsbehörde bindend.
> (3) Hat sich ein Beteiligter mit der Übertragung oder Beschränkung des Eigentums oder eines anderen Rechtes schriftlich einverstanden erklärt, kann das Entschädigungsverfahren unmittelbar durchgeführt werden.
> (4) Im Übrigen gelten die Enteignungsgesetze der Länder.[496]

Doch nicht nur eine Enteignung ist hinzunehmen, sondern es besteht auch eine sogenannte »Duldungspflicht«:

§ 22b Duldungspflichten bei Unterhaltung von Betriebsanlagen einer Eisenbahn

1) Soweit es zur ***Instandhaltung oder Erneuerung einer Eisenbahnanlage*** erforderlich ist, haben Dritte, insbesondere die Anlieger und die Hinterlieger, ***zu dulden,*** dass Beauftragte des Eisenbahninfrastrukturbetreibers die ***Grundstücke betreten oder vorübergehend benutzen.*** Die Arbeiten zur Unterhaltung müssen dem Dritten angekündigt werden.
2) Entstehen durch Handlungen nach Absatz 1 Schäden, hat der ***Geschädigte Anspruch auf Schadensersatz.***[497]

Es gibt viele Beispiele für Enteignungen wegen des Baus von Bahnhöfen, Bahnstrecken oder Gleisen. Ich will mich auf zwei beschränken.

Enteignungen für Stuttgart 21

Ein gutes Beispiel für Enteignungen aufgrund eines Bahnprojektes ist die Großbaustelle in Stuttgart, genannt »Stuttgart 21«. Dort werden zahlreiche Grundstücke von Tunneln unterquert. Auch dazu brauchte es die Zustimmung der Eigentümer. Aber nicht alle Bürger waren und sind mit der Unterfahrung oder mit der Höhe der angebotenen Entschädigung einverstanden. Doch die Unterfahrung wurde als Dienstbarkeit im Grundbuch eingetragen, worauf im Auftrag der Bahn eine Reihe von Enteignungsverfahren vor dem Regierungspräsidium Stuttgart in Angriff genommen wurde.[498] Ein Projektsprecher bestätigte, dass sich einzelne Eigentümer dem Abschluss eines Gestattungsvertrages verweigert hätten und einige mit der Höhe der angebotenen Entschädigung nicht einverstanden gewesen seien. Doch dies sei erwartet worden. Die Bahn habe sich an die entschädigungsrechtlichen Grundsätze und das, was Gutachter ermittelten, gehalten.[499]

Die Planfeststellungen geben der Bahn die Sicherheit, bauen zu können. Sie hat nämlich einen öffentlichen Auftrag. Die Eintragung der Dienstbarkeit kann im Grundbuch so auch gegen den Willen des Eigentümers durchgesetzt werden. Gemeinwohl steht über dem Einzelinteresse, argumentierte dann auch die Projektgesellschaft.[500]

Einen guten Einblick in die Abläufe von Enteignungen bei diesem Bahnprojekt gibt ein Schreiben von dem von der DB Projekt Stuttgart–Ulm GmbH (PSU) beauftragten Dienstleister für das Flächenmanagement. Ich zitiere daraus (Hervorhebungen durch mich):

Wir, die DB Projekt Stuttgart–Ulm GmbH, sind von den Trägern des Vorhabens – u. a. der DB Netz AG – mit der Planung und Realisierung des Projektes Stuttgart21 beauftragt. Gebaut wird eine Eisenbahnanlage des Bundes, die nach Fertigstellung von der DB Netz AG betrieben wird. Für Eisenbahnen des Bundes ist das ***Allgemeine Eisenbahngesetz*** (AEG) einschlägig. […] ***Zur Sicherung*** eines Tunnels ist es ***nicht erforderlich***, den untertunnelten Teil eines Grundstücks ***zu erwerben***, sondern es ist ausreichend, den Tunnel ***dinglich zu sichern***. (Die DB Netz AG erwirbt bei dem betroffenen Grundstückseigentümer das im Grundbuch zu vermerkende Recht, unter Teilfläche seines Grundstückes einen Eisenbahntunnel herzustellen, zu betreiben und zu unterhalten.)

Weiter:

Gelingt es nicht, vor der geplanten Inanspruchnahme die Eintragung eines ***Tunnelrechts zu vereinbaren***, hat der Gesetzgeber (siehe AEG § 21 und ***Landesenteignungsgesetz*** Baden-Württemberg) Verwaltungsverfahren vorgesehen. Zur Sicherung des Baufortschritts ist es zunächst ausreichend, wenn die DB Netz AG in den Besitz eingewiesen werden. Dazu ist die Durchführung eines ***Verfahrens zur vorzeitigen Besitzeinweisung*** beim Regierungspräsidium Stuttgart als zuständiger Enteignungsbehörde zu beantragen. […]

Da grundsätzlich Eigentum an Grund und Boden und an eingebrachten Ein- und Aufbauten zusammenfällt, ist es auch ***trotz einer Besitzüberlassung oder Besitzeinweisung erforderlich, den Verbleib des Bahntunnels im fremden Grund und Boden im Grundbuch zu sichern. Gelingt es erneut nicht***, die Eintragung eines solchen Tunnelrechtes freihändig zu vereinbaren – weil etwa die Höhe der für den Eingriff zu leistenden Entschädigung nicht angemessen erscheint – bleibt der DB Netz AG nur, die zwangsweise ***Eintragung des Tunnelrechts im Wege eines Enteignungsverfahrens zu betreiben***.

Im Enteignungsverfahren ist dann auch zu prüfen und durch die Enteignungsbehörde festzustellen, ob die seitens der DB Netz AG angebotene Entschädigung angemessen und vollständig ist. […] Wird ein Tunnelrecht zwangsweise, im Wege eines Enteignungsverfahrens zur Eintragung gebracht, hat das ***in aller Regel*** keine Auswirkungen auf bestehende Miet- und Pachtverträge. Miet-und Pachtsachen erstrecken sich ***zumeist*** nicht auf den vom Tunnelbau (unterirdisch) beanspruchten Bereich.[501]

Hintergrund: »Dingliche« und »schuldrechtliche« Verpflichtung

Die Unterscheidung dinglich/schuldrechtlich im *Bürgerlichen Gesetzbuch* ist eine Besonderheit des deutschen Rechts. Dies betrifft auch den Tunnelbau und -betrieb für Stuttgart 21. Die Website *netzwerke-21.de* hat dies anschaulich beschrieben (Hervorhebungen durch mich):

> *Der Gestattungsvertrag und die darin enthaltene Zustimmung zur Unterfahrung eines Grundstücks ist »nur« eine sog.* ***»schuldrechtliche«*** *(lat.:* ***»obligatorische«****) Verpflichtung des Eigentümers gegenüber dem Vertragspartner Bahn, die den Eigentümer zur Duldung der Unterfahrung verpflichtet. Sie wirkt* ***nicht gegenüber einem Erwerber oder Erben.***
>
> *Soll eine Verpflichtung (z. B. Unterfahrrecht)* ***für immer und ewig*** *am Grundstück »kleben«, also* ***immer gegenüber dem jeweiligen Eigentümer*** *wirksam sein, so ist das eine (wenn auch nur* ***teilweise****)* ***Enteignung.*** *Diese Verpflichtung muss daher im Grundbuch eingetragen und für jedermann durch Einsicht in das Grundbuch feststellbar sein. Im Gegensatz zur (nur) schuldrechtlichen Verpflichtung spricht man dann von einer* ***»dinglichen« Verpflichtung. Sie ist mit dem »Ding« (Eigentum) in jedem Fall verbunden.***
>
> *Auf Dauer braucht die Bahn eine solche dingliche Belastung für alle unterfahrenen Grundstücke.* ***Wenn der Eigentümer nicht mitmacht, muss die Bahn den Eigentümer »enteignen«.***[502]

Der Abschnittsleiter bestätigte (Hervorhebungen durch mich):

> *Es sei noch angemerkt, dass noch* ***sehr viele Enteignungsverfahren durchgeführt werden müssen.*** *Dies betrifft sämtliche Grundstückseigentümer, mit denen wir uns nicht über den Gestattungsvertrag einigen konnten bzw. einig werden. Sofern Eigentümer eine sog. Gestattungserklärung unterzeichnet haben, konnten wir die* ***Grundstücke bereits (unterirdisch) in Besitz nehmen.*** *Um jedoch auch Eigentümer unseres Tunnelbauwerks zu werden, bedarf es einer Eintragung im Grundbuch. Diese können wir* ***in einigen Fällen eben nur über ein Enteignungsverfahren*** *erwirken.*[503]

Sie erkennen daran: Wenn die Bahn bauen und untertunneln will, dann kann sie das, zum Wohle der Allgemeinheit, und Sie als Grundstückseigentümer können dann nur noch über die Höhe einer Entschädigung streiten. Mehr nicht.

Drohende Enteignungen für die Main-Weser-Bahn

Seit rund 20 Jahren plant die Deutsche Bahn den Ausbau der Main-Weser-Bahn zwischen Frankfurt und Friedberg. Der kann allerdings nur gelingen, wenn Anwohner der Bahnlinie Grundstücke abtreten, so beispielsweise bei Bad Vilbel/Eschersheim. Die Bahn verschickte dafür insgesamt 89 Schreiben mit Kaufangeboten. In den DB-Briefen wurde den Anwohner allerdings auch gleich nahegelegt, dass der Verkauf ihres Landes sowieso unausweichlich sei.[504]

Nach Angaben eines Aktionsbündnisses hatte die Bahn »Schleuderpreise« in Höhe zwischen 2,70 Euro und 21 Euro pro Quadratmeter angeboten. Einer der Anwohner hätte beispielsweise 10 Euro/qm bekommen können, hätte er sein Grundstück verkauft. Er wollte dies allerdings nicht, da er sein Gartengrundstück erst vor 4 Jahren erworben hatte, und fühlte sich demzufolge von der Bahn unter Druck gesetzt, etwa ein Viertel seines rund 3 800 Quadratmeter großen Gartens abzugeben.[505]

Ein anderer Anwohner berichtete, ein Anwalt der Bahn habe ihm in einem persönlichen Gespräch zu verstehen gegeben, dass eine Enteignung unvermeidbar sei, sollte er nicht verkaufen.[506]

Zu den angebotenen Kaufpreisen verwies die Bahn auf die offiziellen Bodenrichtwerte. Allerdings, in Stein gemeißelt seien die Preise nicht:

> Wenn uns der Eigentümer in den nachfolgenden Gesprächen auf wertsteigernde Faktoren – wie beispielsweise ein Gartenhaus auf seinem Grundstück – hinweist, dann werden diese ebenfalls bei der Kaufpreisbildung berücksichtigt und wir zahlen mehr als bei unserem ersten Angebot.[507]

Ich könnte noch mehr Beispiele aufzählen, die immer nach dem gleichen Schema ablaufen. Nur in den seltensten Fällen kann man sich gegen eine Enteignung wehren. Prozesse führen meist nur zu Zeitverzögerungen.

Hintergrund: So entschädigt die Deutsche Bahn

Das Flächenmanagement der DB Netz AG hat hierfür genaue Maßgaben vorgesehen:

- Die Höhe der Zahlungen wird vom **Verkehrswert der Flächen** bestimmt.
- **Grundlage** der Ermittlung des Verkehrswertes sind **Bodenrichtwerte** sowie **Rahmen- oder Einzelgutachten** der öffentlich bestellten und vereidigten Gutachter.
- Bei **landwirtschaftlichen Betrieben bzw. Gewerbebetrieben** werden **betriebliche Sonderwerte** berücksichtigt.
- Wenn **zusammenhängende landwirtschaftliche Flächen** durch die Bahnanlage getrennt werden, wird das in der **Entschädigungsberechnung berücksichtigt**.
- Wenn **Pachtflächen entfallen**, werden auch **Pächter** von landwirtschaftlichen **Flächen und Gewerbebetrieben entschädigt**.
- Für die **Belastung des Grundstücks mit Dienstbarkeiten** wird **eine einmalige Zahlung** geleistet.
- Der **Entzug landwirtschaftlicher Nutzfläche für Maststandorte** von Bahnstromleitungen wird ebenfalls **entschädigt**.
- Für die **vorübergehende Nutzung** von Flächen durch die Deutsche Bahn werden **angemessene Ausgleichszahlungen** geleistet, die sich am eingetretenen Erwerbsverlust oder Pachtausfall orientieren.[508]
- Auch der **Verlust von wertrelevantem Aufwuchs**, z.B. Bäume, Sträucher, Hecken, oder aber Aufbauten, z.B. Gartenhaus, Schuppen, Scheune, werden **entschädigt**.[509]

Nach einer vorübergehenden Inanspruchnahme des Grundstücks:

- Nach Abschluss der Baumaßnahme wird der Grund und Boden des Grundstücks wieder in den Zustand versetzt, der der ursprünglichen Nutzungsmöglichkeit entspricht. Zum Beispiel werden eingebrachte Materialien wieder rückgebaut, der Untergrund wird tiefengelockert, der im Vorfeld abgetragene Mutterboden wird wieder aufgebracht.

- Sollte für die Bauzeit z. B. ein Zaun versetzt werden müssen, so würde dieser entsprechend entschädigt.[510]

Die DB Netz AG schreibt zudem (Hervorhebungen durch mich):

> *Wird keine Einigung über die Höhe der Entschädigung erzielt, kann diese von der Enteignungsbehörde festgesetzt werden.* ***Die Deutsche Bahn ist berechtigt****, Grundstücke bereits vor* ***Abschluss eines Enteignungsverfahrens*** *im Rahmen* ***der vorzeitigen Besitzeinweisung in Anspruch*** *zu nehmen. Voraussetzung hierfür ist ein vollziehbarer Planfeststellungsbeschluss. Die Erfahrung aus bisherigen Projekten der Deutschen Bahn zeigt aber, dass in fast allen Grundstücksfragen eine einvernehmliche Regelung getroffen werden konnte. Das ist erklärtes Ziel für alle Eisenbahninfrastrukturprojekte.*[511]

KAPITEL 8

Wenn die Soldaten kommen (1) – Enteignungen nach dem *Landbeschaffungsgesetz*

Was die meisten Menschen, mit denen ich bei der Recherche zu diesem Buch gesprochen habe, nicht kennen, ist das *Landbeschaffungsgesetz* (in vollem Wortlaut: *Gesetz über die Landbeschaffung für Aufgaben der Verteidigung*, kurz: LBG). Es regelt die Inanspruchnahme von Grundstücken für unmittelbare oder mittelbare Zwecke der Landes- bzw. Bündnisverteidigung Deutschlands. Das LBG ermächtigt ebenfalls zu Enteignungen. Das Gesetz wurde am 23. Februar 1957 erlassen. Unterzeichnet wurde es u. a. vom damaligen Bundespräsidenten Theodor Heuss[512] und dem damaligen Verteidigungsminister Franz-Josef Strauß.[513]

Das *Landbeschaffungsgesetz* wurde auch unter dem Eindruck der damaligen Blockkonfrontation und der Stationierung der alliierten Siegermächte Frankreich, Großbritannien und USA auf dem Gebiet der Bundesrepublik Deutschland beschlossen. Dementsprechend dient es insbesondere zur Erfüllung der Verpflichtungen des Bundes aus zwischenstaatlichen Verträgen über die Stationierung und Rechtsstellung von Streitkräften auswärtiger Staaten im Bundesgebiet (mehr dazu siehe unten).

Bereits in Paragraf 1 wird deutlich, wohin die Reise gehen kann (Hervorhebungen durch mich):

> 1) Der ***Bund*** kann nach Maßgabe der Vorschriften dieses Gesetzes ***Grundstücke beschaffen***
> 1. für Zwecke der ***Verteidigung***;
> 2. insbesondere auch zur Erfüllung der Verpflichtungen des Bundes aus zwischenstaatlichen Verträgen über die ***Stationierung und Rechtsstellung von Streitkräften auswärtiger Staaten*** im Bundesgebiet;
> 3. zur Gewährung einer Entschädigung in Land im unmittelbaren Zusammenhang mit Maßnahmen nach Nummer 1 oder 2;

4. zur ***Verlegung oder Errichtung öffentlicher Einrichtungen und Anlagen*** im unmittelbaren Zusammenhang mit Maßnahmen nach Nummer 1, 2 oder 3;
5. zur ***Unterbringung von Personen, Betrieben und öffentlichen Einrichtungen***, die wegen der Verwendung bundes- oder reichseigener Grundstücke für Zwecke der Nummern 1 und 2 notwendig ist;
6. zur ***Verlegung von Anlagen oder Einrichtungen der Verteidigung***, weil die benutzten Grundstücke für Anlagen oder Einrichtungen benötigt werden, für die eine Enteignung nach anderen Gesetzen zulässig wäre.[514]

Auf dem zum Verteidigungsfall erworbenen Grundstück können dann folgende »Vorkehrungen« getroffen werden:

- Veränderung oder Verlegung von Wirtschaftswegen
- Gräben
- Vorflutanlagen
- Einfriedigungen
- Errichtung von Sicherheitsvorrichtungen[515]

Die Entschädigung dafür muss nicht immer eine »Barvergütung« sein, sondern kann auch aus »Ersatzland« bestehen.[516] Hat das Ersatzland einen geringeren Wert als das zu enteignende Grundstück, so ist zusätzlich eine dem Wertunterschied entsprechende Geldentschädigung festzusetzen. Hat das Ersatzland einen höheren Wert als das zu enteignende Grundstück, so hat der Entschädigungsberechtigte eine dem Wertunterschied entsprechende Ausgleichszahlung zu leisten.[517]

Geldentschädigungen sind mit dem für zuletzt ausgegebene Hypothekenpfandbriefe auf dem Kapitalmarkt üblichen Nominalzinsfuß zu verzinsen.[518] Der zweite Teil des Gesetzes regelt die Enteignung:

§ 10
Für die in § 1 bezeichneten Zwecke ist die Enteignung zulässig.

§ 11
1) Den Antrag auf Einleitung des Enteignungsverfahrens stellt namens des Bundes der zuständige Bundesminister oder die von ihm bestimmte Bundesbehörde bei der zuständigen Enteignungsbehörde der Länder (§ 28), die die Enteignungsverfahren nach den Vorschriften dieses Gesetzes durchführen.

2) Der Antrag soll erst gestellt werden, wenn
   a) andere geeignete Grundstücke im Wege des freihändigen Erwerbs nicht beschafft werden konnten,
   b) Grundstücke, die für das beabsichtigte Vorhaben geeignet sind, im Eigentum von Bund, Ländern und sonstigen Körperschaften des öffentlichen Rechts und ihnen gleichzustellenden juristischen Personen nicht vorhanden sind,
   c) die Verhandlung mit dem Betroffenen über den freihändigen Erwerb des in Anspruch genommenen Grundstücks auch unter Beachtung der Vorschriften des § 3 nicht zum Ziel geführt hat.[519]

Der zweite Abschnitt regelt den »Gegenstand« der Enteignung:

§ 12
1) Durch Enteignung
   a) kann Eigentum an Grundstücken oder Grundstücksteilen einschließlich des dem Eigentümer gehörigen Zubehörs entzogen oder belastet werden,
   b) können andere Rechte an Grundstücken sowie Rechte, die zum Erwerb, zum Besitz oder zur Nutzung von Grundstücken berechtigen oder die Benutzung von Grundstücken beschränken, entzogen werden …[520]

Nicht enteignet werden dürfen:

- Grundstücke der Wohlfahrtspflege
- Schulen
- Forschungseinrichtungen
- Krankenhäuser
- Kindergärten
- Sport- und Schwimmhallen
- Grundstücke unter Denkmalschutz
- Naturschutzgebiete
- Nationalparks
- Naturdenkmale
- Geschützte Landschaftsbestandteile
- Grundstücke von Betrieben des öffentlichen Verkehrs und der öffentlichen Versorgung mit Elektrizität, Gas und Wasser, Post- und Telekommunikationsdienstleistungen

- Grundstücke von Kirchen und Religionsgemeinschaften
- Wassergewinnungsanlagen
- Anlagen der Abwasserwirtschaft
- Wasserschutzgebiete[521]

Ebenso nicht enteignet werden dürfen:

- Grundstücke eines landwirtschaftlichen Kleinbetriebs oder eines bäuerlichen Betriebs, soweit der Betrieb zu seiner wirtschaftlichen Fortführung auf die Grundstücke angewiesen ist;
- Grundstücke, die aufgrund eines Pachtvertrages oder eines ähnlichen Nutzungsverhältnisses an Vertriebene oder Sowjetzonenflüchtlinge oder an Familienbetriebe zur Sicherung ihrer wirtschaftlichen Existenz übergeben worden sind (ist heute nicht mehr relevant; MGR);
- Grundstücke, auf die der Eigentümer mit seiner Berufs- oder Erwerbstätigkeit angewiesen ist.[522]

Interessant sind auch die Übergangs- und Schlussvorschriften des Gesetzes. Hier heißt es u. a. (Hervorhebungen durch mich):

1) Werden Grundstücke, die vor dem 5. Mai 1955 12 Uhr von den Behörden einer beteiligten Macht in Anspruch genommen worden sind und auf denen nach der Inanspruchnahme Gebäude errichtet worden sind, gemäß Artikel 13 des Ersten Teils des Vertrags zur Regelung aus Krieg und Besatzung entstandener Fragen ***über diesen Zeitpunkt hinaus*** von den ***Regierungen des Vereinigten Königreichs von Großbritannien und Nordirland, der Vereinigten Staaten von Nordamerika und der Französischen Republik zur Unterbringung ihrer Botschaften und Konsulate benutzt***, so können sie nur nach den Vorschriften dieses Gesetzes weiterhin in Anspruch genommen werden.
2) Das gleiche gilt für Grundstücke, die durch die Behörden einer beteiligten Macht zur Errichtung ***von nicht nur vorübergehenden Zwecken*** dienenden Bauwerken und Anlagen oder für ***Truppenübungsplätze, Flugplätze*** und ähnliche Vorhaben in Anspruch genommen worden sind, sofern die Inanspruchnahme der Grundstücke nach Artikel 48 des Vertrags über die ***Rechte und Pflichten ausländischer Streitkräfte und ihrer Mitglieder in der Bundesrepublik Deutschland (Truppenvertrag)*** vom 23. Oktober 1954 und dem ***Gesetz über die vorläufige***

> ***Fortgeltung der Inanspruchnahme von Gegenständen für Zwecke der ausländischen Streitkräfte und ihrer Mitglieder vom 3. Juli 1956 (Bundesgesetzblatt I S. 639) am 31. Dezember 1956*** noch fortbesteht und die ***Grundstücke*** für die in § 1 Abs. 1 genannten Zwecke ***weiterhin benötigt*** werden. […][523]

Wenn Sie jetzt denken, das Gesetz aus den 1950er-Jahren sei nicht mehr gültig, dann täuschen Sie sich. Es gilt bis heute und wurde nur minimal verändert.

Die Grünen brachten 2013 einen Antrag im Bundestag ein, um das aus ihrer Sicht veraltete Gesetz zu überprüfen.[524] Darin hieß es (Hervorhebungen durch mich):

> Dieses bis heute gültige Gesetz räumt dem Bund das Recht ein, Grundstücke für Zwecke der Verteidigung zu beschaffen (Beschaffungsrecht). Zwar sollen die Grundstücke »nach Möglichkeit freihändig erworben werden«, ***doch kann auch eine Enteignung der Grundstücke auf Antrag des Bundes erfolgen.*** […] ***Bürgerinnen und Bürger werden*** nach dem Landbeschaffungsgesetz verfahrensmäßig erst ***beteiligt, wenn sie konkret von einer Beschaffungsmaßnahme betroffen*** sind.[525]

Weiter:

> Mehr als 20 Jahre nach dem Ende des Ost-West-Konflikts, der deutschen Wiedervereinigung sowie der damit verbundenen Verabschiedung des Vertrags über die abschließende Regelung in Bezug auf Deutschland (sogenannter Zwei-plus-Vier-Vertrag) ist es fraglich, ***ob das Landbeschaffungsgesetz in seiner jetzigen Form noch zeitgemäß ist***. Die ***Notwendigkeit***, im Rahmen von sicherheitspolitischen und militärstrategischen Erwägungen ***Grundstücke im Bundesgebiet zu enteignen***, um diese ***auswärtigen Staaten zur Verfügung zu stellen***, erschließt sich vor dem Hintergrund der Reform der deutschen Streitkräfte und der damit einhergehenden Verkleinerung sowohl der personellen Gesamtgröße als auch der Reduzierung der Bundeswehrstandorte noch weniger. Zugleich zeigen die Entwicklungen der letzten Jahre, dass insbesondere die USA und Großbritannien ihre Standorte auf dem Gebiet der Bundesrepublik weiter zusammengefasst und in Teilen verkleinert haben.[525]

Und weiter:

Dennoch zeigen Beispiele, wie der aktuelle ***Umzug des Hauptquartiers der US-Landstreitkräfte*** in Europa (USAREUR) von Heidelberg nach Wiesbaden-Erbenheim, dass das ***Landbeschaffungsgesetz den Bürgerinnen und Bürgern vor Ort kaum Handlungsspielraum einräumt, sollte eine Enteignung von Flächen für die US- Streitkräfte nötig sein.***[527]

Gemäß dem Wunsch der Grünen sollte der Bundestag prüfen, ob das Gesetz in seiner jetzigen Fassung noch geeignet und sicherheitspolitisch notwendig und zweckmäßig sei. Außerdem sollten Vorschläge erarbeitet werden, wie das Gesetz im Sinne einer angemessenen Beteiligung der Bürgerinnen und Bürger sowie von Städten und Gemeinden neu geregelt werden könnte.[528]

Der Antrag wurde jedoch entsprechend der Beschlussempfehlung des Verteidigungsausschusses abgelehnt,[529] und zwar mit den Stimmen der Fraktionen der CDU/CSU und FDP gegen die Stimmen der Fraktionen SPD und Bündnis 90/Die Grünen bei Stimmenthaltung der Fraktion Die Linke.[530]

Auch der Rechtsausschuss lehnte den Grünen-Antrag mit den Stimmen der Fraktionen der CDU/ CSU und FDP gegen die Stimmen der Fraktionen SPD und Bündnis 90/Die Grünen bei Stimmenthaltung der Fraktion Die Linke ab. Ebenso der Ausschuss für Verkehr, Bau und Stadtentwicklung mit den Stimmen der Fraktionen der CDU/CSU und FDP gegen die Stimmen der Fraktionen SPD, Die Linke und Bündnis 90/Die Grünen. Der Ausschuss für Umwelt, Naturschutz und Reaktorsicherheit ebenfalls, mit den Stimmen der Fraktionen der CDU/CSU und FDP gegen die Stimmen der Fraktionen SPD und Bündnis 90/Die Grünen bei Stimmenthaltung der Fraktion Die Linke.[531]

Die letzte Änderung des Gesetzes wurde am 31. August 2015 vorgenommen.[532]

Das LBG gilt also bis heute, was heißt: Der Bund kann Grundstücke enteignen, um diese dem Militär oder Konsulaten/Botschaften auswärtiger Staaten oder für eigene Verteidigungszwecke zur Verfügung zu stellen.

Ich möchte Ihnen ein Beispiel geben, wie das geschehen kann. Zugegebenermaßen ist der Vorgang schon etwas älter, aus dem Jahr 1987, dennoch zeigt er, wie rücksichtslos der Bund Grundstücke zum »Zwecke der Verteidigung« an sich reißen kann.

Dreißig Jahre schwebendes Enteignungsverfahren

Der Bauernhof der Familie P. in Hemer-Deilinghofen (Sauerland) war seit 400 Jahren im Familienbesitz. Doch dann meldete der Staat seinen Anspruch an, weil die Bundeswehr ohne dieses 32 Hektar große Land die Erweiterung des Truppenübungsplatzes nicht wie geplant durchführen konnte.[533]

Nicht zum ersten Mal begehrte die Obrigkeit das Gelände der Familie P. Schon die Wehrmacht Adolf Hitlers wollte dort Übungen durchführen und »bat« bereits im Jahr 1938 um die Überlassung ihres Grund und Bodens.[534] Ihnen wurde Ersatzland in den Ostgebieten nach dem Endsieg versprochen. Aber die Landwirte lehnten in weiser Voraussicht über den wohl nicht eintretenden »Endsieg« ab, während sich die meisten anderen in der Gegend auf reichlich Ackerland in der Ferne freuten.[535]

Der Streit um den Hof ging auch nach dem Krieg weiter. 1954 wurde die Bundesvermögensstelle in Hagen vorstellig, und zwar zwecks einer »Besprechung in Grundstücksangelegenheiten«. Zur Überraschung der Familie P. saßen dort wieder dieselben »Herren«, mit denen sie auch schon unter Hitler zu tun gehabt hatten. Zu welchem Zweck die »Grundstücksangelegenheiten« geregelt werden sollten, war damals noch unklar. Die Familie blieb dennoch weiter stur.[536]

Fünf Jahre später meldete der Staat seine Ansprüche wiederum an. Im Auftrag des Bundesverteidigungsministeriums beantragte die Oberfinanzdirektion Münster dann die Enteignung des Hofs, da die Bundeswehr mehr Platz brauche. Doch die Familie P. forderte ein »angemessenes« Ersatzland, und zwar das an ihren Hof grenzende Gelände. Dann kam das Enteignungsverfahren plötzlich zum Ruhen, da die Bundeswehr sich zwar entschlossen hatte, noch mehr Platz zu brauchen, aber sich zunächst um die allgemeine Landesbeschaffung kümmern wollte.[537]

Im Jahr 1975 waren die Prüfungen für die Erweiterung des Standortübungsplatzes dann endlich zum Abschluss gekommen, und das Enteignungsverfahren begann erneut. Aber nun stand kein entsprechendes Ersatzland mehr zur Verfügung. Familie P. widersetzte sich ein weiteres Mal. Im Juni 1982 stellte der Postbote letztlich den Enteignungsbeschluss für den Hof zu. Der Widerspruch wurde zurückgewiesen.[538]

Familie P. kritisierte das »militärische« Enteignungsverfahren, das stets vom »Mantel der Geheimhaltung« zugedeckt gewesen sei. Nicht nur die Begründung des Landbedarfs, sondern auch große Teile des Verfahrens seien für den betroffenen Bürger kaum nachvollziehbar und wurden als »interne Planungen« definiert. Zudem gewährte keine Bank bei einem schwebenden Enteignungsverfahren (immerhin 30 Jahre lang!) ihnen einen Kredit.[539]

Wollseifen - ein Dorf wird ausradiert

Was Anwohnern eines Truppenübungsplatzes - vor allem den Eigentümern von Immobilien und Grundstücken - passieren kann, beschreibe ich nun am Beispiel des ehemaligen Truppenübungsplatzes Vogelsang (Wollseifen/Dreiborn/NRW). Die Ereignisse liegen zwar ebenfalls schon ein wenig zurück, aber am Recht der alliierten Siegermächte, hierzulande Truppenübungsplätze zu unterhalten, hat sich seither nicht viel geändert.[540] Denn das NATO-Truppenstatut zeigt, dass bis heute die Streitkräfte der Vereinigten Staaten mehr als 500 Quadratkilometer (!) deutschen Grund und Boden für ihre Truppen »besetzen«.[541] Gegenwärtig sind das vor allem folgende US-Stützpunkte:

- Stuttgart-Vaihingen: Hauptquartier der US-Gesamtstreitkräfte für den Aufgabenbereich Europa (EUCOM)
- Stuttgart-Möhringen: Hauptquartier der US-Gesamtstreitkräfte für den Aufgabenbereich Afrika (mehrere Tausend US-Soldaten)
- Wiesbaden-Erbenheim: Hauptquartier der US-Heeresstreitkräfte in Europa (2000 US-Soldaten)
- Ramstein: Hauptquartier der US-Luftwaffe in Europa (8000 US-Soldaten)
- Böblingen: Hauptquartier der US-Marineinfanterie in Europa und Afrika
- Landstuhl: Lazarett der US-Heeresstreitkräfte
- Geilenkirchen: NATO Air Base (Standort: AWACS-Flugzeuge)[542]
- Kalkar: Joint Air Power Competence Center der NATO
- Ulm: Unterstützungs- und Nachschubkommando der NATO
- Kiel: NATO-Exzellenzzentrum
- Ingolstadt: NATO-Exzellenzzentrum[543]

Dazu gibt es noch US-Militäreinrichtungen in ***Illesheim*** (1000 US-Soldaten); ***Ansbach*** (2000 US-Soldaten); ***Vilseck*** (5000 US-Soldaten); ***Grafenwöhr*** (3000 US-Soldaten); ***Hohenfels*** (1000 US-Soldaten); ***Kaiserslautern*** (2500 US-Soldaten); ***Spangdahlem*** (3000 US-Soldaten) und ***Baumholder*** (2000 US-Soldaten).[544]

Wie Sie sehen, »besitzen« unsere »Verbündeten« oder unsere »Besatzungsmächte« (bis 1990 galt offiziell das »Besatzungsrecht« in der BRD) 75 Jahre nach Ende des Zweiten Weltkrieges immer noch deutschen Grund und Boden. Zwar hat der US-Präsident gegen den Widerstand seiner Militärs angekündigt, seine Streitkräfte in der BRD um 9500 Mann zu reduzieren, trotzdem wären hier dann immer noch 24 500 Soldaten stationiert. Mit den rund 17 000 amerikanischen Zivilisten im Dienst der US-Streitkräfte läge die Zahl sogar bei 41 500.[545]

Unglaubliche Duckmäuserei: Ende Juli 2020 »kämpften« die vier Ministerpräsidenten Markus Söder (CSU), Winfried Kretschmann (Grüne), Volker Bouffier (CSU) und Malu Dreyer (SPD) für den Verbleib der Besatzungstruppen in Deutschland. Gemeinsam richteten sie ein Schreiben an dreizehn US-Senatoren und Kongressabgeordnete und baten um die fortdauernde Stationierung der 9500 Soldaten in Deutschland.[546] Ist das noch zu glauben?

Hintergrund: Das NATO-Truppenstatut

Am 1. Juli 1963 traten für die Bundesrepublik Deutschland das »Abkommen zwischen den Parteien des Nordatlantikvertrages über die Rechtsstellung ihrer Truppen« (NATO-Truppenstatut, NTS) und das Zusatzabkommen zu diesem Abkommen (Zusatzabkommen zum NATO-Truppenstatut, ZA-NTS) in Kraft.[547]

Um der seit der deutschen Einheit entstandenen veränderten Lage zu entsprechen, wurde am 18. März 1993 das »Abkommen zur Änderung des ZA-NTS« von den **sechs Staaten, die Truppen auf Dauer in Deutschland stationiert** haben **(Belgien, Frankreich, Großbritannien, Kanada, die Niederlande und die Vereinigten Staaten von Amerika)**, und der Bundesrepublik Deutschland unterzeichnet und trat am 29. März 1998 in Kraft. Grund: Durch den »Vertrag über die abschließende Regelung in bezug auf Deutschland« (Zwei-plus-Vier-Vertrag) vom 12. September 1990 war das bis **dahin fortgeltende Besatzungsrecht** abgelöst.[548]

Die Wissenschaftlichen Dienste des Deutschen Bundestages schreiben (Hervorhebungen durch mich):

> ***Ausländische*** *Truppenverbände, die sich mit der Einwilligung eines anderen Landes auf dessen Staatsgebiet aufhalten, werden nach den allgemeinen Regeln des Völkerrechts als* ***nationale Organe des Entsendestaates behandelt****, wenn sie nicht in die militärische Organisation des Aufnahmestaates integriert oder supranational sind. Sie* ***genießen*** *kraft Völkergewohnheitsrechts bei ihren hoheitlichen Maßnahmen* ***Immunität von der Jurisdiktion und der sonstigen Hoheitsgewalt des Aufnahmestaates****, soweit der Entsendestaat nicht auf die Immunität verzichtet hat. Mit der Zulassung fremder Streitkräfte verzichtet der Aufnahmestaat nach den allgemeinen Regeln des Völkerrechts auf die Ausübung seiner souveränen Rechte insoweit, als die Wahrung der Disziplin und Kampfbereitschaft des militärischen Verbandes dies erfordern. […]* ***Vollstreckungsmaßnahmen*** *gegen die* ***Stationierungsstreitkräfte*** *als Organe der Entsendestaaten* ***kommen ebenso wenig in Betracht****, wie auch gegenüber der Bundeswehr hoheitliche Vollstreckungsmaßnahmen ausscheiden. […]* ***Truppenübungsplätze, Luft-/Boden-Schießplätze, Standortübungsplätze und Standortschießanlagen*** *sind den [ausländischen; MGR]* ***Entsendestreitkräften teilweise zur ausschließlichen Benutzung überlassen.***[549]

Als »Otto Normalverbraucher« haben Sie so gut wie keine Chance, sich dagegen zu wehren. Ich möchte dazu noch einmal die Wissenschaftlichen Dienste des Bundestags zitieren (Hervorhebungen durch mich):

> ***Gegen rechtswidrig verwirklichte Vorhaben der Stationierungsstreitkräfte*** *bleibt den Betroffenen* ***die Klage auf diplomatischen Schutz****. Es kann nicht ausgeschlossen werden, dass die [ausländischen; MGR]* ***Streitkräfte*** *aufgrund einer anderen Einschätzung der*

> *völkervertraglichen Anforderungen an* ***eine Maßnahme die Erforderlichkeit einer deutschen Genehmigung verneinen****, etwa weil sie den Vorbehalt nach der zweiten Alternative ... weit auslegen.*[550]

Demzufolge bleibt dem Dritten »***keine andere Möglichkeit****, als die* ***Bundesregierung*** *nach den Regeln des* ***Auslandsschutzes*** *. . mit dem* ***Ziel zu verklagen, Verhandlungen mit den Stationierungsstreitkräften aufzunehmen***«.[551]

Für **bereits bestehende Anlagen** und Nutzungen kann man übrigens »mangels einer nachträglichen Genehmigungsbedürftigkeit« in »keinem Fall« vorgehen. Denn: »*Die zuständigen Fachbehörden* ***müssen*** *den Bestandsschutz der* ***ungenehmigten*** *Anlagen* ***respektieren*** *und können nicht auf Erlass einer Untersagungsverfügung wegen der Illegalität der Maßnahme verurteilt werden.*«[552]

Realistisch gesehen: Die Alliierten auf deutschem Boden sind mit ihren Truppenübungsplätzen und Anlagen weitgehend unangreifbar und genießen zudem Immunität.

Meine Frage hierzu: Sieht so wirklich die »echte« Souveränität Deutschlands aus, wie man sie uns immer wieder politisch korrekt »verkaufen« will? Vergleichen Sie dazu auch das Buch *Besatzungszone. Wie und warum die USA noch immer Deutschland kontrollieren* von Peter Orzechowski, der zu diesem umstrittenen Thema die Fakten recherchiert hat.[553]

Zurück zum Dorf Wollseifen: Einstmals erbauten die Nationalsozialisten dort einen Übungsplatz. Ausgangspunkt war die NS-Ordensburg Vogelsang, die von der Deutschen Arbeitsfront (DAF) als Ausbildungsstätte für Parteiführer angelegt worden war, nebst 282 Hektar Gelände und einem Flugplatz von etwa 80 Hektar für die Fliegerausbildung.[554]

Nach Einmarsch der alliierten Truppen wurde die Burg als Truppenunterkunft und das umliegende Gelände mit dem Ort Wollseifen bis zum Ort Dreiborn als »Schieß- und Übungsplatz-Sperrgebiet« in Anspruch genommen.[555]

Am 13. August 1946 forderte die britische Militärverwaltung die etwa 120 Familien des Ortes Wollseifen (ca. 500 Einwohner, Teil der

Gemeinde Dreiborn) auf, das Dorf innerhalb von 21 Tagen zu räumen, damit die Armee das Gelände für einen Truppenübungsplatz nutzen konnte.

Die Menschen verloren dadurch nicht nur ihre Wohnung, sondern auch ihren Arbeitsplatz, da sie von der Landwirtschaft lebten. Doch das war den Briten egal: Am 1. September 1946 wurde Wollseifen kurzerhand zum Sperrgebiet erklärt.[556] Dazu gehörten ein Sicherheitsgebiet und ein Gelände zum Schießen mit Infanteriewaffen und Granatwerfern. Hinzu kam ein Aufmarschgebiet.

Im Jahr 1950 übergaben die Briten den Truppenübungsplatz den belgischen Streitkräften.[557] 1954 wurde Wollseifen zweimal wöchentlich, vom etwa 23 Kilometer entfernten belgischen Truppenübungsplatz Elsenborn aus, mit Artillerie beschossen, wobei die Kirche und der Friedhof stark zerstört wurden. Die Gräber konnten hinterher nicht mehr gepflegt werden, und die Toten wurden 1955 auf die Friedhöfe der umliegenden neuen Wohnorte der ehemaligen Bewohner umgebettet.[558] Das Dorf war damit de facto »ausradiert«.

Die damalige Bundesvermögensverwaltung kaufte eine große Anzahl von Einzelparzellen auf und stellte wegen der restlichen Parzellen Enteignungsanträge beim Regierungspräsidenten in Aachen. Die Bauern von den betroffenen »Schießplatzdörfern« (Schöneseiffen, Dreiborn, Herhahn, Morsbach, Berescheid, Harperscheid, Bronsfeld, Ettelscheid, Scheuren) erhielten nach der Beschlagnahme ihrer Grundstücke Entschädigungen für ihren Nutzungsausfall.[559] Aber viele Eigentümer fühlten sich benachteiligt. Kurios und heute nicht denkbar: Die Landwirte durften »auf eigenes Risiko« ihre Felder weiter bestellen. Mit ihren Treckern fuhren sie nach Schluss der täglichen Militärübungen auf ihre Felder.[560]

Neben dem partiellen Ernteausfall war die Belastung groß. Denn im Aufmarschgebiet entstanden auf den Straßen und Wegen erhebliche Schäden durch Panzer. Ebenso in den Ortschaften durch Staub oder Schlamm sowie durch Lärm und Erschütterungen. Übungen wurden auch nachts durchgeführt, und bei Gefechten wurden manche Dorfbereiche nicht ausgespart. Die Störungen führten zu häufigen Beschwerden, Protestversammlungen und zur Verbitterung der Bevölkerung. Die Klagen wurden besonders lebhaft, als den verbliebenen Bauern im Umfeld des Truppenübungsplatzes die Bewirtschaftung der Felder nicht mehr im früheren Umfang gestattet wurde und durch die Panzer größere Schäden an den bestellten Feldern eintraten.[561]

Noch 2001 trainierte auf dem Gelände des ehemaligen Dorfs Wollseifen die belgische Armee für den Kosovo-Einsatz und errichtete zahlreiche Kulissenhäuser, um den Häuserkampf üben zu können. Schließlich wurde der Truppenübungsplatz am 1. Januar 2006 vom belgischen Militär aufgegeben. Seit dieser Zeit gehört das Gebiet dem Nationalparkforstamt Eifel.[562]

Weitere Beispiele für »militärische« Enteignungen

Auch bei der Erweiterung des Truppenübungsplatzes Baumholder in Rheinland-Pfalz kam es zu einer Enteignung, wie das Bundesverteidigungsministerium damals bestätigte:

> Im Bereich Zaubach ist es nur zu einem Enteignungsverfahren über ein Grundstück … gekommen; vor Abschluss des Verfahrens konnte aber eine Einigung mit dem Eigentümer erreicht werden.[563]

Bis zu ihrem Abzug war auf dem Truppenübungsplatz Lavesum (Münsterland) die Britische Armee stationiert. Die Landwirte hatten bereits vor dem Bau des militärischen Übungsgeländes ihre Grundstücke billig verkaufen »müssen«, um einer Enteignung zuvorzukommen.[564] Mit Enteignungen wurde auch beim Truppenübungsplatz der US-Armee in Grafenwöhr gedroht.[565]

Es gibt noch viele weitere Beispiele, aber ich denke, anhand der genannten können Sie den Ablauf erkennen. Eng verzahnt mit dem *Landbeschaffungsgesetz* ist das *Schutzbereichgesetz*.

KAPITEL 9

Wenn die Soldaten kommen (2) – Enteignungen nach dem *Schutzbereichgesetz*

Das *Schutzbereichgesetz*, eigentlich: *Gesetz über die Beschränkung von Grundeigentum für die militärische Verteidigung*, ist ebenfalls ein Gesetz aus den 1950er-Jahren, genauer gesagt von 1956.[566] Um es vorwegzunehmen: Ja, es gilt auch heute noch. Es trifft Regelungen für Gebiete, die für Verteidigungszwecke genutzt werden können – auch von Streitkräften ***auswärtiger*** Staaten in der Bundesrepublik Deutschland.

Was »Schutzbereiche« sind, erläutert § 1 *Schutzbereichgesetz* (Hervorhebungen durch mich):

1) Ein Schutzbereich ist ein Gebiet, in dem ***die Benutzung von Grundstücken*** auf Grund besonderer ***Anordnung der zuständigen Bundesbehörde für Zwecke der Verteidigung***, insbesondere auch, um die Verpflichtungen des Bundes aus ***zwischenstaatlichen Verträgen über die Stationierung und Rechtsstellung von Streitkräften auswärtiger Staaten*** im Bundesgebiet zu erfüllen, nach Maßgabe dieses Gesetzes beschränkt ist.
2) Der ***Schutzbereich*** dient zum ***Schutz und zur Erhaltung der Wirksamkeit von Verteidigungsanlagen***.
3) Soll ein Gebiet zum Schutzbereich erklärt werden, so ist die Landesregierung zu hören, die nach Anhörung der betroffenen Gemeinde (Gemeindeverband) unter angemessener Berücksichtigung der Erfordernisse der Raumordnung, insbesondere der Interessen des Städtebaus und des Naturschutzes und der Landschaftspflege sowie der landwirtschaftlichen und wirtschaftlichen Interessen, zu dem Vorhaben Stellung nimmt. Will der Bundesverteidigungsminister von dieser Stellungnahme abweichen, so unterrichtet er die betreffende Landesregierung vor seiner Entscheidung.
4) Ein Gebiet darf zum Schutzbereich nur erklärt werden, wenn der mit dem Schutzbereich erstrebte Erfolg auf andere Weise nicht oder nicht rechtzeitig oder nur mit unverhältnismäßigen Mitteln erreicht werden kann.[567]

Der Schutzbereich wird durch »Anordnung« erlassen (§ 2) und die landwirtschaftliche Nutzung »beschränkt« (§ 4). Zudem ist es verboten, die Anlagen auf diesem Gebiet ganz oder teilweise ohne Genehmigung zu fotografieren oder Zeichnungen, Skizzen oder andere bildliche Darstellungen davon anzufertigen (§ 5).[568]

Für Grundstückseigentümer dürfte Paragraf 6 interessant sein (Hervorhebungen durch mich):

1) Soweit es zur Erreichung der Zwecke des Schutzbereichs erforderlich ist, haben die ***Eigentümer von Grundstücken*** innerhalb des Schutzbereichs und die anderen Berechtigten auf Verlangen der zuständigen Behörde zu ***dulden***, dass
   1. ***bauliche und andere Anlagen errichtet, unterhalten oder beseitigt werden,***
   2. ***Wald oder anderer Aufwuchs angepflanzt oder beseitigt wird.***
2) Bei ***Beseitigung oder Räumung von Wohnungen*** ist den Bewohnern eine ***angemessene Räumungsfrist*** zu gewähren. Die ausreichende anderweitige Unterbringung muss gesichert sein.[569]

Die Grundstücke unterstehen dann dem Bundesamt für Infrastruktur, Umweltschutz und Dienstleistungen der Bundeswehr. Der Bundesminister der Verteidigung kann aber Aufgaben der Schutzbereichbehörden auf die unteren Behörden der Bundeswehrverwaltung übertragen (§ 9). Deren Beauftragte dürfen Grundstücke betreten, die zum Schutzbereich gehören oder für die Erklärung zum Schutzbereich in Betracht kommen. Wohnungen dürfen nur in dringenden Fällen betreten werden, aber es besteht die Möglichkeit dazu.[570]

Die Paragrafen 12 bis 16 regeln die Entschädigung: Für »Vermögensnachteile« ist eine »angemessene Entschädigung in Geld« zu leisten. Hierbei ist die entzogene Nutzung, die Beschädigung oder Zerstörung einer Sache »unter Abwägung der Interessen der Allgemeinheit und der Beteiligten« zu berücksichtigen.[571]

Kurios: Der Eigentümer kann sich auch »selbst« enteignen, siehe Paragraf 15 (Hervorhebungen durch mich):

1) Wird dem Eigentümer durch eine Einwirkung nach diesem Gesetz die wirtschaftliche ***Nutzung des Grundstücks*** nicht ***nur vorübergehend***

> ***unzumutbar*** erschwert, so kann er die ***Entziehung des Eigentums am Grundstück*** verlangen.[572]

Zahlungspflichtig ist in der Regel der Bund. Aber wenn der Schutzbereich aufgrund der Verpflichtungen des Bundes aus zwischenstaatlichen Verträgen über die Stationierung und die Rechtsstellung von Streitkräften auswärtiger Staaten im Bundesgebiet errichtet wird, so entsteht die Zahlungspflicht aus diesen Verträgen heraus (§ 16).[573]

Wenn eine Einigung über die Entschädigung nicht zustande kommt, so setzt diese die Festsetzungsbehörde fest (§ 19). Der Eigentümer kann innerhalb von 2 Monaten dagegen klagen. Für die Klage ist ausschließlich das Landgericht zuständig, ohne Rücksicht auf den Wert des Streitgegenstands. Rechtsstreitigkeiten, welche Entschädigungen betreffen, für die nach zwischenstaatlichen Verträgen nicht der Bund zahlungspflichtig ist, werden vom Bund im eigenen Namen geführt, der insoweit für die Erfüllung der Verbindlichkeiten einsteht (§ 25).[574]

Wenn Grundstücke allerdings von den Streitkräften des Vereinigten Königreichs von Großbritannien und Nordirland, der Vereinigten Staaten von Amerika oder der Französischen Republik zu Schutzbereichen in Anspruch genommen werden, so gelten diese über die in Artikel 48 des Vertrages über die Rechte und Pflichten ausländischer Streitkräfte und ihrer Mitglieder in der Bundesrepublik Deutschland (Truppenvertrag, siehe oben) und in den dazu ergangenen Gesetzen bestimmte Frist hinaus bis zu 6 Monate nach Inkrafttreten des *Schutzbereichgesetzes* als Schutzbereiche im Sinne dieses Gesetzes hinaus (§ 28).

Paragraf 33 des *Schutzbereichgesetzes* schränkt zudem das Grundrecht nach Artikel 13 *Grundgesetz* ein. Dieser lautet, die Wohnung ist unverletzlich, und Durchsuchungen müssen richterlich angeordnet* werden.[575]

* Außer bei »Gefahr im Verzug«.

KAPITEL 10

Wenn Kriege oder Katastrophen ausbrechen – So kann das Militär Ihr Eigentum beschlagnahmen

Was ist ein »Notstand«?

Wir leben in Deutschland nicht auf einer Insel der Glückseligen. Kriege, Unglücke und Katastrophen, aber auch Pandemien, wie wir erst kürzlich leidvoll erfahren mussten, können jederzeit über uns hereinbrechen. Wir kennen hierzulande vor allem Hochwasser, Flut und Erdbeben. Gerade Letztere kommen unangekündigt, oft in der Nacht oder am frühen Morgen, und können verheerende Auswirkungen haben.

Wie ich eines der stärksten Erdbeben in Deutschland miterlebte

Ich lebe in einem der gefährlichsten Erdbebengebiete in Deutschland: auf der südwestlichen Schwäbischen Alb. Ganz gut kann ich mich noch an den 3. September 1978 erinnern. Damals war ich 15 Jahre alt. Es war ein Sonntag. Um 6 Uhr morgens bebte die Erde. Normalerweise war das nicht so schlimm, denn ich bin mit Erdbeben aufgewachsen. Aber dieses war so stark, wie ich es noch nie erlebt hatte.

Ich lag noch im Bett, als ein lauter Donnerschlag mich jäh aus meinem Schlaf riss. Sekundenlang rumpelte und schüttelte es so heftig, dass ich auf meiner Matratze regelrecht hin und her geworfen wurde. Die Schubladen meines Schreibtisches fuhren auf. Auch die Kleiderschranktüren öffneten sich. Putz rieselte von der Decke. Lautes Krachen um mich herum. Möbel und Regale wackelten. Die Fensterscheiben klirrten. Ich müsste lügen, wenn ich nicht zugeben würde, dass ich in diesem Moment Angst verspürte.

Wie ich es in der Schule gelernt hatte, sprang ich blitzschnell aus dem Bett und stellte mich unter den Türrahmen. Meine Eltern und mein Bruder taten dasselbe. Als das Beben abklang, atmeten wir erst einmal tief durch.

Draußen bot sich uns ein Bild des Schreckens: Auf der Straße standen Menschen, oft nur im Schlafanzug, und sahen ratlos umher. Teilweise waren Dächer abgedeckt. Zersplitterte Ziegel lagen in den Gärten oder auf den Gehwegen. Vereinzelt waren Kamine heruntergestürzt.

Das Dach des Hauses meines Großvaters war fast komplett abgedeckt worden. Wir fuhren hin, um zu helfen. Glücklicherweise war das Gebäude eingerüstet, weil es neu renoviert werden sollte. So konnten wir die Dachziegel wieder an Ort und Stelle schaffen. Doch als wir auf dem Gerüst standen, bebte die Erde erneut. Es war inzwischen 11 Uhr, und das Nachbeben war ziemlich stark. Gott sei Dank ist niemand etwas passiert. Auf dem Weg zurück war die ganze Stadt abgeriegelt. Gasalarm, weil Rohre geplatzt waren. Niemand durfte mehr nach Hause. Doch wir kannten einen Schleichweg durch den Wald.

An diesem denkwürdigen Tag kamen viele schaulustige Touristen in die Stadt. Ein Mann kam zu Tode, weil er bei einem Nachbeben (von denen es übrigens noch sehr viele gab) aus Neugier in einem abbruchreifen Haus herumging und von herabstürzenden Teilen erschlagen wurde.

Die Stärke des Erdbebens wurde mit 5,7 auf der Richterskala angegeben. Die Erschütterungen waren im Umkreis von 400 Kilometern noch deutlich zu spüren. Es war das zweitstärkste Erdbeben in diesem Gebiet seit 100 Jahren.

Die Folgen: Manche Menschen hatten während des Bebens Schwierigkeiten, stehen zu bleiben. Möbel wurden verrückt und Gegenstände aus den Regalen geworfen. Viele Häuser wiesen tiefe Risse auf. Einige gut gebaute Gebäude zeigten Versagensschäden von Wänden. Schwache, ältere Gebäude drohten einzustürzen. In manchen Straßen* der Stadt lagen riesige Industrieschornsteine, die zusammengestürzt waren. Teilweise sah es aus wie nach einem Bombenangriff.

Der Sachschaden an den Gebäuden betrug 275 Millionen Mark – für damalige Verhältnisse eine gigantische Summe. Heute würden wir von Milliardenschäden sprechen. Die letzten Erdbeben erlebte ich übrigens im Frühjahr 2020.

Sie sehen, Katastrophen können jederzeit über uns hereinbrechen. Einfach so – und ohne Ankündigung. Gegen Reaktorunglücke, Hoch-

---

* Vor allem Richtung Bahnhof.

wasser, Sturmfluten, militärische Konflikte oder innere Unruhen sind wir nicht gefeit. Auch der Ausbruch von Seuchen gehört dazu. Können Gegebenheiten mit normalen Mitteln nicht mehr behoben werden, kann die Regierung den sogenannten »Notstand« ausrufen. So stellte sich auch die *Tagesschau* Mitte März 2020 die Frage: »Notstandsgesetze wegen Coronavirus?«[576]

Notstand – öffentliches Recht

Seit Ende der 1950er-Jahre wurden in der Bundesrepublik Pläne diskutiert, das *Grundgesetz* durch die Einfügung von Notstandsartikeln für einen etwaigen Krisen- oder Kriegsfall tauglich zu machen. Wegen des obrigkeitsstaatlichen Duktus der ersten Gesetzentwürfe entwickelte sich jedoch eine heftige innenpolitische Debatte. Jahrelange parlamentarische Beratungen folgten.[577]

Im öffentlichen Recht bedeutet »Notstand« eine Störung des staatlichen Lebens, die mit den in der Verfassung vorgesehenen normalen Mitteln nicht mehr behoben werden kann. Das *Grundgesetz* unterscheidet den äußeren und den inneren Notstand, zu dessen Abwehr Maßnahmen des Verteidigungs-, Spannungs- und Katastrophenfalles möglich sind.[578]

Hintergrund: Spannungs- und Verteidigungsfall

Der Spannungsfall ist ein Zustand erhöhter internationaler Spannung, der einen Angriff auf die BRD befürchten lässt.[579] Der Spannungsfall ist de facto die Vorstufe des Verteidigungsfalls und geht mit der Erhöhung der militärischen Alarmstufe einher.

Der Verteidigungsfall ist so definiert: »… dass das Bundesgebiet mit Waffengewalt angegriffen wird oder ein solcher Angriff unmittelbar droht«.[580]

Am 24. Juni 1968 wurde für die *Notstandsgesetze* durch die sogenannte Notstandsverfassung[581] schließlich bundesweit eine umfassende Regelung geschaffen. Diese sollte die Handlungsfähigkeit des Staates in Krisensituationen (Naturkatastrophe, Aufstand, Krieg) abschließend sichern.[582]

Unterzeichnet wurden die *Notstandsgesetze* von:

- Heinrich Lübke (CDU, Bundespräsident)
- Kurt Georg Kiesinger (CDU, Bundeskanzler)
- Ernst Benda (CDU, Bundesminister des Innern)
- Willy Brandt (SPD, Bundesminister des Auswärtigen)
- Gustav Heinemann (SPD, Bundesminister der Justiz)
- Hans Katzer (CDU, Bundesminister für Arbeit und Sozialordnung)
- Gerhard Schröder (CDU, Bundesminister der Verteidigung)*
- Carlo Schmid (SPD, Bundesminister für Angelegenheiten des Bundesrates und der Länder).[583]

Die erforderliche Zweidrittelmehrheit der Großen Koalition (CDU/CSU/SPD) kam unter dem damaligen Bundeskanzler Kurt Georg Kiesinger zustande. Die FDP stimmte gegen die *Notstandsgesetze,* denn sie fürchtete einen Eingriff in die Grundrechte der Bürgerinnen und Bürger.[584] Andere Parteien gab es damals noch nicht im Deutschen Bundestag.

Die *Notstandsgesetze* gelten auch heute noch.[585] Sie unterscheiden zwischen dem ***äußeren Notstand*** (zum Beispiel eine militärische Bedrohung) und dem ***inneren Notstand*** (zum Beispiel Terror oder Katastrophenfälle).

Die Bundesregierung kann, wenn es zur Gefahrenabwehr nötig ist, den Landesregierungen Weisungen erteilen. Damit würde sie in die Rechte der Länder eingreifen. Das kann unter Umständen sogar so weit gehen, dass die Polizeien der Länder dem Bund unterstellt werden können.[586]

Das *17. Gesetz zur Ergänzung des Grundgesetzes* (*Notstandsgesetze*) beinhaltet u. a.:

- Die Grundrechte können eingeschränkt werden. Hiervon betroffen sind das Brief-, Post- und Fernmeldegeheimnis (GG Artikel 10) sowie die Freizügigkeit (GG Artikel 11).

---

* Es handelte sich dabei nicht um den späteren Bundeskanzler Gerhard Schröder von der SPD.

Einschub: Artikel 11 GG (Hervorhebungen durch mich):

1) Alle Deutschen genießen Freizügigkeit im ganzen Bundesgebiet.
2) Dieses ***Recht darf*** nur durch Gesetz oder auf Grund eines Gesetzes und nur für die Fälle ***eingeschränkt werden***, in denen eine ausreichende Lebensgrundlage nicht vorhanden ist und der Allgemeinheit daraus besondere Lasten entstehen würden oder in denen es zur ***Abwehr einer drohenden Gefahr*** für den Bestand oder die freiheitliche demokratische Grundordnung des Bundes oder eines Landes, zur ***Bekämpfung von Seuchengefahr, Naturkatastrophen*** oder besonders ***schweren Unglücksfällen***, zum Schutze der Jugend vor Verwahrlosung oder um strafbaren Handlungen vorzubeugen, erforderlich ist.[587]

Wie in Artikel 11 GG beschrieben, wurde unsere Freizügigkeit aufgrund der Corona-Pandemie dann auch drastisch eingeschränkt.

- Zwangsarbeit ist bei einer gerichtlich angeordneten Freiheitsentziehung zulässig (GG Artikel 12 Abs. 3). → ***Das bedeutet:*** Man kann Sie im Gefängnis zu Zwangsarbeit zwingen.
- Kann im Verteidigungsfalle der Bedarf im zivilen Sanitäts- und Heilwesen sowie in der ortsfesten militärischen Lazarettorganisation nicht gedeckt werden, so können Frauen vom vollendeten achtzehnten bis zum vollendeten fünfundfünfzigsten Lebensjahr herangezogen werden (GG Artikel 12a Abs. 4). → ***Das bedeutet:*** Man kann Frauen auch heute noch zum Sanitätsdienst bis zu einem Alter von 55 Jahren verpflichten.

Einschub: Am 17. Februar 2005 wurde das Einberufungshöchstalter für den Spannungsfall durch die Änderung von Paragraf 3 *Wehrpflichtgesetz* durch Artikel 1 des *Streitkräftereserve-Neuordnungsgesetzes*[588] von 45 auf 60 Jahre heraufgesetzt.[589]

- Gegen jeden, der es unternimmt, die Verfassung der BRD zu beseitigen, haben alle Deutschen das Recht zum Widerstand, wenn andere Abhilfe nicht möglich ist (GG Artikel 20 Abs. 4). → ***Das bedeutet:*** Jeder Deutsche kann gegen Aufständische vorgehen.
- Die Bundesregierung kann Soldaten bei der Bekämpfung organisierter und militärisch bewaffneter Aufständischer einsetzen (GG Artikel 87a Abs. 4). → ***Das bedeutet:*** Auch die Bundeswehr kann in die Bundesländer einrücken.
- Soweit es die Verhältnisse während des Verteidigungsfalles erfordern, kann durch *Bundesgesetz für den Verteidigungsfall* bei Enteignungen abweichend von GG Artikel 14 Abs. 3 Satz 2[590] die Entschädigung vorläufig geregelt werden (GG Artikel 115c Abs. 2.1)[591] → ***Das bedeutet:*** Enteignungen können schneller durchgeführt werden.
- Für Freiheitsentziehungen gilt im Verteidigungsfall eine von GG Artikel 104 Abs. 2 Satz 3[592] und Abs. 3 Satz 1[593] abweichende Frist, höchstens jedoch eine solche von 4 Tagen, die für den Fall festgesetzt werden kann, dass ein Richter nicht innerhalb der für Normalzeiten geltenden Frist tätig werden konnte (Artikel 115c Abs. 2.2).[594] → ***Das bedeutet:*** Verdächtige können anstatt eines Tages bis zu 4 Tage von der Polizei in Arrest genommen werden, bevor ein Richter über das weitere Vorgehen entscheidet.[595]

Zudem regeln die *Notstandsgesetze* auch den Eintritt des »Verteidigungsfalles«, den ich im nächsten Abschnitt bespreche.

Requirierung

Wohl niemand kann einen militärischen Konflikt in Deutschland zu »100 Prozent« ausschließen. Zwar ist dies für die meisten sehr unwahrscheinlich, aber es ist dennoch möglich.

Auch im Falle eines Krieges, Bürgerkrieges oder bei inneren Unruhen kann man Ihr Eigentum beschlagnahmen. Das nennt man dann »Requirierung« oder »Requisition«. In der Geschichte war und ist es eine »alte« soldatische Tradition, dass feindliche Soldaten sich alles von den Zivilisten nehmen, was sie brauchen. »Plündern« nennt man das auch landläufig, woran auch völkerrechtliche Abmachungen[596] nicht viel änderten, schon gar nicht, wenn die Kriege länger andauerten.[597]

Nach Artikel 52 der Haager Landkriegsordnung von 1899 muss bei Requisitionen allerdings eine Entschädigung erfolgen.[598] Das Genfer Abkommen schränkte die Requisition in einem Zusatzprotokoll im Jahr 1949 weiter ein:[599] Eine Requisition von Gegenständen ziviler Organisationen darf demnach nur erfolgen, wenn sie nicht zum Nachteil von Zivilisten geschieht, wenn die requirierten Güter für die Bedürfnisse anderer Zivilisten benötigt werden und wenn die Requisition nur so lange anhält, wie die Notwendigkeit besteht.[600] Unberührt von diesem Völkerrecht ist aber das Recht von Streitkräften, auf *eigenem* Staatsgebiet ziviles Eigentum bei Bedarf zu requirieren. Das gilt bis heute.

Unser *Grundgesetz* kennt keinen Kriegszustand. Nur den Spannungs- und den Verteidigungsfall (siehe oben). Doch wann diese beginnen, ist nicht eindeutig festgelegt. In § 115a GG heißt es lediglich (Hervorhebungen durch mich):

1) Die ***Feststellung, dass das Bundesgebiet mit Waffengewalt angegriffen wird*** oder ein solcher Angriff unmittelbar droht ***(Verteidigungsfall),*** trifft der ***Bundestag mit Zustimmung des Bundesrates.*** Die ***Feststellung erfolgt auf Antrag der Bundesregierung*** und ***bedarf einer Mehrheit von zwei Dritteln*** der abgegebenen Stimmen, ***mindestens der Mehrheit der Mitglieder*** des Bundestages.
2) ***Erfordert die Lage*** unabweisbar ein ***sofortiges Handeln*** und stehen einem rechtzeitigen Zusammentritt des Bundestages unüberwindliche Hindernisse entgegen oder ist er nicht beschlussfähig, so ***trifft der Gemeinsame Ausschuss*** [»Notparlament«, siehe unten; MGR] ***diese Feststellung mit einer Mehrheit von zwei Dritteln*** der abgegebenen Stimmen, ***mindestens der Mehrheit seiner Mitglieder.***
3) Die ***Feststellung wird vom Bundespräsidenten*** gemäß Artikel 82 im Bundesgesetzblatte ***verkündet.*** Ist dies ***nicht rechtzeitig möglich,*** so ***erfolgt die Verkündung in anderer Weise;*** sie ist im Bundesgesetzblatte nachzuholen, sobald die Umstände es zulassen.
4) Wird das ***Bundesgebiet mit Waffengewalt angegriffen*** und sind die zuständigen ***Bundesorgane außerstande, sofort die Feststellung*** nach Absatz 1 Satz 1 ***zu treffen,*** so gilt diese ***Feststellung als getroffen*** und als zu dem Zeitpunkt verkündet, ***in dem der Angriff begonnen*** hat. Der Bundespräsident gibt diesen Zeitpunkt bekannt, sobald die Umstände es zulassen.

5) Ist die ***Feststellung des Verteidigungsfalles verkündet*** und wird das Bundesgebiet mit Waffengewalt angegriffen, so ***kann der Bundespräsident völkerrechtliche Erklärungen über das Bestehen des Verteidigungsfalles mit Zustimmung des Bundestages abgeben***. Unter den Voraussetzungen des Absatzes 2 tritt an die Stelle des Bundestages der Gemeinsame Ausschuss.[601]

Anders als in den Vereinigten Staaten geht das Oberkommando über die Streitkräfte hierzulande nicht auf den Bundespräsidenten über, sondern auf den Bundeskanzler.[602] Aber bis heute kennt Artikel 115b keine Bundeskanzler***in***:

> Mit der Verkündung des Verteidigungsfalles geht die Befehls- und Kommandogewalt über die Streitkräfte auf den Bundes***kanzler*** über.[603]

Die Bundeswehr darf nach unserer Verfassung nur zur Verteidigung eingesetzt werden, etwa zum Schutz für zivile Objekte, zur Verkehrsregelung und zur Unterstützung polizeilicher Maßnahmen. Ebenso bei der Bekämpfung organisierter oder militärisch bewaffneter Aufständischer.[604]

Das »Notparlament« (»Gemeinsamer Ausschuss«) nach Artikel 115a GG (siehe oben) ist in Artikel 53a GG beschrieben:

1) Der Gemeinsame Ausschuss besteht zu zwei Dritteln aus Abgeordneten des Bundestages, zu einem Drittel aus Mitgliedern des Bundesrates. Die Abgeordneten werden vom Bundestage entsprechend dem Stärkeverhältnis der Fraktionen bestimmt; sie dürfen nicht der Bundesregierung angehören. Jedes Land wird durch ein von ihm bestelltes Mitglied des Bundesrates vertreten; diese Mitglieder sind nicht an Weisungen gebunden. Die Bildung des Gemeinsamen Ausschusses und sein Verfahren werden durch eine Geschäftsordnung geregelt, die vom Bundestage zu beschließen ist und der Zustimmung des Bundesrates bedarf.
2) Die Bundesregierung hat den Gemeinsamen Ausschuss über ihre Planungen für den Verteidigungsfall zu unterrichten. […][605]

Eine Anfrage der Grünen im Bundestag enthüllte bereits 1989 die Anwendungsgrundsätze für »Requirierungen« im Verteidigungsfall:

- Die Bundeswehr darf zivile Leistungen nutzen, wenn sie den Bedarf durch eigene Kräfte und Mittel nicht decken kann.
- Die verbündeten Streitkräfte werden im Rahmen der Grundlage des NATO-Truppenstatuts, des Zusatzabkommens zum NATO-Truppenstatut sowie ergänzender Vereinbarungen durch zivile Leistungen unterstützt.
- Die NATO-Befehlshaber sind befugt, zur Durchführung ihrer Aufträge zivile Leistungen über die Territorialen Befehlshaber/Kommandeure bei den deutschen Behörden anzumelden.[606]

Die Anzahl der zu beschlagnahmenden ***zivilen*** Fahrzeuge zur »Deckung des Ergänzungsbedarfs der Bundeswehr und der verbündeten Streitkräfte« wurde damals auf rund 159 000 Kraftfahrzeuge geschätzt. Dabei handelte sich um Lastkraftwagen, Kraftomnibusse, Anhänger, Personenkraftwagen, Tankwagen, Kräder und Kranwagen der unterschiedlichsten Größenklassen.[607]

Die Grünen hatten Informationen, dass 1800 Züge (d. h. ca. 18 Prozent der damaligen DB-Kapazität) nur für das »Anfangskriegsmarschprogramm« der US-Streitkräfte zur Verfügung gestellt werden »müssen«. Die Bundesregierung bestätigte dies jedoch aufgrund von »militärischer Geheimhaltung« nicht.[608]

Auch mit anderen Bundesgesetzen können die Behörden in Katastrophenfällen, bei Terror, wirtschaftlichen Krisen oder im Verteidigungsfall privates Eigentum requirieren. Deshalb sollten wir uns diese Gesetze einmal näher anschauen.

Das *Bundesleistungsgesetz*

Laut *Rechtslexikon.net* ermöglicht das *Bundesleistungsgesetz* (BLG)[609] die Anforderung von Leistungen (z. B. Überlassung von Sachen oder Anlagen, Werk-, Instandsetzungs- und Verkehrsleistungen) für Zwecke der Verteidigung und der Stationierung der verbündeten Streitkräfte. Außerdem regelt es die Nutzung von Grundstücken und Straßen für Manöver und andere militärische Übungen sowie die Entschädigung für Manöverschäden durch deutsche und verbündete Streitkräfte.[610]

Das BLG dient also allgemein der Inpflichtnahme von privatem Eigentum bzw. der Nutzung von Einrichtungen und Leistungen Privater im Falle von Manövern und Kriegshandlungen deutscher oder alliierter Streitkräfte auf dem Gebiet der Bundesrepublik Deutschland. In diese Beschaffung fallen auch das *Landbeschaffungsgesetz* und das *Schutzbereichgesetz* (siehe oben) Das BLG trat am 9. November 1956 in Kraft. Die letzte Änderung erfolgte am 1. März 2010.

Nach dem BLG[611] können die Behörden

- ***zur Abwendung einer drohenden Gefahr*** für den Bestand oder die freiheitliche demokratische Grundordnung des Bundes oder eines Landes;
- ***zur Abwendung oder Beseitigung einer die Sicherheit der Grenzen gefährdenden Störung*** der öffentlichen Ordnung im Grenzgebiet;
- ***für Zwecke der Verteidigung***, im besonderen zur Abwendung einer Gefahr, durch die von außen der Bestand des Bundes entweder unmittelbar oder mittelbar im Rahmen seiner Einordnung in ein System gegenseitiger kollektiver Sicherheit bedroht wird;
- ***zur Erfüllung der Verpflichtungen des Bundes aus zwischenstaatlichen Verträgen über die Stationierung und die Rechtsstellung von Streitkräften auswärtiger Staaten*** im Bundesgebiet;
- ***zur Unterbringung von Personen oder Verlegung von Betrieben und öffentlichen Einrichtungen***[612]

durch schriftlichen Leistungsbescheid folgende Sachen zum Gebrauch, zum Mitgebrauch oder zu anderer Nutzung anfordern:

- bewegliche Sachen;
- Funkanlagen;
- Fernsprech- und Fernschreibteilnehmereinrichtungen;
- bauliche Anlagen oder Teile von baulichen Anlagen;
- unbebaute Grundstücke;
- freie Flächen von bebauten Grundstücken.[613]

Vom Besitzer/Eigentümer können weiterhin folgende Leistungen angefordert werden:

- die Unterlassung des Gebrauchs, des Mitgebrauchs, der sonstigen Nutzung oder der Änderung von beweglichen und unbeweglichen Sachen;
- Einbauten, Änderungen oder Wiederherstellungsmaßnahmen an beweglichen und unbeweglichen Sachen,

- Duldung von Einwirkungen auf bewegliche und unbewegliche Sachen;
- Werkleistungen (insbesondere Instandsetzungsleistungen).[614]

Die Inanspruchnahme von Räumen, Studios, Sende- und sonstigen technischen Einrichtungen und Anlagen der Rundfunkanstalten ist nur dann zulässig, wenn sie zur Abwendung oder Beseitigung der Bedrohung oder Gefahr unerlässlich ist.[615]

Gewinnungs-, Fertigungs- und Handelsbetriebe, Reparatur- und Reinigungsbetriebe (Werterhaltungsbetriebe) dürfen allerdings nicht angefordert werden. Sachen, die zur Fortführung eines solchen Betriebs unentbehrlich sind, dürfen nur dann angefordert werden, wenn dies für die Zwecke der Verteidigung unumgänglich notwendig ist. Außerdem sind alle Anforderungen so zu gestalten und durchzuführen, dass dem Betroffenen keine vermeidbaren Nachteile entstehen. Der Lebensbedarf der Betroffenen muss gewährleistet bleiben.[616]

Im Verteidigungsfall sind die Behörden der Bundeswehrverwaltung als Anforderungsbehörden zuständig für die Anforderung folgender Gegenstände, soweit diese für die Herstellung und Aufrechterhaltung der Einsatzbereitschaft der Streitkräfte benötigt werden:

- Waffen und Munition, ausgenommen Jagd- und Zierwaffen;
- Zelte;
- sonstige Ausrüstungsgegenstände und Unterkunftsgeräte für Truppen;
- Kraftfahrzeuge nebst Zubehör;
- sonstige Verkehrsmittel mit Ausnahme der See- und Binnenschiffe, der Seefischereifahrzeuge, Luftfahrzeuge und Straßenbahnen, sowie Umschlagsanlagen und -einrichtungen für Kraftfahrzeuge;
- optisches Gerät und Fernmeldegeräte;
- Stromerzeugungsanlagen (Notstromaggregate), soweit sie nicht wesentlicher Bestandteil eines Grundstücks sind;
- Werkzeuge, Gerätschaften und Maschinen, die zur Instandsetzung und Instandhaltung erforderlich sind, einschließlich des Zubehörs und der Ersatzteile;
- Betriebs- und Brennstoffe, Baustoffe, Bauhilfsstoffe;
- Werkzeuge, Gerätschaften und Maschinen zur Herstellung oder Wiederherstellung von Gebäuden, Verkehrswegen und sonstigen Anlagen, einschließlich der hierfür benötigten Ersatz- und Zubehörteile.[617]

Sie als Eigentümer eines Gebäudes oder Grundstücks können die Entziehung des Eigentums verlangen, wenn Ihnen die Überlassung zum Gebrauch, zum Mitgebrauch oder zur anderen Nutzung über die Dauer der ersten Anforderung hinaus nicht zugemutet werden kann.[618] So können Sie sich auch hier quasi »selbst enteignen«. Zudem besteht eine umfassende Auskunftspflicht der Betroffenen, wie in Paragraf 15 BLG beschrieben (Hervorhebungen durch mich):

1) Alle ***natürlichen*** und ***juristischen Personen, Personenvereinigungen, Behörden*** und Einrichtungen haben, soweit sie nicht einer gesetzlichen Schweigepflicht unterliegen, den ***Anforderungsbehörden auf Verlangen*** alle zur Durchführung dieses Gesetzes ***erforderlichen Auskünfte zu erteilen*** und die vorhandenen ***Unterlagen vorzulegen***. […]
2) Die Anforderungsbehörden können ferner die ***Vorführung*** von ***Tieren, Verkehrsmitteln, Maschinen*** und ***Geräten aller Art*** an einem von ihnen zu bestimmenden Ort sowie die ***Duldung der Besichtigung*** von Anlagen und Gegenständen, die nach diesem Gesetz angefordert werden sollen, ***verlangen***. Zu diesem Zweck ***haben*** die ***Auskunftspflichtigen*** das ***Betreten von Grundstücken und Fahrzeugen*** zu gestatten. […][619]

Zur Sicherstellung der angeforderten Leistung kann auch eine Beschlagnahme durchgeführt werden.[620]

Truppen (auch ausländische Verbündete) dürfen zu »Manövern« und für »andere Übungen«[621]

- Grundstücke überqueren;
- Grundstücke vorübergehend besetzen;
- Grundstücke zeitweilig sperren.[622]

Aber ***ohne Einwilligung*** des Berechtigten dürfen sie folgende Grundstücke ***nicht*** überqueren, besetzen oder sperren:

- bebaute Grundstücke;
- Natur- oder Wasserschutzgebiete;
- Nationalparks, Naturdenkmale oder Tierschutzgebiete;
- Stätten von religiöser, kultureller oder geschichtlicher Bedeutung;
- Friedhöfe;

- Anlagen, welche bestimmt sind, die Sicherheit des Straßen-, Eisenbahn-, Wasserstraßen-, See- oder Luftverkehrs zu gewährleisten;
- Verkehrsflughäfen;
- Anlagen, welche bestimmt sind, die Nachrichtenübermittlung zu gewährleisten;
- Anlagen zur Ent- oder Bewässerung sowie zur Abwasserbeseitigung;
- Anlagen zum Schutz gegen Naturgewalten;
- Anlagen zur Versorgung mit Wasser oder Energie.[623]

Doch es gibt klare Vorgaben, was der Truppe aufgrund von Bereitstellungsbescheiden zu gewähren ist:

- Zur ***Unterbringung*** von Dienststellen, Personen, Tieren Fahrzeugen, Waffen sowie Gerät und sonstigen Bedarfsgegenständen sind der Truppe die erforderlichen ***Räume*** zur Verfügung zu stellen.
- Als behelfsmäßige Unterkünfte sind auch solche Räume zur Verfügung zu stellen, die üblicherweise anders verwendet werden.[624]

Nach den vorhandenen Möglichkeiten sind außerdem zur Verfügung zu stellen:

- Beleuchtung
- Wasser
- Heizung
- Lagerstroh[625]

Die Träger örtlicher Wasserversorgungsanlagen haben den Truppen nach den vorhandenen Möglichkeiten Wasser für den Quartier-, Biwak- und sonstigen Bedarf zu liefern.[626]

Die Behörden haben in den Fällen der Anforderung eine Entschädigung zu bezahlen. Diese wird im sechsten Abschnitt in den Paragrafen 20 bis 33 und den Paragrafen 49 bis 65 beschrieben. Die Entschädigung bemisst sich am »im Wirtschaftsverkehr üblichen Entgelt«. Ist dieses nicht zu ermitteln, so ist die Entschädigung unter gerechter Abwägung der Interessen der Allgemeinheit und der Beteiligten zu bestimmen. Die Entschädigung ist in monatlichen Teilbeträgen zu bezahlen.[627]

Für entgangenen Gewinn und für sonstige Vermögensnachteile, die nicht in unmittelbarem Zusammenhang mit dem Entzug der Nutzung stehen, ist keine Entschädigung zu zahlen. Die Umzugskosten sind jedoch zu ersetzen.[628]

Wer dem Bereitstellungsbescheid als »Leistungspflichtiger«, sprich »Eigentümer«, vorsätzlich oder fahrlässig ***nicht*** nachkommt, muss mit einer Geldbuße von bis zu 25 000 Euro rechnen.[629] Wer in der Absicht, die angeforderte Leistung zu vereiteln, das öffentliche Wohl erheblich gefährdet, wird mit Freiheitsstrafe bis zu einem Jahr oder mit Geldstrafe bestraft.[630]

Soweit durch die Vorschriften des BLG das Grundrecht der Unverletzlichkeit der Wohnung (Artikel 13 des *Grundgesetzes*) berührt wird, wird dieses Grundrecht auch hier eingeschränkt.[631] Ähnlich gestrickt ist auch das nächste Gesetz.

Das *Verkehrsleistungsgesetz*

Wie oben schon beschrieben: Mit der Ausrufung des Verteidigungsfalls tritt die Notstandsverfassung in Kraft. Der militärische Oberbefehl über die Bundeswehr geht vom Verteidigungsminister auf den Bundeskanzler über. Die *Notstandsgesetze* erlauben unter anderem auch, ***zivile Fahrzeuge für öffentliche Zwecke zu requirieren***.[632]

Busse, Bahnen, Schiffe, Flugzeuge und Lkws können bei Terror, Krieg und Katastrophen (z. B. bei einem Reaktorunfall) vom Staat beschlagnahmt werden. Grundlage dafür ist das *Verkehrsleistungsgesetz* (VerkLG) vom 28. Juli 2004.[633]

Beim Inkrafttreten des – für uns Bürger – so wichtigen Gesetzes hatte der damalige Bundesverkehrsminister Manfred Stolpe (SPD) dazu nicht einmal eine Pressemitteilung herausgegeben.[634] Der Sinn des Gesetzes war/ist einfach: In Krisenlagen können Bund, Länder und Kommunen mitunter nicht schnell genug helfen, daher braucht es einen raschen staatlichen Zugriff auf Gerät und Technik des Privatsektors. Zudem kann der Bund auch bei Auslandseinsätzen der Streitkräfte zivile »Verkehrsleistungen bei friedensunterstützenden Maßnahmen« requirieren. Die Bundeswehr hat das Recht, Tieflader, Eisenbahnwaggons, Frachtflieger oder Fährschiffe von privaten Transportunternehmen zu beanspruchen.[635]

Ähnlich ist das im Zivilleben: Im Katastrophenfall (etwa bei einem Reaktorunglück, einer Flutwelle, einem Erdbeben etc.) müssen Bauunternehmen Bagger und anderes Räumgerät zur Verfügung stellen, die

Bahn Transportwaggons oder Nahverkehrsbetriebe Busse zur Evakuierung der Bevölkerung. All diese für Krisenfälle benötigten Verkehrsmittel sind im Computer des Kraftfahrtbundesamts gelistet. Kommt es zum Katastrophenfall, erteilt der Bund den Verkehrsunternehmen einen »Verpflichtungsbescheid« für die gesamte Logistikkette: Lager-, Umschlags- und Speditionsunternehmen sowie Betreiber von Informationssystemen.[636] Die staatliche Nutzung ist längstens für die Dauer von 3 Monaten zu dulden.[637] Private Pkws sind vom Zugriff des Staates nach dem *Verkehrsleistungsgesetz* ausgeschlossen.[638] So hört sich das im Gesetzestext an (Hervorhebungen durch mich):

§ 1 Zweck
VerkLG (Verkehrsleistungsgesetz)

1) ***Zweck*** dieses Gesetzes ist die ***Sicherung von ausreichenden Verkehrsleistungen***
   1. im Rahmen der Amtshilfe des Bundes bei einer Naturkatastrophe oder einem ***besonders schweren Unglücksfall***, einschließlich eines ***terroristischen Anschlags***,
   2. bei einer ***wirtschaftlichen Krisenlage***, durch die die ***Versorgung mit Gütern des lebenswichtigen Bedarfs gestört*** ist,
   3. ***zur Unterstützung der Streitkräfte*** bei Einsätzen auf Grund internationaler Vereinbarungen oder im Rahmen der Zusammenarbeit mit den Vereinten Nationen oder
   4. ***im Rahmen der Notfallbewältigung*** auf Grund internationaler Vereinbarungen für den Fall, dass der Bedarf nach diesen Verkehrsleistungen auf andere Weise nicht, nicht rechtzeitig oder nur mit unverhältnismäßigen Mitteln gedeckt werden kann.
2) ***Eine Unterstützung verbündeter Streitkräfte*** mit Verkehrsleistungen ist nur bei ***gemeinsamen*** Maßnahmen mit deutschen Streitkräften zulässig.[639]

Staatliche Requirierungen können bei folgenden Unternehmen geschehen:

- Verkehrs- und Verkehrsinfrastrukturunternehmen (mit Ausnahme der Bergbahnunternehmen);
- Reeder oder Ausrüster von Seeschiffen, die die Bundesflagge führen;

- Sonstige Eigentümer und Besitzer von Verkehrsmitteln oder von Verkehrsinfrastruktur, wenn diese Verkehrsmittel und diese Verkehrsinfrastruktur zum Betrieb eines Unternehmens gehören;
- Betreiber von Umschlaganlagen;
- Speditionsunternehmen;
- Unternehmen der Lagerei;
- Betreiber von Informations- und Kommunikationssystemen, soweit sie dem Verkehr dienen.[640]

Wenn ein Unternehmen der Requirierung per Verpflichtungsbescheid[641] nicht folgt, muss es bis zu 30 000 Euro Bußgeld bezahlen. Wenn die Auskünfte an den Bund nur unvollständig oder zu spät erteilt werden, sind bis zu 10 000 Euro fällig.[642] Mit Freiheitsstrafe bis zu 2 Jahren oder mit Geldstrafe wird bestraft, wer die Ordnungswidrigkeiten »beharrlich« wiederholt oder eine »vorsätzliche Handlung begeht und dabei eine außergewöhnliche Mangellage bei der Versorgung mit Verkehrsleistungen ausnutzt, um bedeutende Vermögensvorteile zu erlangen«.[643]

Umgekehrt muss der Staat die Verkehrsunternehmen für deren »Zwangsdienste« bezahlen. Damit diese in einer Notlage jedoch nicht astronomische Preise verlangen, begleicht der Staat die Kosten nur zu üblichen Marktkonditionen.[644]

Folgende Bundesbehörden können eine der Leistungen ***anfordern*** (anforderungsberechtigte Behörde):

- Bundesamt für Bevölkerungsschutz und Katastrophenhilfe
- Leitung der Bundesanstalt Technisches Hilfswerk
- Bundespolizeipräsidium
- Bundesamt für das Personalmanagement der Bundeswehr, für die Streitkräfte einschließlich der verbündeten Streitkräfte
- Bundesanstalt für Landwirtschaft und Ernährung
- Robert Koch-Institut (!)
- Paul-Ehrlich-Institut (!)
- Deutsche Bundesbank (!)
- Bundesamt für Strahlenschutz
- Bundesamt für Wirtschaft und Ausfuhrkontrolle
- Bundesamt für die Sicherheit der nuklearen Entsorgung[645]

Die koordinierende Behörde ist das Bundesamt für Güterverkehr. Zuständige Behörden für den ***Erlass eines Verpflichtungsbescheides*** sind:

- Bundesamt für Güterverkehr
- Generaldirektion Wasserstraßen und Schifffahrt
- Luftfahrt-Bundesamt
- Eisenbahn-Bundesamt[646]

Auch mit diesem Gesetz will sich die Bundesregierung die Möglichkeit verschaffen, schon im Frieden zivile Nutzfahrzeuge, Schiffe und Flugzeuge für militärische Zwecke zu requirieren. Übrigens: Das *Verkehrsleistungsgesetz* wurde erst am 12. Dezember 2019 »angepasst«.[647]

Zu den »sachlichen« Enteignungen bezüglich Grundstücken, Häusern und Wohnungen kommt noch die finanzielle Enteignung, die ich im nächsten Kapitel thematisieren möchte.

KAPITEL 11

Wenn der Finanzcrash kommt – So kann der Staat Ihre Ersparnisse rauben

Was Sie bisher erfahren haben: Zum Zwecke des Wohls der Allgemeinheit kann man Ihre Wohnungen enteignen; wegen Flughafenbaus, Straßenbaus, Bahnhofs- oder Gleisbaus, Leitungsverlegungen, Windkrafträdern oder Bergbaus Ihre Grundstücke konfiszieren und Ihnen wegen des Baus von Truppenübungsplätzen und Verteidigungsanlagen Ihren Grund und Boden wegnehmen. Zudem können die Bundesbehörden im Spannungs- oder Verteidigungsfall quasi alles beschlagnahmen und requirieren, was sie für die Streitkräfte benötigen – und Sie als Bürger können nichts dagegen tun. Zu den sachlichen und dinglichen Konfiszierungen und Beschlagnahmungen kommt noch die finanzielle Enteignung. Sie geht viel subtiler vor sich und tarnt sich geschickt. Und zwar so geschickt, dass man sie häufig gar nicht erkennt.

Der schwärzeste Monat seit 1945

Während ich dieses Buch schreibe, befindet sich die Welt – und auch Deutschland – noch im Corona-Modus und ist den Auswirkungen der Pandemie unterworfen, die uns noch ein paar Jahre beschäftigen werden. Egal wie man zum Ausbruch und der Verbreitung des Virus steht (an Vermutungen und Theorien möchte ich mich nicht beteiligen), eines ist klar: Unsere Wirtschaft ist Corona-geschädigt, oder wie es die *Bild* korrekt ausdrückte: »Corona-kaputt«.[648]

Produktion, Industrieaufträge, Bau, Einzelhandel – überall wurden und werden immer noch heftige Einbußen verzeichnet. Die Exporte Deutschlands sind eingebrochen, ganze Branchen stehen vor dem Aus. Die Bundesregierung erwartet die schwerste Rezession der Nachkriegszeit.[649]

Zudem brechen gleichzeitig die Steuereinnahmen weg. Bund, Länder und Gemeinden müssen 2020 mit knapp 100 Milliarden Euro weniger auskommen als bisher prognostiziert. Bis zum Jahr 2024 könnten sogar 316 Milliarden Euro weniger in die Kassen kommen – oder auch noch viel mehr.[650] Nichts Genaues weiß man nicht. Deutschlands Staatsverschuldung könnte demnach von 60 Prozent auf 80 Prozent anwachsen.[651]

Der März 2020 war weltweit der schwärzeste Monat seit 1945. Der Deutsche Aktienindex (DAX) brach innerhalb weniger Tage um 40 Prozent ein. Auch die wichtigen anderen Indizes wie Dow Jones, S&P und Nikkei verloren jeweils mehr als ein Viertel ihrer Substanz.[652] Es wird Jahre, wenn nicht Jahrzehnte dauern, bis sich unsere Volkswirtschaft von den Folgen der Pandemie erholt hat.

Weltweit sieht es noch viel schlimmer aus: Nach Schätzungen der Asiatischen Entwicklungsbank (ADB) könnte die Weltwirtschaft bis zu 8,8 Billionen Dollar einbüßen. Das entspräche 9,7 Prozent des globalen Bruttoinlandsprodukts.[653]

Der Corona-Schutzschild

Natürlich ist es die Aufgabe eines Staates, sich in einer Notlage solchen Ausmaßes nicht nur um die Gesundheitsvorsorge der Bevölkerung zu kümmern, sondern auch den Wirtschafts- und Finanzsektor zu schützen und zu stabilisieren. Dazu brachte die Bundesregierung das größte Hilfspaket in der Geschichte der Republik auf den Weg: den Corona-Schutzschild. Er sollte die Wirtschaft mobilisieren und das Gesundheitssystem stärken, machte aber auch massive Finanzmittel für Beschäftigte, Selbstständige und Unternehmen frei.[654]

Der Umfang der haushaltswirksamen Maßnahmen betrug zunächst 353,3 Milliarden Euro und der Umfang der Garantien insgesamt 819,7 Milliarden Euro.[655] Mit beiden Nachträgen – der erste vom März 2020 über 122,5 Milliarden Euro, der zweite im Juli 2020 mit noch einmal 24 Milliarden Euro – sieht der Bundeshaushalt 2020 Gesamtausgaben von rund einer halben Billion Euro vor. Die Ausgaben für Investitionen steigen auf 71,3 Milliarden Euro. Zur Finanzierung wird Deutschland in diesem Jahr Kredite in Höhe von 217,8 Milliarden Euro aufnehmen.[656]

Allein für die Sicherung der Gesundheitsversorgung, Schutzausrüstung, Entwicklung eines Impfstoffes, Schutzschirme für Krankenhäuser und Einnahmeausfälle für Ärzte wurden knapp 60 Milliarden Euro veranschlagt.[657]

Die Regierung griff auch Familien unter die Arme, um deren Einkommen zu sichern:

- Verdienstausfälle von Familien, die sich aus Kita- oder Schulschließungen ergaben, wurden weitgehend aufgefangen. Das galt auch für Selbstständige und Freiberufler.
- Das Kurzarbeitergeld wurde erhöht.
- Familien, die wegen Kurzarbeit geringere Einkommen hatten, erhielten einen leichteren Zugang zum Kinderzuschlag.[658]

Kleine Unternehmen, Selbstständige und Freiberufler erhielten ebenfalls sehr umfangreiche Unterstützung:

- Der Bund stellte 50 Milliarden Euro bereit, um unbürokratische Soforthilfe für kleine Unternehmen, Selbstständige und Freiberufler zu gewähren. Damit wurden einmalig für 3 Monate Zuschüsse zu Betriebskosten gewährt, die nicht zurückgezahlt werden müssen. Die Soforthilfe ergänzte die Programme der Länder.
- Selbstständige erhielten leichteren Zugang zur Grundsicherung, damit Lebensunterhalt und Unterkunft gesichert werden konnten. Die Vermögensprüfung wurde für 6 Monate ausgesetzt. Allein diese Maßnahme kostete rund 7,5 Milliarden Euro.[659]

Der Schutzschild für Unternehmen hieß »Wirtschaftsstabilisierungsfonds« und umfasste folgende Hilfen:

- 100 Milliarden Euro Kapitalmaßnahmen (finanzielle Hilfen für Unternehmen),
- 400 Milliarden Euro Bürgschaften,
- 100 Milliarden Euro Beteiligung an der Refinanzierung der KfW*-Programme.[660]

Zudem wurde über die staatliche KfW ein Milliarden-Hilfsprogramm aufgelegt, um Unternehmen, Selbstständige und Freiberufler mit Liquidität zu versorgen. Dazu stellte die KfW in unbegrenztem Volumen verschiedene Kreditprogramme bereit.[661] Unternehmen und Selbstständige erhielten zudem steuerliche Hilfsmaßnahmen bis Ende 2020:

- Bereits geleistete Steuervorauszahlungen konnten teilweise zurückerstattet werden.

* KfW: Kreditanstalt für Wiederaufbau.

- Anpassung von Steuervorauszahlungen (weniger zahlen).
- Senkung der Umsatzsteuer auf Speisen in der Gastronomie (von 19 auf 7 Prozent bis 30. Juni 2021).
- Steuerfreistellungen von Aufstockungen des Kurzarbeitergeldes.
- Stundungen von Steuerzahlungen (später bezahlen).
- Vollstreckungsmaßnahmen wurden ausgesetzt.[662]

Zusätzlich wurde eine Mehrwertsteuersenkung ab dem 1. Juli 2020 beschlossen:

- Regulärer Satz von 19 auf 16 Prozent (befristet bis 31.12.2020)
- Ermäßigter Satz von 7 auf 5 Prozent (befristet bis 31.12.2020)[663]

Dazu kamen die Milliarden-Hilfsprogramme der einzelnen Länder: etwa Bayern mit 60 Milliarden Euro oder Brandenburg mit 2 Milliarden, Baden-Württemberg mit 5 Milliarden Euro, Hessen mit 8,5 Milliarden, Niedersachsen mit 4,4 Milliarden Euro, Nordrhein-Westfalen mit 25 Milliarden Euro und andere Bundesländer mit kleineren Summen. Insgesamt berappen und garantieren die Bundesländer rund 100 Milliarden Euro.[664] Verschiedene Bundesländer stockten ihre Hilfen nach Bedarf danach noch weiter auf. Im Juni 2020 verabschiedete die GroKo aus CDU/CSU und SPD dann auch noch ein Konjunkturpaket bis Ende 2021 in Höhe von 130 Milliarden Euro.[665]

Doch damit nicht genug, auch die EU brauchte einen Schutzschild. Offiziell hieß es:

> Das Coronavirus kennt keine Grenzen und hat nicht nur Deutschland, sondern auch viele unserer Partner in der EU und weltweit hart getroffen. Deutschland macht sich für multilaterale Kooperation und internationale Solidarität stark. Nationale Alleingänge können keine Lösung sein, weder in Europa noch weltweit. Die europäischen Finanzministerinnen und Finanzminister haben ein Solidaritätspaket in Höhe von 540 Milliarden Euro auf den Weg gebracht, das aus drei Säulen besteht.[666]

Diese drei Säulen sind:

1) **Staatshilfen über Kreditlinien des Europäischen Stabilitätsmechanismus (ESM); Pandemic Crisis Support:** 240 Milliarden Euro vorsorgliche Kreditlinien.

2) **KMU*-Unterstützung durch den Garantiefonds der Europäischen Investitionsbank (EIB):** 25 Milliarden Euro Covid-19-Garantiefonds; 200 Milliarden Euro Liquiditätshilfen.
3) **Schutz von Arbeitsplätzen durch das Kurzarbeit-Förderprogramm der EU-Kommission (SURE):** 100 Milliarden Euro zur Förderung von Kurzarbeit.[667]

Ferner beschloss die EU ein 1,8-Billionen-Euro-Paket für die wirtschaftliche Erholung der Mitgliedsstaaten (Emergency Purchase Programme).[668] Davon waren 1 Billion Euro für den EU-Haushalt in den nächsten 7 Jahren vorgesehen, 750 Milliarden für den »Wiederaufbau« in der Folge der Corona-Krise: 360 Milliarden werden als Kredite vergeben, 390 Milliarden als »Zuschüsse« für die besonders unter der Corona-Pandemie leidenden Länder, sprich: geschenkt![669] Das Ergebnis, das Wirtschaftsminister Altmaier als »guten Tag für den deutschen Steuerzahler«[670] anpries: Deutschland – Sie als Steuerzahler – muss künftig etwa 10 Milliarden Euro mehr in den EU-Haushalt einzahlen. Nämlich 40 Milliarden Euro anstatt 30 Milliarden – pro Jahr![671]

Natürlich war von Anfang an klar, dass die Fleißigen und Sparsamen, allen voran Deutschland, am wenigsten Geld erhalten und diejenigen, die noch nie wirtschaften konnten, den Reibach machen sollen. Für die dauerbankrotten Griechen waren 22,6 Milliarden Euro anvisiert, für Italien sogar 82 Milliarden und Spanien 77 Milliarden Euro. Deutschland wurde mit knapp 29 Milliarden Euro verhältnismäßig wenig zugesprochen, vor allem, weil die Bundesrepublik die Corona-Pandemie in wirtschaftlicher Hinsicht vergleichsweise gut bewältigte. Bedingung für das Hilfspaket ist die ausnahmslose Zustimmung aller EU-Mitgliedsstaaten, die Kosten der Maßnahme würden mit dem Haushalt der kommenden Jahre verrechnet werden.[672] Angela Merkel fiel natürlich um, was bedeutet, der deutsche Steuerzahler muss hauptsächlich ran. Der *Merkur* schrieb nach dem Treffen der Bundeskanzlerin mit Italiens Premierminister Guiseppe Conte in weiser Voraussicht: »Merkel schien die Deutschen auf möglicherweise teure Schritte zur Bewahrung des europäischen Binnenmarktes vorzubereiten«.[673] Das »EU-Rettungspaket« soll allein für jeden Deutschen, vom Baby bis zum Rentner, 1200 Euro kosten.[674]

---

* KMU: Kleine und mittlere Unternehmen.

Damit ist die Frage wohl geklärt, woher das viele Geld kommen soll. Denn auch schon hinter vorgehaltener Hand wird gefordert, dass Deutschland als »Finanz- und Wirtschaftslokomotive der EU« einen Großteil davon übernehmen solle und »müsse«. Das würde bedeuten, dass die Steuerzahler auch für Staaten einstehen müssen, die schon vor der Corona-Krise wirtschaftlich erledigt waren. Ganz vorn mit dabei: das ewig bankrotte Griechenland und die nichts auf die Reihe bringenden Länder Italien und Spanien. Ich wiederhole: Hauptleidtragende sind natürlich die Steuerzahler der größten Volkswirtschaft in der EU: Deutschland, sprich: Sie!

Von nix kommt nix

Die staatlichen Hilfsprogramme in der Corona-Krise erreichen bislang unvorstellbare Dimensionen. Der Internationale Währungsfonds (IWF) bezifferte die weltweiten Hilfsprogramme auf rund 8 Billionen US-Dollar,[675] Tendenz steigend. Diese in der Geschichte der Menschheit bisher einzigartigen Geldorgien der Staaten werden Wohlstand kosten.

Jetzt dürfte wohl jedem »EU-Fetischisten« klar sein, dass der deutsche Steuerzahler definitiv die Quittung dafür bekommen wird, was die Bundesregierung und die einzelnen Länder in der Europäischen Union so alles »spendieren«.

Aber es kann sogar noch viel schlimmer kommen: Was ist, wenn Italien, Spanien oder Griechenland ihre Kredite nicht mehr bedienen können oder gar aus der Währungsunion austreten?

Zu alledem kommt noch der Ausstieg aus der Kohleverstromung, der für den Bund mit rund 40 Milliarden Euro zu Buche schlagen wird, und zwar ohne die immensen Ausgaben für das »Klimapaket«, die ebenfalls auf eine zweistellige Milliardensumme geschätzt werden. Und obendrauf noch der Atomausstieg (etwa 46 Milliarden Euro)[676] und der EU-Greendeal, der Deutschland zusätzlich noch rund 20 Milliarden Euro kosten wird.[677]

Die Hilfsprogramme von Bund und Ländern werden durch neue Staatsschulden finanziert, und dafür werden Anleihen auf dem internationalen Kapitalmarkt angeboten. Deutschland ist (noch) in der komfortablen Situation, dass die Nachfrage nach seinen Schuldtiteln größer ist als das Angebot.

Das bedeutet für Sie: Wenn Sie deutsche Anleihen kaufen, bekommen Sie später weniger zurück, als Sie dafür ausgegeben haben, weil die Zinsen »negativ« sind.[678]

Doch längst nicht alle Euro-Staaten sind in der Lage, mit Schulden noch Gewinn zu machen. Ein großer Teil der Nachfrage nach Staatstiteln kommt von der Europäischen Zentralbank. Hierfür wird tatsächlich Geld »gedruckt«, beziehungsweise den Geschäftsbanken wird bei der EZB Guthaben eingeräumt. Unbegrenzt. Bis heute sind es mehr als 2 Billionen Euro.[679]

Alexander Kriwoluzky, Wirtschaftsprofessor an der Freien Universität Berlin und Abteilungsleiter beim Deutschen Institut für Wirtschaftsforschung (DIW) sagt dazu:

> Der Staat bedruckt zwei Arten von Papieren: Staatsschulden und Geld. Beide Papiere können sie jederzeit gegeneinander tauschen. Solange das eine Papier einen Wert besitzt, besitzt deswegen auch das andere Papier einen Wert. Erst wenn die Bürger keines der Papiere mehr besitzen möchten, kommt es zu einer starken Inflation wie in der Weimarer Republik.[680]

INTERMEZZO

XY-Bank, Stuttgart
Dienstag, 27. Oktober 2020:
9:30 Uhr

»Sind Sie Herr Igel?«

»Ja, der bin ich.«

»Mein Name ist Hase. Bitte entschuldigen Sie, dass Sie kurz warten mussten.«

»Kein Problem«, sagt Herr Igel, »ich habe heute sowieso Urlaub.«

»Wenn Sie mir bitte folgen würden?« Herr Hase führt Herrn Igel in sein Büro und deutet auf einen bequemen Stuhl. »Bitte nehmen Sie doch Platz.«

»Danke.«

»Was kann ich für Sie tun?«, fragt Herr Hase.

»Nun, ich möchte einen Kredit aufnehmen«, sagt Herr Igel ohne

Umschweife. »Bei mir ist es gerade ein wenig eng. Corona und so, Sie wissen schon.«

Herr Hase ist nicht überrascht, offensichtlich gehören solche Wünsche zu seinem Tagesgeschäft. Das anschließende Gespräch verläuft sachlich höflich. Herr Igel ist gut vorbereitet. Er hat alle Unterlagen dabei, natürlich auch seine Gehaltszettel, die Herr Hase gerade studiert.

»Sie verfügen demnach über ein Nettojahreseinkommen von 21 000 Euro. An welche Kreditsumme haben Sie denn gedacht?«

»An 170 000 Euro,« sagt Herr Igel wie aus der Pistole geschossen.

Herr Hase stockt. »170 000 Euro?«

»Ja.«

»Aber das wäre das Achtfache Ihres Jahresnettoeinkommens.«

»Das weiß ich.«

»Sie verdienen 1750 Euro im Monat«, sagt Herr Hase. Es ist mehr eine Feststellung als eine Frage.

»Jawohl«, antwortet Herr Igel trotzdem.

»Eine hohe Summe, die Sie da als Kredit möchten. Haben Sie denn irgendwelche Sicherheiten?«

»Sicherheiten?«

»Natürlich, bei so einer hohen Summe ...«

»Die brauche ich nicht, ich bin doch ein Bürger,« sagt Herr Igel mit unbewegtem Gesicht.

»Ich verstehe nicht.«

»Ich bin ein Bürger, also bin ich der Staat, das ist doch Sicherheit genug, oder?«

Herr Hase ist perplex.

Zahlemann und Söhne

Die oben genannten Summen für die Überwindung der wirtschaftlichen und finanziellen Probleme durch die Corona-Krise und die EU-Hilfsprogramme werden die Kassen der Länder und des Bundes auf Jahre hinaus belasten. Die Frage, *wer* das alles bezahlen soll, habe ich bereits klar beantwortet, nur das *Wie* ist noch offen.

Klar ist, dass die Steuereinnahmen nicht ausreichen werden, um solche gigantische Summen (für die EU und Deutschland) zu begleichen. Denn der Fiskus erleidet aufgrund der Krise schon jetzt einen dramatischen Steuerrückgang.

Es wird also kein Weg an neuen Steuern und neuen/höheren Abgaben vorbeiführen. Ideen gibt es bereits genug, wie wir zusätzlich geschröpft werden sollen. Besonders die grün-links-roten Neiddebattierer wollen sich profilieren. Wie sich der Staat »sein« Geld zurückholen wird, erläutere ich ausführlich in Kapitel 12. Sie werden sich erschrocken die Augen reiben! Doch eine Enteignung hat uns bereits alle hart getroffen: Die Euro-Einführung.

Von der Politik verschwiegen: So enteignet Sie der Euro Tag für Tag

Die Einführung des Euro war eine der kühnsten Maßnahmen, die von europäischen Staaten im Finanzsektor getroffen wurde. Fast »über Nacht« hatten 320 Millionen Menschen in zwölf verschiedenen Ländern das gleiche Geld in ihrem Portemonnaie.

Von Anfang an war den »Konstrukteuren« der Europäischen Union klar, dass in einem globalen Finanzmarkt die zwölf oder fünfzehn verschiedenen Währungen Europas kein Gewicht besitzen würden. Deshalb war die Schaffung eines einheitlichen europäischen Zahlungsmittels unumgänglich und nur eine Frage der Zeit.

In Deutschland war der damalige Bundesfinanzminister Theo Waigel (CSU) die führende Kraft für die Einführung des Euro, obwohl die Bundesregierung wusste, dass sie die öffentliche Meinung gegen sich hatte.

Aber Waigel (später auch »Mister Euro« genannt)[681] verteidigte die Pläne vehement: »Die europäische Wirtschaftsunion, die Entscheidung für eine gemeinsame Währung, war der richtige Schritt, war die Antwort Europas auf die globale Welt. Dieser Schritt war so notwendig wie die Westbindung nach dem Zweiten Weltkrieg, wie der Beitritt zur NATO. Wir hätten, wenn es den Euro nicht schon seit 1998 rechnungsmäßig[682] geben würde, eine Berg- und Talfahrt, eine Achterbahnfahrt der europäischen Währungen erlebt.«[683] An anderer Stelle sagte er: »Der Euro ist eine absolute Erfolgsgeschichte.«[684]

Die Lüge von der angeblichen »Erfolgsgeschichte« wird bis heute aufrechterhalten und mantragleich von Medien und Politikern heruntergebetet. Warum der Euro Deutschland mehr kostet, als er bringt, und warum der Slogan »Der Euro ist gut für Deutschland« die größte EU-Politlüge ist, belege und beweise ich in meinem Buch *Der Euro-Crash kommt.*[685]

Theo Waigel war es dann auch, der den supranationalen Namen »Euro« bei dem entscheidenden Gipfeltreffen der Finanzminister durchsetzte.[686] Im deutschen Bundestag stimmten über 90 Prozent[687] der Abgeordneten für den Euro. Demgegenüber waren im Herbst des Jahres 2000 ganze 70 Prozent der Bundesbürger gegen die Abschaffung der D-Mark.[688] Die Bundesregierung hatte gegen das eigene Volk gestimmt und den Euro quasi »zwangseingeführt«. Und mit dem Euro kam die Enteignung.

Den meisten Menschen in Deutschland fiel der Abschied von ihrer geliebten D-Mark außerordentlich schwer, und Berichte in den Medien trugen auch nicht gerade zu einem größeren Vertrauen in die neue Währung bei.

Zeitmaschine

Bundesweit
Mai 2001:

Das Nachrichtenmagazin *Focus* titelt schon Monate im Voraus: »Riesiger Schaden bei Euro-Einführung – Deutsche verlieren 60 Milliarden DM.«[689]

Demnach wird die Einführung des Euro Deutschland nach Berechnungen des Ifo-Institutes für Wirtschaftsforschung einen Verlust von knapp 60 Milliarden D-Mark bescheren. Dieser Betrag ergibt sich, so Ifo-Präsident Hans-Werner Sinn, aus der Übertragung des Gewinns bei der Bargeldschöpfung von den nationalen Notenbanken auf die Europäische Zentralbank (EZB). Deutschland sei dabei der größte Verlierer der Währungsunion und Frankreich der größte Gewinner.

Der Grund dafür ist, dass die D-Mark, mehr als andere europäische Währungen, außerhalb der Landesgrenzen verwendet wird. Während Deutschland 39 Prozent zum gesamten Geldschöpfungsvermögen von 688 Milliarden D-Mark beiträgt, erhält es nur 31 Prozent zurück. Dadurch ***wird Deutschland***, der Modellrechnung zufolge, nach dem vorgesehenen Umverteilungsmechanismus ***57,4 Milliarden*** oder ***699 D-Mark pro Kopf*** verlieren. Frankreich trägt dagegen nur 12 Prozent bei, erhält aber 21 Prozent.[690]

Solche und ähnliche Meldungen schüren die Ängste bei den Bürgern vor der kommenden Währungsumstellung. Aber diese ist schon längst nicht mehr aufzuhalten. Begeistert sind nur die Politiker, so wie etwa Bundeskanzler Helmut Kohl (CDU) oder Bundesfinanzminister Hans Eichel* (SPD).

Die Enteignung durch die Einführung des Euro ging und geht in mehreren Etappen vor sich:

1. Durch den ***Umverteilungsmechanismus*** bei der Einführung verlor jeder Deutsche im Mittel rund 700 D-Mark (siehe oben).
2. Die neue Währung wurde schnell zum »***Teuro***«. Beim Umrechnen von einem Euro (= 1,95583 Mark) entstanden ungerade Zahlen, was viele Unternehmen zu einer Preiserhöhung verleitete.
3. Durch die ***anhaltenden Negativzinsen*** verliert der deutsche Sparer pro Jahr rund 53 Milliarden Euro.[691] Allein von 2010 bis 2019 betrug der Verlust 648 Milliarden Euro![692] Für 2020 sind 54 Milliarden prognostiziert.[693] *Focus Money* sprach in diesem Zusammenhang zurecht von einer »kalten Enteignung«.[694]

Durch die Negativzinsen der EZB verlor der deutsche Sparer in nur 9 Jahren 648 Milliarden (!) Euro.

---

* Der Nachfolger von Bundesfinanzminister Theo Waigel.

4. Was die meisten Euro-Fetischisten nicht im Blick haben, ist der ***Wohlstandsverlust durch den Wirtschaftswachstumsrückgang*** seit der Einführung des Euro und die gigantische Summe deutschen Steuergeldes zur Bezahlung der Leistungsbilanzdefizite anderer EU-Länder. Allein diese Summe beträgt rund eine Billion Euro![695] All das sind Gelder, die wir Deutschen aufgrund der Einführung des Euro nicht mehr zur Verfügung haben. Manche Kritiker argumentieren deshalb, dass mit dem Euro die »wertvolle« D-Mark zur Sanierung »wertloser« europäischer Währungen missbraucht wurde.

Der Wohlstandsverlust durch den Euro beträgt seit seiner Einführung rund eine Billion (!) Euro.

5. Der ***Wertverlust des Euro*** ist die nächste Enteignung. Bereits 2010 war ein Euro nur noch 80 Cent wert, ein Kaufkraftverlust von 20 Prozent in nur 8 Jahren![696] Aktuell sind es sogar knapp 80 Prozent! Sehen Sie selbst: Kostete am 1. Januar 2002 (bei der Einführung des Euro) eine Unze Gold 310 Euro, sind es heute rund 1500 Euro.[697] Gegenüber einer Unze Gold hat der Euro also knapp 80 Prozent verloren, oder andersherum gesagt: Im Gegensatz zu Gold ist der Euro 80 Prozent weniger wert![698]

Der Euro ist 80 Prozent weniger wert!

Das Perfide: Sie sehen 100 Euro auf Ihrem Konto, genauso wie vor 18 Jahren, als der Euro eingeführt wurde, aber die Kaufkraft gegenüber 2002 beträgt nur noch 20 Euro!

Ich wiederhole die fünf Gründe, die (fast) alle politisch korrekt verschwiegen werden (insbesondere die Gründe 4 und 5, über die Sie nirgendwo etwas zu lesen bekommen). Diese Gründe sind dafür verantwortlich, dass Sie durch den Euro enteignet wurden – ein Vorgang, der bis heute andauert und täglich voranschreitet:

1. **Grund:** Bei der Einführung verlor jeder Deutsche im Mittel 700 D-Mark (rund 350 Euro).
2. **Grund:** Die meisten Unternehmen erhöhten ihre Preise.
3. **Grund:** Durch die anhaltenden Negativzinsen der EZB verliert der deutsche Sparer jährlich mehr als 50 Milliarden Euro.
4. **Grund:** Unser Wohlstandsverlust durch den Rückgang des Wirtschaftswachstums seit Einführung des schwachen Euro im Gegensatz zur starken D-Mark beträgt rund eine Billion Euro.
5. **Grund:** Der Euro hat seit Einführung rund 80 Prozent seines Wertes verloren, und damit schmelzen Ihre Ersparnisse und Ihre Altersvorsorge dahin wie Eis in heißer Sonne.

Der Euro enteignet Sie Tag für Tag ein bisschen mehr!

Hintergrund:
»Staatsgarantie« auf Ihr Sparbuch – Was nützt Sie Ihnen?

Am 5. Oktober 2008, kurz nach Ausbruch der Finanzkrise, trat Bundeskanzlerin Angela Merkel vor die Mikrofone der Journalisten und gab eine bis dahin einmalige historische Erklärung ab, O-Ton:

> *Wir sagen den Sparerinnen und Sparern, dass ihre Einlagen sicher sind. Auch dafür steht die Bundesregierung ein.*[699]

Was scheinbar so leicht von den Lippen der Kanzlerin kam, war de facto eine Staatsgarantie für alle Spareinlagen. Der Grund für diese ungewöhnliche Zusicherung lag auf der Hand: Die Regierung wollte vermeiden, dass Bankkunden nach der HRE-Katastrophe[700] ihre Konten plünderten und so ein Bankensterben und damit die Zerstörung unseres Finanzsystems auslösten. Denn die Geldinstitute verfügen nur über Bargeld in Höhe von 3 Prozent der Guthaben. Das erklärt, warum die Banker nichts mehr fürchten als einen »Run« der Kunden auf ihre Konten. Würde jeder sein Geld abheben, wären die meisten Banken in wenigen Stunden erledigt. Genau das wollte die Bundeskanzlerin mit ihrer »Garantie« vermeiden.

Genützt hat das allerdings nicht sehr viel, denn bereits einen Tag nach der Ansprache von Angela Merkel sollen bundesweit etwa 4 Milliarden Euro Bargeld abgehoben worden sein, so die Fachjournalisten Daniel Haase und Gerd Ewert: »Etwas mehr Angst, und das System wäre kollabiert, denn was viele nicht wissen: Mehr als 1000 Euro Bargeld pro Kopf gibt das gesamte Bankensystem nicht her.[701] Theoretisch kann die Bundesbank natürlich sofort nachdrucken lassen, praktisch ist dies aber kein Prozess, der in wenigen Sekunden abgewickelt werden könnte. Die Regierung wäre gezwungen, die Banken zumindest vorübergehend zu schließen bzw. die Auszahlung von Bargeld bis auf Weiteres zu rationieren.«[702]

Mit Hunderten von Milliarden stand der Staat allein für die angeschlagenen Banken ein. Aber was war und ist mit dem kleinen Sparer? Gilt die vollmundige Sparergarantie von Frau Merkel überhaupt?

Als Staatsgarantie (also als eine juristische Haftung für die Spareinlagen der Bürger) hätte das Versprechen der Kanzlerin und des damaligen Finanzministers Peer Steinbrück (SPD) in ein Gesetz umgearbeitet werden müssen. Das war aber nie der Fall!

Nur eine »politische Erklärung« sei das gewesen, hieß es später, denn vor einer echten Haftung, die zu Papier gebracht werden sollte, scheuten die Protagonisten zurück. Die *Welt am Sonntag* (WAMS) hatte trotzdem vom Kanzleramt ein klares Bekenntnis zu der damals abgegebenen »Garantie« erwartet und nachgefragt. Die Antwort war höchst aufschlussreich: »Die Frage stellt sich derzeit nicht, weil es keine Bedrohung für die Spareinlagen mehr gibt.«[703] – Wie bitte? Keine Bedrohung für die Spareinlagen? Wieso brauchten dann die Banken und Landesbanken immer neue Milliarden vom Staat?

Es folgte ein Eiertanz vom Kanzleramt, die WAMS weiter: »Aus dem Kontext der damaligen Äußerungen werde klar, dass sich die Garantie auf die akute Situation im Herbst 2008 und die damaligen Sorgen vieler Menschen bezogen habe. ›Eine Unendlichkeitsgarantie kann eine solche Erklärung natürlich nicht haben.‹ Ausdrücklich zurückgezogen, das wird betont, sei die Garantie jedoch nicht.«[704] De facto gilt sie auch heute noch. 2 Jahre später relativierte dann Ex-

Finanzminister Peer Steinbrück (SPD) im *Spiegel* seine eigene und die Zusicherung der Kanzlerin (Hervorhebungen durch mich): »Es gab eine spürbare Verunsicherung, und die Leute begannen, **ihr Geld von den Banken abzuheben.** Dadurch sank die Liquidität der Kreditinstitute, was wiederum das Vertrauen in die Banken untergrub. Es drohte ein Teufelskreis, weswegen Kanzlerin Merkel und ich uns entschlossen haben, alle Spareinlagen staatlich zu garantieren. Es hat funktioniert. **Fragen Sie mich nicht, was passiert wäre, wenn es nicht funktioniert hätte.** Wir wussten, dass wir uns auf dünnem Eis bewegen. Um es deutlich zu sagen: **Für eine solche Zusage fehlte uns eigentlich die Legitimation.** Es gab **keine Rechtsgrundlage** und **keinen parlamentarischen Rückhalt.** Ich wundere mich bis zum heutigen Tag, dass die Parlamentarier hinterher nie gefragt haben: Um Gottes willen, was habt ihr da eigentlich gemacht?«[705]

Einer tat es: Christian Ströbele (Bündnis 90/Die Grünen) befragte im Oktober 2008 die Bundesregierung zu dieser »Garantie«.[706] Die Antwort der damaligen Staatssekretärin Nicolette Kressl enthüllte nichts Neues: Die Erklärung zur Garantie der privaten Spareinlagen sei eine rein politische Erklärung gewesen: »Hieraus lässt sich für die Bürger keine rechtsverbindliche und damit selbstständig einklagbare Garantieerklärung ableiten.«[707]

Diese überraschend ehrlichen Aussagen machen klar:

❶ Das deutsche Volk, das dem Versprechen blind vertraute, **wurde von der Bundeskanzlerin und ihrem Finanzminister** wissentlich **getäuscht/angelogen**, weil a) nicht genau definiert war, was unter »Spareinlagen« überhaupt zu verstehen war, und b) die beiden gar nicht befugt waren, eine solche »Garantie« abzugeben.

❷ Eine Garantie in solcher Höhe hätte nämlich vom Parlament abgesegnet und in ein Gesetz gegossen werden müssen.

Ich garantiere Ihnen: Im Zweifelsfall wird sich der Staat auf juristische Positionen zurückziehen, und die lauten: Es gibt kein Gesetz, in dem die Staatsgarantie für Spareinlagen verfestigt ist. Die damals so vollmundig abgegebene »Garantie« war also nichts als ein Versprechen und rechtlich völlig unverbindlich. Im Klartext: Nur heiße Luft, eine Lüge, um das »dumme« Volk zu beruhigen.

Auch die »Enteignung« Ihrer Lebensversicherung ist möglich

Das *Versicherungsaufsichtsgesetz* (VAG)[708] regelt die staatliche Beaufsichtigung der Versicherer und Pensionsfonds. Es beinhaltet vor allem staatliche Vorgaben für die Aufnahme und Fortführung des Geschäftsbetriebs. Für Sie sind besonders die Vorschriften zur Sicherung der dauernden Erfüllbarkeit der Verträge und zum Schutz der Kunden interessant. Die Aufsicht obliegt im Wesentlichen der Bundesanstalt für Finanzdienstleistungsaufsicht (BaFin). So weit die Theorie. Nun zur Praxis: Hat Sie Ihr Versicherungsberater schon einmal über Paragraf 314 des *Versicherungsaufsichtsgesetzes* aufgeklärt? Nein? Dann wird es höchste Zeit. Denn im Zuge einer Gesetzesreform zur Erfüllung der europäischen Solvency-II-Richtlinie wurde der »berüchtigte« Paragraf 89 des VAG seit 1. Januar 2016 wortgleich zum Paragrafen 314 VAG.

Wenn Sie jetzt von »cleveren« Beratern darauf hingewiesen werden, dass der jetzige Paragraf 89 nicht mehr das Zahlungsverbot und die Herabsetzung von Leistungen beinhalte, sondern die Eigenmittel beschreibt, die ein Versicherungsunternehmen aufbringen muss,[709] so hat er zwar Recht, aber Paragraf 314 ersetzt den »alten« Paragrafen 89 vollkommen und wortgleich. Lassen Sie sich also kein X für ein U vormachen. Der volle Wortlaut ist:

§ 314 – Versicherungsaufsichtsgesetz (VAG)

Artikel 1 G. vom 01.04.2015, BGBl. I, S. 434 (Nr. 14); zuletzt geändert durch Artikel 6 G. vom 19.03.2020, BGBl. I, S. 529 (Hervorhebungen durch mich):

❶ *Ergibt sich bei der Prüfung der Geschäftsführung und der Vermögenslage eines* ***Unternehmens****, dass dieses* ***dauerhaft nicht mehr imstande*** *ist, seine* ***Verpflichtungen zu erfüllen****, die Vermeidung des Insolvenzverfahrens aber zum Besten der Versicherten geboten erscheint, so kann die Aufsichtsbehörde das hierzu Erforderliche anordnen, auch die Vertreter des Unternehmens auffordern, innerhalb bestimmter Fristen eine Änderung der Geschäftsgrundlagen oder* *sonst die Beseitigung der Mängel herbeizuführen.* ***Alle Arten von Zahlungen, besonders Versicherungsleistungen, Gewinnverteilungen und bei Lebensversicherungen der Rückkauf oder die Beleihung des Versicherungsscheins sowie Vorauszahlungen darauf, können zeitweilig verboten werden.***

Die Vorschriften der Insolvenzordnung zum Schutz von Zahlungsabrechnungssystemen, Wertpapierliefersystemen und Wertpapierabrechnungssystemen sowie von dinglichen Sicherheiten der Zentralbanken und von Finanzsicherheiten sind entsprechend anzuwenden.

❷ *Unter der Voraussetzung nach Absatz 1 Satz 1 kann die* ***Aufsichtsbehörde****, wenn nötig, die* ***Verpflichtungen eines Lebensversicherungsunternehmens*** *aus seinen Versicherungen dem Vermögensstand entsprechend* ***herabsetzen****. Dabei kann die Aufsichtsbehörde ungleichmäßig verfahren, wenn besondere Umstände dies rechtfertigen, insbesondere, wenn bei mehreren Gruppen von Versicherungen die Notlage des Unternehmens mehr in einer Gruppe als in einer anderen Gruppe begründet ist.*

Bei der **Herabsetzung** werden, soweit Deckungsrückstellungen der einzelnen Versicherungsverträge bestehen, zunächst die **Deckungsrückstellungen herabgesetzt** und danach **die Versicherungssummen neu festgestellt**; ist dies nicht möglich, werden die **Versicherungssummen unmittelbar** herabgesetzt. **Die Pflicht der Versicherungsnehmer, die Versicherungsentgelte in der bisherigen Höhe weiterzuzahlen, wird durch die Herabsetzung nicht berührt.**

❸ *Die Maßnahmen nach den Absätzen 1 und 2 können auf eine selbstständige Abteilung des Sicherungsvermögens (§ 125 Absatz 6) beschränkt werden.*[710]

Das bedeutet für Sie und Ihre Lebensversicherung:

- Droht die Insolvenz Ihres Versicherungsunternehmens, kann die Aufsichtsbehörde (BaFin) Dienstleistungen (Versicherungsleistungen) dieses Unternehmens verbieten.

- Die Auszahlung von Geldern oder Policendarlehen und sogar die Versicherungssummen können neu festlegt werden.
- Sie müssen trotzdem die Beiträge in der bisherigen Höhe weiterbezahlen, und das, obwohl keine Leistungen mehr erfolgen.

> **Beispiel:** Die Aufsichtsbehörde könnte die Summe der für Ihre Altersvorsorge angesparten 100 000 Euro aus Ihrer Lebensversicherung auf 50 000 oder gar nur 25 000 Euro mindern, wenn sich Ihr Versicherer »verzockt« hat, oder sogar die komplette Auszahlung verbieten. Sie müssten ihre Beiträge aber trotzdem weiterbezahlen!

Schlussfolgerung: Paragraf 314 ermöglicht der staatlichen Aufsichtsbehörde einen direkten Zu- und Eingriff in die Ersparnisse von Lebensversicherungskunden. Dies ist eine Art der Enteignung. Denn der Paragraf verstößt eindeutig gegen das Rückzahlungsversprechen der Assekuranz und macht einmal mehr deutlich, dass die Rechtssicherheit in diesen Fällen nicht mehr gewährleistet ist. Und dennoch versucht man das alles schönzureden. Etwa in der Form, dass Paragraf 314 noch nie angewandt worden sei. Aber was nicht ist, kann ja noch werden, denn die gesetzliche Bestimmung gibt es ja nicht umsonst.

Im Sommer 2020 geisterte dann eine Schockmeldung durch den Blätterwald: Nach einer Studie des Bundes der Versicherten stehen mehrere Lebensversicherer vor dem Aus. Jedes vierte Unternehmen hat demnach finanzielle Probleme, fünf Versicherer sind sogar doppelt gefährdet. Mehr als ein Viertel (!) der untersuchten Unternehmen hat ernsthafte Probleme.[711] Hier die Aufstellung nach der Studie des BdV:

Versicherer mit Verlusterwartung:

- Nürnberger Beamten LV AG
- R+V LV AG
- Sparkassen-Versicherung Sachsen LV AG
- Süddeutsche LV a. G.
- uniVersa LV a. G.
- SIGNAL IDUNA LV a. G.
- VPV LV-AG[712]

Die oben genannten Anbieter dürften im laufenden Jahr Verluste einfahren.[713]

Versicherer mit geringer Zahlungsfähigkeit:

- Concordia oeco LV a. G.
- Debeka Leben V. V. a. G.
- ERGO LV AG
- Frankfurt Münchener LV AG (vormals Arag LV AG)
- Frankfurter LV AG
- HDI LV AG
- HUK-Coburg-LV AG
- Landeslebenshilfe VVaG
- neue leben LV AG
- RheinLand LV AG
- Öffentliche LVA Oldenburg PBLVAG
- VRK LV AG (vormals Familienfürsorge LV AG)[714]

Die Zahlungsfähigkeit dieser Versicherer ist laut Studie so gering, dass der Geschäftsbetrieb nur mit Übergangsmaßnahmen weiter erfolgen kann.[715]

Fünf Unternehmen sind doppelt gefährdet:

- DEVK LV a.G.
- Frankfurter LV AG
- Landeslebenshilfe VVaG
- PB LV AG
- RheinLand LV AG[716]

Diese Unternehmen leiden sowohl unter Verlusten im laufenden Jahr als auch unter einer angespannten Finanzsituation.[717]

Die Warnung des BdV beruhte auf den verpflichtenden Berichten, mit denen die Versicherer ihre Finanzlage offenlegten. BdV-Vorstandssprecher Axel Kleinlein warnte Anleger sogar davor, eine Lebensversicherung zum Zweck der Altersvorsorge abzuschließen![718] All das macht die ewige Niedrigzinspolitik zur Rettung unfähiger EU-Südländer möglich und zeigt Ihnen, wie »wacklig« Lebensversicherungen geworden sind. Die ganze Misere habe ich bereits im Juli 2009 in meinem Buch *Der Crash der Lebensversicherungen* prognostiziert.[719]

Viele Lebensversicherungen sind nicht mehr sicher!

Fakt ist: Die Beitragseinnahmen der Assekuranz betrugen 2019 laut Gesamtverband der Deutschen Versicherung (GDV) 103,2 Milliarden Euro.[720] Die versicherte Summe lag bei 306,7 Milliarden Euro.[721] Die Forderungen – Ihre Forderungen – an die Versicherer sind also dreimal so hoch wie deren Beitragseinnahmen. Genau aus diesem Grund gibt es das *Versicherungsaufsichtsgesetz* (VAG).

Was das im Worst Case (wenn also das gesamte Versicherungssystem zusammenbräche) bedeuten würde, ist klar: Die Versicherten – Sie – müssten auf ihre Ansprüche teilweise oder ganz verzichten. Denn der Sicherungsfonds »Protektor« verfügt nur über eine Kapitaldecke von rund einer Milliarde Euro,[722] die das erforderliche Kapital von rund 307 Milliarden Euro nicht einmal ansatzweise decken könnte.

Enteignungen nach einem *Lastenausgleichsgesetz*

Sigmar Gabriel (SPD) forderte im Frühjahr 2020 schon mal einen Lastenausgleich, eine »Vermögensumverteilung nach der Coronakrise«.[723] O-Ton Gabriel:

> Unsere Eltern und Großeltern haben schon mal eine Lösung finden müssen – die nannten wir »Lastenaustausch«. Darüber muss man dann öffentlich reden. […] Es kann schon sein, dass es zu einem solchen Lastenausgleich kommen wird. Da ist dann aber nicht nur die Politik dran beteiligt, sondern sehr viele Menschen, und auch die, die weit mehr verdienen als jeder Abgeordnete des Deutschen Bundestages.[724]

Gabriel weiter: »Lastenausgleich – also dass der, der starke Schultern hat, in der schwersten Krise, die das Land seit seiner Gründung zu bestehen hat, etwas mehr dazu beiträgt, das Land wieder aus der Krise rauszuholen, als er das normalerweise tun muss«, sei ein gutes Konzept.[725]

Auch der Berliner Historiker Heinrich August Winkler war der Auffassung, dass eine »Umverteilung großen Stils notwendig sein« werde:

»Zu vergleichen ist das nur mit dem Lastenausgleich zugunsten der Vertriebenen und Ausgebombten nach dem Zweiten Weltkrieg. […] Es muss zu steuerlichen Belastungen derer kommen, die von der Krise wirtschaftlich weniger stark betroffen sind oder gar von ihr profitieren.[726]

Natürlich forderte die Mitparteivorsitzende der Linken, Katja Kipping, im Sommer 2020 ebenfalls eine Vermögensabgabe als Lastenausgleich für die »Reichsten«.[727]

Hintergrund: »Lastenausgleich« und »Vermögensabgabe« stehen bereits im *Grundgesetz*

Es mag Sie zwar verwundern, aber die Möglichkeiten des Lastenausgleichs und der Vermögensabgabe stehen bereits in unserem *Grundgesetz*, und zwar in Artikel 106:

(1) *Der Ertrag der Finanzmonopole und das Aufkommen der folgenden Steuern stehen dem Bund zu:*
1. *die Zölle,*
2. *die Verbrauchsteuern, soweit sie nicht nach Absatz 2 den Ländern, nach Absatz 3 Bund und Ländern gemeinsam oder nach Absatz 6 den Gemeinden zustehen,*
3. *die Straßengüterverkehrsteuer, die Kraftfahrzeugsteuer und sonstige auf motorisierte Verkehrsmittel bezogene Verkehrssteuern,*
4. *die Kapitalverkehrssteuern, die Versicherungssteuer und die Wechselsteuer,*
5. *die einmaligen Vermögensabgaben und die zur Durchführung des Lastenausgleichs erhobenen Ausgleichsabgaben,*
6. *die Ergänzungsabgabe zur Einkommensteuer und zur Körperschaftsteuer,*
7. *Abgaben im Rahmen der Europäischen Gemeinschaften.*[728]

Darauf verweisen auch die Wissenschaftlichen Dienste des Deutschen Bundestages in ihrer Analyse mit dem Titel »Verfassungsmäßigkeit einer Vermögensabgabe zur Bekämpfung der wirtschaftlichen Folgen der Corona-Pandemie«[729] vom 9. April 2020, die sich, wie der Titel schon sagt, mit der »erneuten Einführung einer einmaligen Vermögensabgabe« befasst. Damit könnten »Wohlhabende durch einmalige Zahlungen zur Refinanzierung des Staates herangezogen werden«.[730]

Die Wissenschaftlichen Dienste resümieren: »Dadurch, dass die Vermögensabgabe im *Grundgesetz* in Art. 106 Abs. 1 Nr. 5 ausdrücklich normiert wurde, ist sie grundsätzlich verfassungsrechtlich zulässig.«[731]

Dabei ist unter den Verfassungsrechtlern strittig, ob für die Einführung einer Vermögensabgabe überhaupt eine »finanzielle Sonderlage« des Staates die Voraussetzung sein muss, die den Rückgriff auf die bestehenden Vermögen seiner Bürger rechtfertigt.[732] Das Bundesverfassungsgericht (BVerfG) gibt in seinen Urteilen ebenfalls keinen hinreichenden Aufschluss darüber, ob eine Vermögensabgabe eine staatliche Ausnahmelage voraussetzt oder nicht. Das BVerfG hat lediglich erwähnt, dass die Verfassung »unter besonderen Voraussetzungen« einen Zugriff auf die Vermögenssubstanz erlaubt, und hat dafür »staatliche Ausnahmelagen« genannt.[733]

Die Vermögensabgabe muss laut Verfassung aber eine einmalige Abgabe bleiben. Allerdings ist es zulässig, diese über mehrere Jahre zu verteilen, wie es etwa bei den Lastenausgleichsabgaben im Rahmen des *Lastenausgleichsgesetzes* (LAG) von 1952 praktiziert wurde (siehe unten).[734]

Ältere von Ihnen können sich sicherlich noch daran erinnern: Im Jahr 1952 gab es das *Gesetz über den Lastenausgleich* (LAG).[735] Zur Durchführung des Lastenausgleichs wurden Ausgleichsabgaben erhoben.[736] Das Geld wurde von jenen Bürgern bezahlt, die ihren Besitz im Krieg nicht verloren hatten.[737]

Damals erfolgte die Umverteilung dadurch, dass diejenigen, denen Vermögen verblieben war (auch Immobilienbesitzer), 50 Prozent ihres Vermögens in 120 vierteljährlichen Raten, verteilt auf 30 Jahre, in einen Ausgleichsfonds einzahlen mussten. Alle Vermögen über 5000 D-Mark wurden mit dieser Abgabe belastet. Die Abgabe wurde nach der Höhe des Vermögens mit Stand vom 21. Juni 1948 (dem Tag nach Einführung der D-Mark) in den drei westlichen Besatzungszonen berechnet.

Als »Ausgleichsabgaben« werden erhoben:

① **Vermögensabgabe.**[738]
② **Hypothekengewinnabgabe** (Sonderabgabe auf Gewinne aus Schulden, für die Grundpfandrechte bestellt worden waren).[739]
③ **Kreditgewinnabgabe** (Sonderabgabe auf Schuldnergewinne gewerblicher Betriebe).[740]

Mit diesen Maßnahmen wurde ein Drittel der gesamten Ausgaben finanziert (53 Milliarden D-Mark von 145 Milliarden D-Mark). Der Rest der benötigten Mittel wurde über Steuern und Zuschüsse der Länder aufgebracht.[741]

Die Anträge im Lastenausgleich stiegen in den 1980er-Jahren noch einmal stark an. Damals strömten viele Spätaussiedler aus den Staaten Osteuropas in die alte Bundesrepublik. Dann kamen die Grenzöffnung und schließlich die Wiedervereinigung. Sie brachte es mit sich, dass rund 513 000 Fälle mit Zuerkennung von Hauptentschädigung, die den Bereich der DDR betrafen, erneut in Bearbeitung genommen werden mussten.

Seit 1996 können allerdings keine neuen Anträge auf Lastenausgleich mehr gestellt werden.[742]

Dennoch gilt das *Lastenausgleichsgesetz* bis heute. Auf dessen Grundlage werden nämlich auch die Kriegsschadensrenten[743] jener Menschen bezahlt, die noch am Leben sind.[744]

Eine **Zwangshypothek**, bei der eine Grundschuld zugunsten des Staates in die Grundbücher eingetragen wird und Sie als Immobilienbesitzer quasi zwangsweise verschuldet und enteignet werden, ist demnach durchaus möglich. Rechtsgrundlage dafür könnte ein neues *Lastenausgleichsgesetz* sein.

Dies wäre äußerst lukrativ für den Staat, denn die deutschen Immobilienvermögen werden auf knapp 9 Billionen Euro geschätzt. Bei einer staatlichen Zwangshypothek von »nur« 10 Prozent könnte der Fiskus sich so also 900 Milliarden Euro aneignen, die er mit Grundschulden besichern könnte. Einen großen Batzen der offiziellen Verschuldung könnte man so bequem »tilgen«. Die Haus- und Wohnungsbesitzer hingegen würden ärmer. Ebenso könnte eine Vermögenssonderabgabe, ein »sozialer Lastenausgleich« oder eine »Corona-Abgabe« auf das gesamte Vermögen erhoben werden (siehe Kapitel 12 ➔ »Corona-, Wirtschafts- und Finanzkrisen: Wie der Staat sich sein Geld wieder zurückholen wird«, S. 227).

Der Steuerberater und Referent Jürgen Wipfler beschrieb dieses Szenario so:

> Nicht jeder wird in der Lage sein, plötzlich einen Teil seines Vermögens herzugeben oder zu verkaufen, um die Lastenausgleichabgabe zu bezahlen. […] So wird der Lastenausgleich beim Geldvermögen in kurzer Zeit erfolgen, beim Sachvermögen dagegen zeitlich gestreckt. […] Zur Sicherung des Anspruchs kann der Staat eine Zwangshypothek auf Ihren Grundbesitz eintragen. […] Rechtsgrundlage wird ein *Lastenausgleichsgesetz* sein.[745]

Die Erfahrungen aus dem Jahre 1952 lassen nichts Gutes erahnen. Anders sieht das SPD-Gabriel: Beim Thema Lastenausgleich habe man in Deutschland ein sehr gelungenes Vorbild, auf das man »stolz« sein könne.[746]

Diese Gesetze sind also schon einmal da gewesen, wieso sollen sie, wenn der Staat mit dem Rücken zur Wand steht, nicht wieder erlassen werden?

Ich habe in meinen vielen Jahrzehnten als politischer Beobachter eines gelernt:

Wenn Politiker erst einmal von einem angeblichen »Tabuthema« reden und es dann auch noch in die Medien bringen, dann ist mehr dran, als das »dumme« Volk glaubt.

Hintergrund: 2021 – Die nächste Zensusbefragung

Viele haben das noch gar nicht auf dem Schirm: Im Jahr 2021 erfolgt die nächste Zensusbefragung durch den Staat.[747] Bereits im Juni 2019 hat der Bundestag den rechtlichen Rahmen für die Schnüffelei beschlossen. Der Zensusstichtag soll der 16. Mai 2021 sein. Doch aufgrund der Corona-Krise ist es auch möglich, dass die Befragung um ein Jahr verschoben wird.

In dem Gesetzestext heißt es, der Zensus umfasse eine Bevölkerungs-, eine Gebäude- und eine Wohnungszählung sowie eine Haushaltebefragung auf Stichprobenbasis. Die Ergebnisse sollen laut Bundesinnenministerium für »politische Planungen und Entscheidungen« genutzt werden.[748]

Im Rahmen dieses Gesetzes sollen allerdings nicht nur grundlegende Daten über die Bevölkerung, sondern auch der Gebäude- und Wohnungsbestand sowie die Wohnsituation der Haushalte ermittelt werden. Eigentümer und Verwalter von Wohnräumen sollen nach dem *Zensusgesetz* 2021 dazu verpflichtet werden, Auskunft über bestimmte Angaben zu den von ihnen vermieteten Wohnungen zu geben.

Diese Ämter geben »Schützenhilfe«

Für die Befragung sollen in erster Linie Daten aus Verwaltungsregistern genutzt werden, sodass die Mehrheit der Bevölkerung keine Auskunft leisten muss. Die Befragung soll lediglich durch eine Stichprobe ergänzt und mit einer Gebäude- und Wohnungszählung kombiniert werden.[749] Die konkrete Durchführung wird durch das *Zensusgesetz*[750] geregelt.

Zu diesem Zweck werden Daten von folgenden Behörden herangezogen:

- Statistische Ämter des Bundes und der Länder
- Meldebehörden
- Bundesamt für Kartographie und Geodäsie
- Vermessungsverwaltungen

- Finanzverwaltungen
- Grundsteuerstellen

Das Zensus-Steuerungsregister enthält auch die erforderlichen Daten zur Identifizierung der Eigentümer und Verwalter von Wohnraum sowie der Träger, Eigentümer und Verwalter von Wohnheimen und Gemeinschaftsunterkünften.

Diese hochsensiblen Daten sollen abgeschöpft werden

Paragraf 10 des *Zensusgesetzes* beschreibt die »Erhebungsmerkmale«, sprich: welche Informationen von Immobilienbesitzern erschnüffelt werden sollen:

- Gemeinde und Postleitzahl sowie der amtliche Gemeindeschlüssel
- Art des Gebäudes
- Eigentumsverhältnisse
- Gebäudetyp
- Baujahr
- Heizungsart und Energieträger
- Zahl der Wohnungen
- Art der Nutzung
- Leerstandsgründe
- Leerstandsdauer
- Fläche der Wohnung
- Zahl der Räume
- Nettokaltmiete
- Familienname (frühere Namen), Vornamen und Anschrift der Auskunftspflichtigen
- Kontaktdaten der Auskunftspflichtigen
- Namen und Vornamen von bis zu zwei Personen, die die Wohnung nutzen
- Anzahl der Personen, die in der Wohnung wohnen
- Straße, Hausnummer und Anschriftenzusätze der betreffenden Wohnung

Aber das ist noch lange nicht alles. Auch hochsensible persönliche Daten sollen erhoben werden:

- Geschlecht
- Staatsangehörigkeiten
- Monat und Jahr der Geburt
- Familienstand
- nichteheliche Lebensgemeinschaften
- für Personen, die nach dem 31. Dezember 1955 nach Deutschland zugezogen sind: Jahr der Ankunft in Deutschland
- Anzahl der Personen im Haushalt
- Geburtsstaat
- Erwerbsstatus in der Woche des Zensusstichtags
- Stellung im Beruf und ausgeübter Beruf
- Wirtschaftszweig des Betriebs
- Anschrift des Betriebs (nur Postleitzahl und Gemeinde)
- Höchster allgemeiner Schulabschluss und höchster beruflicher Bildungsabschluss
- Aktueller Schulbesuch
- Familienname und Vornamen
- Anschrift der Wohnung und Lage der Wohnung im Gebäude

Für die Befragung besteht eine sogenannte »Auskunftspflicht«, man kommt also um die Beantwortung nicht herum.

Allerdings steht eine andere Frage für viele Kritiker im Vordergrund, nämlich diese: Bildet die mit Zensus 2021 verbundene Datenerhebung die Bestandsaufnahme für eine zukünftige Immobilienzwangsabgabe?

Das *Lastenausgleichsgesetz* von 1952 war jedoch nicht das einzige Gesetz zu einer einmaligen Vermögensabgabe. Im Jahr 1913 gab es den »Wehrbeitrag« und 1919 das »Reichsnotopfer«.[751] Weil unsere Politiker in diesem Falle gerne aus der Vergangenheit lernen, möchte ich auch auf diese beiden – in der Öffentlichkeit weniger bekannten – Vermögensabgabegesetze eingehen.

Der Wehrbeitrag

Der Wehrbeitrag wurde im Jahr 1913 als einmalige Vermögensabgabe im Deutschen Reich erhoben. Er sollte zur Finanzierung der Infrastruktur, der sogenannten »Heeresvermehrung«, dienen. Die Sollstärke der Armee sollte nämlich um 117 000 Mann steigen.[752] Rechtsgrundlage war das *Wehrbeitragsgesetz* (eigentlich: *Gesetz über einen einmaligen außerordentlichen Wehrbeitrag* vom 3. Juli 1913.)[753] Dessen Einleitung liest sich so:

> Wir Wilhelm, von Gottes Gnaden Deutscher Kaiser, König von Preußen, verordnen im Namen des Reichs nach erfolgter Zustimmung des Bundesrats und des Reichstags, was folgt:
> § 1
> Zur Deckung der Kosten der Wehrvorlage wird nach den Vorschriften dieses Gesetzes ein einmaliger außerordentlicher Beitrag vom Vermögen und bei den in § 10 genannten Personen auch vom Einkommen erhoben.[754]

Als Begründung für die Abgabe wurde, wie schon erwähnt, »die Verstärkung der Wehrmacht« angegeben: Eine »starke Wehrmacht« habe dem deutschen Volke eine »jahrzehntelange Friedensarbeit« ermöglicht und bleibe auch in Zukunft »eine sichere Bürgschaft und Gewähr für die Erhaltung eines ehrenvollen Friedens«.[755]

Als »Vermögen« im Sinne des Gesetzes galt das gesamte bewegliche und unbewegliche Vermögen nach Abzug der Schulden. Dies umfasste:

- Grundstücke, einschließlich des Zubehörs.[756]
- Das Betriebsvermögen aus Land-, Forst-, Bergbaubetrieben und aus anderen Gewerben (einschließlich Maschinen, Werkzeuge, Tiere, Futtervorräte, Gold, Silber, Geld, Wechsel, Schuldscheine, Wertpapiere, Aktien, Renten).[757]
- Das gesamte sonstige Vermögen, das nicht Grund- oder Betriebsvermögen war (Kapitalvermögen).[758]

Die Abgabepflicht galt für alle inländischen Grund- und Betriebsvermögen bei natürlichen Personen und inländischen Aktien- und Kommanditgesellschaften, ohne Rücksicht auf Staatsangehörigkeit, Wohnsitz oder Aufenthalt.[759] Das Vermögen der Ehegatten wurde zusammengerechnet, wenn sie nicht getrennt wohnten.[760]

Die Abgabe wurde auf Vermögen über 10 000 Mark (heutige Kaufkraft rund 56 000 Euro) erhoben. Der Satz betrug 0,15 bis 1,5 Prozent. Der Höchstsatz wurde bei 5 Millionen Mark erreicht. Im Durchschnitt betrug die Belastung 0,5 Prozent.[761]

Zusätzlich wurden Jahreseinkommen über 5000 Mark (in heutiger Kaufkraft entspricht das rund 28 000 Euro) mit einer Abgabe von 8 Prozent belastet.[762] Der Wehrbeitrag, der in drei Jahresraten (1913-1915) erhoben wurde, spülte dem Staat rund eine Milliarde Mark in die Kasse.[763]

Das Reichsnotopfer

Im Rahmen der Erzberger'schen Finanzreformen[764] wurde 1919 das Reichsnotopfer als außerordentliche Vermögensabgabe eingeführt.[765] Das Reichsnotopfer wurde infolge der staatlichen Finanznot nach dem Ersten Weltkrieg und den unglaublich hohen Reparationszahlungen, die an die alliierten Siegermächte geleistet werden mussten, in den Jahren 1919 bis 1922 erhoben. Rechtliche Grundlage dafür bildete das *Reichsnotopfergesetz*.[766]

Die Abgabe war wie folgt strukturiert:

- Im ganzen Reich wurde das Nettovermögen der Steuerpflichtigen erfasst und nach Abzug eines Freibetrages von 5000 Mark (für Verheiratete 10 000 Mark) progressiv besteuert. Wer mehr Vermögen besaß, musste also mehr abgeben.
- Progressiv besteuert wurden auch Sach- und Realvermögen wie Bargeld, Bankguthaben, Forderungen, Wertpapiere, Aktien, Anleihen, Immobilien und Maschinen.
- Die Steuersätze begannen bei 10 Prozent und stiegen stufenweise bis auf 65 Prozent (!) für abgabepflichtige Vermögen über 7 Millionen Mark.
- Personengesellschaften, Kapitalgesellschaften und sonstige juristische Personen waren gesondert abgabepflichtig. Sie wurden mit einem Abgabesatz von einheitlich 10 Prozent belastet.
- Die Abgabe sollte über 30 Jahre abgezahlt werden.
- Die Teilzahlungen wurden verzinst.
- Abgabenbelastungen auf Grundbesitz konnten über 50 Jahre verteilt werden.[767]

Doch die hohen Abgabesätze lösten politische Empörung sowie starken Steuerwiderstand und Steuerflucht aus. Die Politik reagierte mit dem *Gesetz zur beschleunigten Veranlagung und Erhebung des Reichsnotopfers,*[768] das gewisse Erleichterungen brachte.[769] Doch das Gesetz verpflichtete auch dazu, Teilbeträge sofort in drei Etappen zum 1. März und 1. November 1921 und zum 1. Mai 1922 zu bezahlen.[770] Aber das Reichsnotopfer führte trotz des Zusatzgesetzes zu sozial unerwünschten Folgen:

- Am meisten betroffen waren – entgegen der Intention des Gesetzgebers – die Besitzer von Kleinvermögen, die die ihnen auferlegten Belastungen ohne Ratenzahlungen beglichen.[771]
- Vermögende konnten sich hingen durch Kapitalflucht und Ratenzahlungen bei ansteigender Inflation eines großen Teils der Abgabe entziehen.[772]

Die steigenden Inflationsraten entwerteten dann auch die Teilzahlungen.[773] Durch die Geldentwertung schmolzen die Vermögen zusammen, und die Finanzämter konnten den aktuellen Stand nicht mehr ermitteln. In der Folge wurde die Erhebung des Reichsnotopfers im Jahr 1922 wegen »technischer Schwierigkeiten« eingestellt.[774]

Enteignungen nach der Hauszinssteuer (Gebäudeentschuldungssteuer)

Das *Lastenausgleichsgesetz* von 1952 mag manchem von Ihnen noch etwas sagen, aber das erste *Lastenausgleichsgesetz* mit dem Titel *Gesetz über den Geldentwertungsausgleich bei bebauten Grundstücken*[775] von 1926, im Volksmund »Hauszinssteuer« oder »Gebäudeentschuldungssteuer« genannt, kennt (fast) niemand mehr. Und doch sind es Blaupausen, die jederzeit wieder reaktiviert werden können und deshalb auch einer näheren Betrachtung bedürfen.

Die Gebäudeentschuldungssteuern der Länder, die sich meistens am preußischen Modell der »Hauszinssteuer« orientierten,[776] belasteten die Vermögen und Schuldnergewinne der Immobilienbesitzer.[777]

Das *Gesetz über den Lastenausgleich* sollte Eigentümer von Immobilien an den Kosten des öffentlich geförderten Wohnungsbaus nach dem Ersten Weltkrieg beteiligen. Denn durch den Wertverlust von Hypotheken wegen der Hyperinflation bis 1923 waren Grundeigentümer de facto entschuldet worden, während ihr Grundeigentum durch die Inflation nicht an Wert verloren hatte.[778]

Die sogenannte »Hauszinssteuer« wurde ab 1924 von jedem der deutschen Länder erhoben. Sie hatten die Entscheidungsgewalt über deren Ausgestaltung. Die Höhe der Hauszinssteuer war insoweit festgelegt, als im Jahre 1924 mindestens 10 Prozent, 1925/26 mindestens 15 Prozent und von 1927 an mindestens 20 Prozent der Miete dem Wohnungsneubau zugutekommen musste.[779]

Bis 1927 betrugen die Einnahmen rund 850 Millionen Reichsmark und blieben konstant. Die Steuer trug zum gemeinnützigen Wohnungsbau bei, zwischen 1926 und 1930 sogar in erheblichem Maße: Rund 30 Prozent des öffentlich geförderten Wohnungsbaus wurde aus der Hauszinssteuer finanziert. Erst mit dem Beginn der Weltwirtschaftskrise und deren Bekämpfung wurde der Lastenausgleich auch für den allgemeinen Finanzbedarf verwendet.[780]

Was die Politik allerdings nicht richtig bedacht hatte: Die Mieten für Altbauwohnungen steigen aufgrund der Hauszinssteuer immens, da diese von den meisten Hausbesitzern auf die Mieten umgelegt wurde[781] – und das in der wirtschaftlich katastrophalsten Zeit der Weltwirtschaftskrise. Die umgelegte Hauszinssteuer machte nämlich bis zu 20 Prozent der Miete aus.[782]

Zum 1. April 1932 wurde die Hauszinssteuer schließlich gesenkt. Außerdem entfiel die Zweckbindung. Dadurch verringerten sich aber auch die staatlichen Ausgaben für den öffentlichen Wohnungsbau in den Jahren 1930 bis 1932, und zwar von 2,4 Milliarden auf nur noch 800 Millionen Reichsmark.[783] Die NS-Regierung stellte die schnelle Abschaffung der Steuer in Aussicht,[784] doch tatsächlich geschah dies erst zum 1. Januar 1943.[785] Die Hausbesitzer mussten dann allerdings das Zehnfache der jährlichen Steuerlast als Ablösesumme bezahlen[786]:

> Nach der Verordnung über die Aufhebung der Gebäudeentschuldungssteuer vom 31. Juli 1942, RGBl. I, S. 501, wird die Hauszinssteuer für die Zeit ab 1. Januar 1943 nicht mehr erhoben. Es ist ein einmaliger Abgeltungsbetrag zu leisten. Dieser beträgt das Zehnfache des Jahresbetrages der Hauszinssteuer, der sich nach den Verhältnissen am 1. Dezember 1942 ergibt. Der Abgeltungsbetrag wird auf volle 100 Reichsmark nach unten

> abgerundet. Der Abgeltungsbetrag nebst Zinsen ruht auf dem Grundstück als öffentliche Last. Er fließt dem Reich zu.[787]

Der Immobilienexperte Florian Sollfrank schreibt (Hervorhebungen durch mich):

> So wurde z.B. 1924 bis 1942 auf Länderebene eine so genannte »Hauszinssteuer« erhoben, welche ***rückwirkend*** für alle Immobilienkäufe vor Juli 1918 eingeführt wurde. Durch diese sollten Vermögensgewinne abgeschöpft werden, die Immobilienbesitzer durch die Hyperinflation zuvor angeblich eingestrichen hatten. Tatsächlich handelte es sich bei den Preissteigerungen allerdings meist nur um rein nominale Gewinne. ***Kaufkraftbereinigt verloren die Eigner einen beträchtlichen Teil ihres Vermögens und mussten dann quasi diesen Verlust auch noch besteuern lassen!***[788]

Da aktuell der Wohnimmobilienmarkt für Investoren durch die Corona-Krise tendenziell attraktiver wird, fantasiert man in der sozialistischen Tageszeitung *Neues Deutschland* jedenfalls schon von der Wiedereinführung einer wie auch immer gearteten »Hauszinssteuer«.[789] In der *Süddeutschen Zeitung* schreiben Stefan Bach und Claus Michelsen in einem Gastbeitrag mit dem Titel »Für eine neue Mietsteuer«: »Wenn schon enteignen, dann alle ein bisschen. Früher gab es einmal die Hauszinssteuer, vielleicht sollte man da heute wieder anknüpfen.«[790]

Sie sehen also, das Thema ist noch lange nicht vom Tisch. Das meint auch der bereits genannte Florian Sollfrank (Hervorhebungen durch mich):

> Bürger, die angesichts der eingegangenen deutschen Bürgschaften und Garantien für andere Länder überlegen, ihre Vermögenswerte durch einen kreditfinanzierten Immobilienkauf abzusichern, sollten bedenken, ***dass speziell der deutsche Staat viel Erfahrung*** darin hat, ***Hauseigentümer mit Zwangsabgaben*** zu beglücken. Ein ***Vorbote*** hierzu zeichnet sich aktuell bereits mit der ***möglichen Wiedereinführung der Vermögenssteuer*** ab, wobei nur noch Daueroptimisten annehmen, dass der Immobilienbesitz hierbei besonders gut abschneiden dürfte. Wie dies in der ***Praxis aussehen kann***, wurde bereits in Griechenland getestet: Dort wird eine ***Sondersteuer von 20 Euro pro Quadratmeter und Jahr über die Stromrechnung einkassiert.***[791]

Enteignungen nach dem *Rettungsübernahmegesetz*

Das *Rettungsübernahmegesetz*, eigentlich *Gesetz zur Rettung von Unternehmen zur Stabilisierung des Finanzmarktes* (RettungsG)[792] ist Teil der Finanzmarktstabilisierungsgesetze. Es ermöglicht, Anteile von Unternehmen des Finanzsektors zugunsten des Finanzmarktstabilisierungsfonds unter bestimmten Voraussetzungen (z. B. Systemrelevanz) gegen Entschädigung zu enteignen.[793]

In Paragraf 1 heißt es, dass zur Sicherung der Finanzmarktstabilität Enteignungen nach Maßgabe dieses Gesetzes vorgenommen werden können. Enteignet werden können Anteile an Unternehmen des Finanzsektors, sonstige Rechte, die Bestandteile der Eigenmittel von Unternehmen des Finanzsektors sind, Anteile an Tochterunternehmen, Forderungen oder Finanzinstrumente aus dem Vermögen der Unternehmen sowie Verbindlichkeiten gegenüber Dritten. einschließlich Forderungen und Verbindlichkeiten aus Derivate-, Pensions- und ähnlichen Geschäften.[794]

Eine Enteignung ist allerdings nur zulässig, wenn sich die Enteignungsbehörde zuvor um den alternativen Erwerb vergeblich bemüht hat oder dieser angesichts der Dringlichkeit keine ausreichende Aussicht auf Erfolg hat. Die Enteignungsbehörde ist das Bundesministerium der Finanzen.[795] Das Verfahren beginnt mit der Entscheidung der Bundesregierung, ein Enteignungsverfahren durchzuführen. Diese ist unverzüglich auf dem Internetportal des Bundesministeriums der Finanzen und im *Bundesanzeiger* zu veröffentlichen.[796]

Für die Enteignung muss eine Entschädigung zum Verkehrswert geleistet werden, der sich in der Regel nach dem gewichteten durchschnittlichen inländischen Börsenpreis während der letzten 2 Wochen vor dem Tag der Eröffnungsentscheidung bemisst. Wenn der Durchschnittspreis innerhalb der letzten 3 Tage vor der Eröffnungsentscheidung niedriger ist, dann ist der niedrigere Börsenpreis zugrunde zu legen.[797]

Unternehmen, deren Anteile enteignet wurden, sind unverzüglich wieder zu privatisieren, sobald das Unternehmen nachhaltig stabilisiert worden ist. Dies kann insbesondere durch eine Veräußerung von Anteilen, eine Kapitalerhöhung oder in sonstiger Weise erfolgen.[798]

Das Gesetz wurde im Zuge der Weltfinanzmarktkrise 2007/2008 geschaffen, um notfalls die Anteile an der Hypo Real Estate Holding AG (HRE) auf den Bund übertragen zu können (zur HRE siehe → »Hintergrund: ›Staatsgarantie‹ auf Ihr Sparbuch – Was nützt Sie Ihnen?«, S. 189). Das Gesetz war befristet bis zum 30. Juni 2009.[799] Es kam nie zur Anwendung, was allerdings nicht heißt, dass in Zukunft nicht ein ähnliches Gesetz erlassen werden könnte.

Blaupause: Teilenteignung der Bankkunden in Zypern

Der kleine Inselstaat im Mittelmeer wurde erst im Jahr 2008 in die Europäische Währungsunion aufgenommen. Und das, obwohl sein Wirtschaftswachstum und die Finanzstabilität stark von der Entwicklung in Griechenland abhingen und immer noch abhängen. Der de facto bankrotte Nachbarstaat nimmt nämlich 22 Prozent der zyprischen Exporte ab und ist somit der größte Handelspartner. Die Aufnahme Zyperns in die Europäische Gemeinschaft war also von Anfang an ein Roulettespiel mit ungewissem Ausgang.

Bereits am 30. Januar 2011 schrieb ich auf einem Onlineforum einen Artikel mit dem Titel: »Ist Zypern der nächste EU-Bankrott-Staat?« Mir war damals schon klar: Geht es Griechenland schlecht, kommt Zypern in ernste Gefahr. Steigende Defizite, immer höhere Schulden und die enge Verflechtung der zyprischen Wirtschaft mit dem maroden Griechenland waren schließlich dann auch das Todesurteil für die Insel. Genauso, wie ich es schon 1½ Jahre (!) zuvor prognostiziert hatte.

Zudem waren die zyprischen Banken mit hohen Risiken konfrontiert, weil sie sich stark in ihrem Nachbarland engagiert hatten. Die Beteiligung der zyprischen Geldinstitute entsprach dem 2,5-Fachen der Wirtschaftsleistung des ganzen Landes. Die Bilanzsumme der zyprischen Banken war sogar 7,2-mal größer als das Bruttoinlandsprodukt (129 Milliarden Euro zu 18 Milliarden Euro).

Die größten zyprischen Banken – die Bank of Cyprus, die Marfin Popular Bank und die Hellenic Bank – hatten sich auf dem griechischen Markt konsequent eingerichtet. Zyprische Banken hatten insgesamt rund 40 Prozent ihrer Kredite an Griechenland vergeben und kämpften plötzlich mit zunehmenden Kreditausfällen. Aber nicht nur die Kreditvergabe und deren Nichttilgung stellte für die zyprischen

Banken ein Risiko dar, sondern auch das Engagement in griechischen Staatsanleihen. Immerhin hielten sie Bonds im Volumen von rund 5 Milliarden Euro.[800]

Der damalige zyprische Präsident Dimitris Christofias, ein Kommunist, hatte seinen kleinen Inselstaat in nur 5 Jahren in den Bankrott getrieben. Die Gründe: Starke Erhöhungen der Sozialausgaben und Verdoppelung der Staatsschulden. Sein »kommunistisches Modell« fruchtete nicht. Zypern beantragte im Juni 2012 EU-Hilfskredite, sprich: Rettung vor dem Staatsbankrott.[801]

Reine Gier führte in den Abgrund

Zypern hatte bis dahin mit nur 10 Prozent die niedrigste Körperschaftsteuer der gesamten EU. Die Vorteile des extrem niedrigen Satzes wurden von jeder Regierung des Landes verteidigt. Der niedrige Steuersatz, kombiniert mit Regelungen, die Holdings praktisch von der Steuer befreiten, lockten massenhaft Firmen auf die Insel. 19 000 Unternehmen waren es jährlich.

Doch die Gier nach neuen Investoren führte geradewegs in den Abgrund: Der niedrige Steuersatz hatte nämlich zu einem hohen Zufluss an Einlagen in den heimischen Banken geführt. Diese sahen sich dadurch »genötigt«, ihre Engagements in Griechenland zu erhöhen. Ein tödlicher Fehler, wie sich herausstellen sollte.

Durch den steigenden Geldfluss aus dem Ausland wurden Kredite in einer Höhe von 24 Milliarden Euro vergeben. Das entsprach 133 Prozent des Bruttoinlandsprodukts des Landes. Hinzu kam der Schuldenschnitt auf griechische Staatsanleihen, der die zyprischen Banken letztlich rund 4 Milliarden Euro kostete.[802]

So nahm das Drama im Frühling 2013 immer katastrophalere Formen an. Die Situation war sogar dermaßen schlimm, dass die zyprische Regierung schnell an das Vermögen seiner Bürger herankommen musste.

In hitzigen Sitzungen wurde beschlossen, dass Anleger, die Kapital auf zyprischen Banken bunkern, zwangsweise eine sogenannte »Stabilitätsabgabe« bezahlen müssten. Alle Anleger sollten davon betroffen sein. Die Zwangsabgabe sollte bis 100 000 Euro 6,75 Prozent, darüber hinaus 9,9 Prozent betragen. Das galt sowohl für in-, als auch für ausländische Kontoinhaber.

Bankensturm

Mitte März 2013 spitzte sich die Lage schließlich dramatisch zu. Viele verzweifelte Menschen versuchten ihre Konten zu räumen, um der Zwangsabgabe zu entgehen. Doch die Behörden hatten dies einkalkuliert und reagierten entsprechend: Das Onlinesystem der Banken wurde kurzerhand außer Betrieb gesetzt, immer mehr Bankfilialen wurden geschlossen. An den Geldautomaten, die noch nicht leer waren, gab es höchstens noch 200 Euro. Mehr konnte pro Person nicht mehr abgehoben werden.

In der Nacht von Freitag, dem 15. März auf Samstag, den 16. März 2013 wurden die entsprechenden Beträge der Zwangsabgabe dann einfach eingefroren. Das bedeutete, dass bei künftigen Auszahlungen die Sonderabgabe abgezogen wurde. Grund: Während der Bankenschließung flossen riesige Summen über Schlupflöcher ins Ausland. Die reichen russischen Oligarchen zogen ebenso ihre Millionen ab wie britische Anlagefonds und gut betuchte zyprische Politiker.

Jetzt sollte der Zahlungsverkehr »weitgehend stillstehen«, damit es zu keinem weiteren Run auf die Banken kommen konnte. Denn Kleinsparer und Rentner waren wütend. Eine Abgabe von knapp 7 Prozent war für sie, nach Jahren mühevollen Sparens, einfach nicht hinnehmbar. Sie titulierten dies als »Diebstahl«, was es auch war. Doch es sollte anders kommen.

Aufgrund der zunehmenden Proteste und wohl aus Angst vor inneren Unruhen lehnte das Parlament in Nikosia die Bedingungen für die Bankenhilfe ab. Der »Enteignungsdeal« zur Rettung des Euro in Zypern war gescheitert. In Brüssel fielen die Kinnladen herunter. Blankes Entsetzen und Ratlosigkeit in den Gesichtern. Damit hatte keiner gerechnet. Wütende Reaktionen folgten. So ließ man aus Brüssel die Zyprioten wissen, dass die Banken erst wieder geöffnet werden dürften, wenn ein Ergebnis erzielt werde. Vorher sollte niemand mehr an sein Geld kommen. Der damalige deutsche Bundesfinanzminister Wolfgang Schäuble (CDU) bezweifelte sogar, dass die Banken auf Zypern überhaupt wieder öffnen würden.[803]

Doch angesichts von Massenprotesten wollte man in der EU-Hauptstadt schließlich »Gnade vor Recht« ergehen lassen und »nur« Sparer mit mehr als 100 000 Euro Guthaben zur Kasse bitten, die aber gründlich.[804]

»Merkel, stirb!«

Zypern kochte. Die Zyprioten waren wütend. Tausende Studenten marschierten zum Parlament und skandierten »Eure Fehler … unsere Zukunft!«; »Hitler, Merkel – dieselbe Scheiße« und »Merkel, stirb!«[805]

Die Situation aufgrund der Bankenschließungen spitzte sich zu:

- In den Geschäften waren die Regale leer, und es gab kaum noch Kunden.
- Die Lebensmittelvorräte der Familien gingen zur Neige.
- Unternehmen konnten keine Löhne ausbezahlen, keine Waren verkaufen und keine Produktionsgüter einkaufen.
- Durch die Bankenschließungen und die Konfiszierung von Guthaben über 100 000 Euro waren viele mittelständische Unternehmen von der Insolvenz bedroht.
- Mieten, Strom, Wasser etc. blieben unbezahlt.
- Der Zahlungsverkehr bracht komplett zusammen.
- Kreditkarten, Kontokarten und Schecks wurden nirgendwo mehr angenommen.
- Nur noch Bargeld zählte.[806]

Enteignungen der Sparer

Um an die EU-Hilfsgelder zu gelangen, musste die Regierung auf Zypern rigorose Sparmaßnahmen durchsetzen: Staatsbedienstete bekamen zwischen 6,5 Prozent und 12,5 Prozent weniger Gehalt, Renten wurden um 3 Prozent gekürzt, die Unternehmensteuer stieg von 10 Prozent auf 12,5 Prozent. Tabak, Alkohol und Treibstoffe wurden teurer. Die Mehrwertsteuer wurde von 17 Prozent auf 19 Prozent angehoben.[807] Zusätzlich wurden Maßnahmen beschlossen, mit denen man eine weitere Kapitalflucht verhindern wollte:

- Auslandsüberweisungen und Zahlungen mit Kreditkarten im Ausland wurden auf 5000 Euro pro Person und Monat begrenzt.
- Die Bargeldabhebung wurde auf 300 Euro pro Tag beschränkt.
- Auf Auslandsreisen durften Zyprioten maximal 3000 Euro Bargeld mitnehmen.
- Festgeldanlagen konnten nicht vorzeitig gekündigt werden.
- Für Schecks gab es kein Bargeld, sondern nur noch Kontogutschriften.

- Einfuhreinnahmen mussten innerhalb von 2 Wochen an die Behörden gemeldet werden.[808]

Mitte März 2013 verständigte sich die Eurogruppe dann auf ein Hilfspaket in einer Höhe von bis zu 10 Milliarden Euro. Natürlich wurde das als »Erfolg« verkauft, denn die Zyprioten wollten ursprünglich 17 Milliarden Euro. Und natürlich genehmigte der Deutsche Bundestag am 18. April 2013 den Staatsbankrott-Rettungskredit aus dem Krisenfonds ESM.[809]

Ende Juni 2013 wurden dann die Folgen klar: Europaweit sollten sich die Sparer zukünftig ebenfalls an europäischen Bankenrettungen beteiligen. Die Euro-Finanzminister hatten sich nämlich beachtlich schnell auf neue Regeln verständigt:

- Die Aktionäre und Gläubiger der jeweiligen maroden Bank wurden ebenfalls zur Kasse gebeten.
- Dann wurden die unbesicherten »Einlagen von natürlichen Personen, Kleinstunternehmen und mittelständischen Unternehmen«, die bei über 100 000 Euro lagen, herangezogen.
- Die Sparer mit Vermögen über 100 000 Euro wurden mit einer Zwangsabgabe von 8 Prozent belegt, wenn die Bank gerettet werden musste.[810]
- Die Kunden der größten zyprischen Bank, der Bank of Cyprus, verloren 37,5 Prozent ihrer Guthaben über 100 000 Euro. Diese Zwangsabgabe wurde im Juli 2013 auf 47,5 Prozent erhöht.[811] Weitere 22,5 Prozent der Ersparnisse über 100 000 Euro wurden eingefroren, bis der Sanierungsbedarf der Bank of Cyprus endgültig geklärt war.[812]

Blaupause – auch für uns?

Zypern war ein Testballon. Aber jene, die für die Situation verantwortlich waren und die Kosten wirklich hätten mittragen müssen und können, hatten ihre Schäfchen rechtzeitig ins Trockene gebracht. Enteignet wurden hauptsächlich die »normalen« Bürger, und zwar durch knallharte Zwangsabgaben, Steuererhöhungen und Leistungskürzungen.

Auch in Deutschland ist eine Bankenschließung möglich, auch mit direktem Zugriff auf die Konten. Das *Kreditwesengesetz* (KWG) enthält einen sehr schwammig formulierten Paragrafen, den Paragrafen 47.[813]

Dieser besagt, dass die Bundesregierung eine Schließung der Banken und die Einstellung der Zahlungen im Kundenverkehr anordnen kann, falls wirtschaftliche Schwierigkeiten bei Banken entstehen, die Gefahren für die Gesamtwirtschaft erwarten lassen. Das kann mittels Rechtsverordnung über Nacht stattfinden – und natürlich auch am Wochenende.[814]

Stellen Sie sich einfach einmal vor, etwas Ähnliches wie in Zypern geschähe auch mit Ihrem Bankkonto:

- Sie als Kunde würden zur Bankenrettung gezwungen. Ihr Konto würde unangekündigt über Nacht eingefroren, Transaktionen und Abhebungen wären tagelang unmöglich. Sie kämen nicht mehr an Ihr Geld.
- Einlagen von über 100 000 Euro würden mit einer Zwangsabgabe von 10 Prozent belegt. Man nähme Ihnen einfach so 10 000 Euro weg.
- Der Dispokreditrahmen würde zur Zwangsabgabe mitgezählt. Hätten Sie also zum Beispiel 10 000 Euro Guthaben und einen Dispokredit von 5000 Euro, würden Ihnen einfach 6,75 Prozent von 15 000 Euro abgebucht. Das wären insgesamt 1012,50 Euro. Weg sind sie.

Das »Beste« für die »Entscheider« war die Tatsache, dass sie das Parlament nicht mehr befragen mussten. Wenn es sich nämlich »nur« um eine »Bankenrestrukturierung« und nicht mehr um eine Enteignung oder Steuer von Staats wegen handelt, haben Regierung und Parlament nicht mehr viel zu sagen.[815] Am Beispiel Zypern wurde uns das eindringlich vor Augen geführt.

Klaas Knot, damals niederländisches EZB-Mitglied und Notenbankpräsident seines Landes, bestätigte, dass die Restrukturierung der europäischen Banken in Zukunft nach dem Vorbild Zyperns erfolgen werde. Alle Bankguthaben sollten, falls nötig, enteignet werden.[816]

Am 18. April 2013 sagte der damalige Bundesfinanzminister Wolfgang Schäuble (CDU), er sehe die Bankenabwicklung in Zypern als Vorbild. Bei Bankenpleiten müssten künftig die Eigentümer herangezogen werden, dann Fremdkapitalgeber und danach teilweise auch die Sparer.[817]

Der Geschäftsführer und Begründer der dänischen Saxo Bank, Lars Christensen, sagte in einer hochinteressanten Rede am 12. Mai 2013 in London (Hervorhebungen durch mich):

> Zypern war sehr wohl eine Blaupause. Erwarten Sie nicht nur »Bailins«* – die ja, wenn sie im Voraus klar definiert würden, einen Teil der Lösung darstellen könnten – sondern auch geradeheraus ***Konfiskationen und Vermögenssteuern***, die als ***Solidaritätszahlungen maskiert*** werden. ***Die Regierungen Europas brauchen Geld, und der private Sektor hat es.*** So einfach ist das.[818]

Ende Mai 2013 kam dann das »Ja« des Wirtschaftsausschusses im EU-Parlament. Nach dem Vorbild Zyperns wollte man Großanleger künftig zur Rettung von Finanzinstituten heranziehen. Mit großer Mehrheit wurde sogar ein Gesetzesentwurf verabschiedet, der von 2016 an nur noch Einlagen von bis zu 100 000 Euro schützt.[819]

> Zypern wurde auf Kosten der Bankkunden gerettet und dient seither als »Blaupause«.

Die Lehre, die Sie als Bankkunde daraus ziehen müssen, ist einfach: Auf dem Bankkonto liegt ***kein*** unantastbares Eigentum. Es ist ein Punktekonto, das nach Belieben ganz oder teilweise enteignet (gelöscht) werden kann. Sogar Peter Bofinger, der bis Ende Februar 2019 Mitglied im Sachverständigenrat zur Begutachtung der gesamtwirtschaftlichen Entwicklung gewesen war, sprach damals von einer »Quasi-Enteignung der Anleger«.[820]

Obrigkeitsgläubige haben bei jedem Staatsbankrott und bei jeder Währungsreform den größten Teil ihres Vermögens verloren, weil sie bis zuletzt und unerschütterlich an die Märchen der Politelite geglaubt haben. Machen Sie diesen Fehler nicht. Seien Sie jederzeit skeptisch und hinterfragen Sie alles.

---

* Bail-in = Gläubigerbeteiligung; die Beteiligung von Gläubigern eines Kreditinstituts an dessen Verlusten bei der Sanierung oder Abwicklung im Falle drohender Zahlungsunfähigkeit.

CAC: Rückwirkende Enteignung von Staatsanleihenbesitzern

Die nächste Finanzenteignungsmaschinerie ist noch perfider. In diesem Fall geht es offiziell nur um Staatsanleihenbesitzer. Aber das ist ebenfalls eine Mogelpackung, denn am Ende ist jeder Anleger indirekt betroffen.

Blaupause Griechenland

Als Griechenland im Frühjahr 2012 nur noch wenige Tage von einem Staatsbankrott entfernt war, brachte es im letzten Moment einen Schuldenschnitt zustande. Die griechische Regierung erließ auf Druck der EU-Troika rückwirkend ein Gesetz, das die Gläubiger zu einem schmerzhaften Verzicht auf ihre Forderungen zwang.

Den Gläubigern wurde folgender Vorschlag gemacht:

- Verzicht auf nicht weniger als 53,5 Prozent ihres ursprünglich investierten Geldes.
- Aufteilung der restlichen 46,5 Prozent auf mehr als 20 neue Anleihen mit Laufzeiten zwischen 10 und 30 Jahren. Die letzte läuft erst 2042 aus.

Die größten Gläubiger Griechenlands – nämlich Banken, Versicherungen und die staatlichen Versorgungswerke – konnten dem Druck der EU-Staaten nicht standhalten. Sie stimmten letztlich den Auflagen der EU zu. Dieser Schritt wurde dann als »freiwillige« Umschuldung tituliert.

Allerdings waren nicht alle Gläubiger mit dem Angebot einverstanden. Die Uneinsichtigen wurden kurzerhand damit »bestraft«, dass ihre Anleihen einfach zwangsweise umgetauscht wurden, was einer Teilenteignung entsprach.[82] Die Folgen:

- Die größten Verlierer waren die griechischen Bürger, denn die griechischen Pensionskassen hatten die eingezahlten Gelder in die einstmals vermeintlich »sicheren« Staatsanleihen des eigenen Landes angelegt. Doch 54 Prozent der Vermögen der Rentenkassen waren durch die »Umschuldung« dann mit einem Schlag ausgelöscht.

- Nicht anders erging es den Lebensversicherungen, die viele Griechen als private Altersvorsorge angespart hatten. Auch die Lebensversicherer legten ihr Geld zu großen Teilen in griechische Staatsanleihen an.
- Auch andere Kapital- und Rentenfonds, die beispielsweise Sparkassen und Banken ihren Kunden empfohlen und verkauft hatten, waren massiv betroffen.
- Die meisten Finanzprodukte und Versicherungen, die zur Bildung einer privaten Altersvorsorge beitragen, enthalten Staatsanleihen – aus »Sicherheitsgründen«. So mussten die griechischen Anleger hilflos zusehen, wie der größte Teil ihrer Ersparnisse in Rauch aufging.[822]

Die Verantwortlichen der einzelnen Eurostaaten gingen im Januar 2013 ganz offensichtlich davon aus, dass die meisten ihrer Länder früher oder später in Zahlungsschwierigkeiten geraten würden. Oder dass den noch einigermaßen stabilen Mitgliedsstaaten in Zukunft die Mittel fehlen würden, um die zahlungsunfähigen Staaten zu »retten«.

Demzufolge beugte man vorausschauend vor und baute von nun an bei allen neuen Staatsanleihen im Euroraum eine Klausel ein: Die CAC-Klausel (»Collective Action Clause«, deutsch: »Kollektive Handlungsklausel«).[823]

Und so funktioniert die Enteignungsklausel:

- Der Anleihen ausgebende Staat kann einen Schuldenschnitt in einer mit den Gläubigern auszuhandelnden Höhe ansetzen. Auch wenn das nur zwei Drittel der Gläubiger wollen.
- Es gibt keine juristische Handhabe dagegen. Der Gläubiger kann nicht auf Erfüllung seiner Forderung klagen. Der Rechtsweg ist ausgeschlossen.
- Auf diese Weise wird die Enteignung der Gläubiger gerichtsfest gemacht.[824]

Das bedeutet für Sie: Staatsanleihen von EU-Ländern, einschließlich Deutschland, sind seit 2013 noch unsicherer. Nach und nach werden die alten Staatsanleihen fällig und vom Markt verschwinden. Die Staatsanleihen ab 2013 enthalten diese CAC-Klausel und sind im Krisenfall nicht oder nur teilweise (je nach Höhe des Schuldenschnitts) einzutreiben.

Wie die CAC-Klausel Ihre Altersvorsorge enteignen kann

Zukünftige Zahlungsausfälle gehen auch Sie etwas an, auch wenn Sie keine einzige Staatsanleihe selbst besitzen. Warum das so ist, erkläre ich Ihnen jetzt:

Gesetzliche Rente

Die Rentenkassen in Deutschland investieren die eingezahlten Beiträge entsprechend den gesetzlichen Vorschriften in Staatsanleihen – vornehmlich Deutsche Bundesanleihen. Doch auch die enthalten seit 2013 die CAC-Klausel. Deutschland ist ebenfalls überschuldet (seit Corona umso mehr!) und trägt zudem noch immense Risiken für verschiedene EU-Finanzhaftungen. Was, wenn diese schlagend werden? Ein Schuldenschnitt könnte den größten Teil der Rentengelder vernichten, was mit möglicherweise starken Einbußen bei Ihrer Rente einhergehen kann.[825] Die CAC-Klausel macht es möglich.

Betriebliche Rente

Auch die Anlagen Ihrer betrieblichen Altersvorsorge sind meist eine Mischkalkulation aus Aktien, Pfandbriefen, Unternehmensanleihen und Staatsanleihen quer durch die Eurozone. Doch all diese Kapitalanlagen sind in Zeiten wirtschaftlicher Krisen und heftiger Auftragseinbrüche keine sichere Bank, selbst die bis dahin als »sicher« geltenden Staatsanleihen nicht mehr.[826]

Lebensversicherung

Die Assekuranz ist ebenfalls gesetzlich verpflichtet, das angesparte Geld ihrer Kunden zum großen Teil in »sichere« Staatsanleihen zu investieren. Ich warne in meinen Publikationen und Vorträgen schon seit Jahren, dass hier das dicke Ende unausweichlich kommen wird. Die Zinsen, die Staatsanleihen einbringen, reichen nämlich nicht aus, um den Garantiezins für die Versicherten zu erwirtschaften.

Schon jetzt ist abzusehen, dass wahrscheinlich nicht einmal mehr das investierte Geld hereinkommt.[827] Unter Umständen kappt ein Teil-

oder Totalschuldenschnitt der Staatsanleihen, in die Ihre Versicherung investiert hat, Ihre Auszahlungssumme (siehe Unterkapitel → »Auch die ›Enteignung‹ Ihrer Lebensversicherung ist möglich«, S. 192). Dann heißt es: Ade, goldener Lebensabend.

Kapitalfonds

Was viele nicht auf dem Schirm haben: Auch für Fonds, die in Staatsanleihen investieren oder diese halten, gilt die CAC-Klausel. Um herauszufinden, wie groß das Engagement Ihres Fonds in Staatsanleihen ist, sollten Sie Ihr Portfolio einmal genau überprüfen. Welchen Anteil haben hier Staatsanleihen? Hat man Ihr Geld vielleicht auch noch in südeuropäische Staatsanleihen investiert, weil die mehr Zinsen bringen?

Banken

Die meisten Banken halten nicht unbeträchtliche Pakete an Staatsanleihen aus der gesamten Eurozone. Haben Sie Investitionen im Vertrauen darauf getätigt, dass Ihr Bankberater ja so ein netter Mensch ist, der immerhin für die seriöse und solide XY-Bank steht?

Sparbuch

Selbst wenn Sie ein Sparbuch besitzen, nützt Ihnen das nicht mehr viel. Wenn die entwerteten Staatsanleihen den wackeligen Geldinstituten den Garaus machen, setzt ein Bankensterben ein. Und dabei gehen die Sparbücher mit unter. Da helfen in der Endkonsequenz dann auch keine Einlagensicherungsfonds und keine Kanzlerinnengarantien mehr.

* * *

Ich wiederhole noch einmal, weil es für Sie so wichtig ist: Die CAC-Klausel ist seit 2013 europäisches Gesetz. Damit können die Besitzer von Staatsanleihen gegen ihren Willen rückwirkend enteignet werden. Das betrifft aber auch die Besitzer von Lebens- und Rentenversicherungen, Rentensparverträgen und Fonds, sofern diese in Staatsanleihen investiert haben – was allerdings bei den meisten tatsächlich der Fall ist.[828]

Mein Rat: Nehmen Sie Ihre Vermögensanlagen kritisch unter die Lupe und prüfen Sie, wie viele Investitionen in Staatsanleihen Ihre »Finanzpartner« vornehmen. Am besten geht das über die Geschäftsberichte der Unternehmen. Sie werden meist im Internet veröffentlicht.

Wer leiht einem hoffnungslos Überschuldeten schon Geld, der im Kreditvertrag auch noch festschreibt, dass er im Zweifelsfall nicht oder nur teilweise zurückzahlt und dann auch noch den Ausschluss des Rechtsweges festschreibt? Sie jedenfalls sollten das nicht tun.

Enteignung von Sparern durch das *Sanierungs- und Abwicklungsgesetz*

Die meisten Menschen, mit denen ich gesprochen habe (darunter auch Banker), kennen das *Gesetz zur Sanierung und Abwicklung von Instituten und Finanzgruppen* (*Sanierungs- und Abwicklungsgesetz,* kurz: SAG)[829] gar nicht oder nur dem Namen nach. Der genaue Inhalt ist vielen unbekannt. Und doch ist es eines der wichtigsten Gesetze der letzten Jahrzehnte. Es gilt schon seit 2015 in der ganzen EU[830] und wird doch kaum beachtet.

Ähnlich wie die »Durchpeitschgesetze« in der Finanzkrise wurde auch dieses Gesetz vor fast leerem Bundestag verabschiedet – und zwar ohne vorherige Aussprache. Auch die Medien verloren keine großen Worte darüber – bis heute.[831]

Der Sinn des Gesetzes: Wenn die Bundesanstalt für Finanzmarktstabilisierung anhand vorgegebener Kriterien feststellt, dass eine »Systemgefährdung« vorliegt, muss sie »zum Schutz öffentlicher Mittel durch Vermeidung der Inanspruchnahme außerordentlicher finanzieller Unterstützung aus öffentlichen Mitteln« eine Abwicklungsanordnung erlassen,[832] die auch Sie betreffen kann.

Der deutsche Vermögensverwalter Peter Frelenberg kommentierte das wie folgt:

> Von oben herab wurde verfügt, dass Aktionäre und Kunden der Banken als deren Gläubiger über ihre Einlagen für die Sanierung herangezogen

> werden, und das unter Ausschluss eines Insolvenzverfahrens. […] Per Verwaltungsakt geht die Unparteilichkeit eines Insolvenzverfahrens zugunsten einseitigen Staatsinteresses verloren.[833]

Auf *BankingHub,* dem Internetportal der Unternehmensberatung Zeb, lesen wir über das Gesetz:

> Dies sieht Sanierungspläne nicht nur für systemrelevante Institute, sondern für alle Institute vor. Auf Antrag können Institute, die einem institutsbezogenen Sicherungssystem angehören, befreit werden (§20 SAG). Diese Möglichkeit besteht also für Sparkassen sowie Volksbanken und Raiffeisenbanken, die in dem jeweiligen Verbundsicherungssystem verankert sind.[834]

Sie als Bankkunde, der ***mehr*** als die Höhe der gesetzlichen Einlagensicherung (zurzeit 100 000 Euro) auf einer Bank »gebunkert« hat, die »saniert« werden muss, können somit jederzeit ohne rechtliche Gegenmittel enteignet werden. Denn die Bundesanstalt für Finanzmarktstabilisierung kann bei drohender Insolvenz einer systemrelevanten Bank[835] verfügen, dass die Kundengelder eingezogen oder die Guthaben in Aktien der Bank zu einem von ihr festgelegten Nennwert umgewandelt werden. Dabei kann die Bundesanstalt den Nennwert auch bis auf null zurücksetzen!

Im Juristendeutsch hört sich das wie folgt an (Hervorhebungen durch mich):

> § 55
>
> Vertragliche Anerkennung des Instruments der Gläubigerbeteiligung und des Instruments der Beteiligung der Inhaber relevanter Kapitalinstrumente in Drittstaaten
>
> 1) Institute und gruppenangehörige Unternehmen sind verpflichtet, in den Vertragsbestimmungen von berücksichtigungsfähigen Verbindlichkeiten, die dem Recht eines Drittstaats unterliegen, zu vereinbaren, ***dass der Gläubiger*** [Sparer, Aktionär; MGR] oder die Partei der die Verbindlichkeit begründenden Vereinbarung
>
> 1. ***anerkennt***, dass das ***Instrument der Gläubigerbeteiligung*** auf die ***Verbindlichkeit angewendet werden kann***, und

2. sich sowohl mit einer ***teilweisen*** als auch mit ***einer vollständigen Herabschreibung des Nennwerts*** oder des ***ausstehenden Restbetrags*** und ***einer Umwandlung in Anteile*** oder ***andere Instrumente*** des harten Kernkapitals ***einverstanden erklärt***, die die Abwicklungsbehörde in Anwendung des Instruments der Gläubigerbeteiligung vornimmt.[836]

Sie dürfen dabei auch nicht vergessen, dass auch andere institutionelle Investoren, allen voran die ***Lebensversicherer***, systemrelevant sein können.[837] Nach meiner Auffassung ist es nur eine Frage der Auslegung, ob nicht auch die Versicherungsunternehmen vom SAG betroffen werden könnten, und zwar jene, die in ihrem Bereich beherrschend und stützend sind.[838]

Ich wiederhole: Im Falle der »Rettung« einer systemrelevanten Bank kann Folgendes geschehen:

- Der Nennwert der Bankaktie kann herabgesetzt oder sogar auf null gestellt werden.
- Kundengelder können eingezogen werden.
- Guthaben über 100 000 Euro bei Privat- und Firmenkunden[839] können in Aktien der Bank zu einem von ihr festgelegten Nennwert umgewandelt werden.

Selbst wenn die Bank sich letzten Endes wieder erholt, gibt es dann kein Zurück mehr.[840] Das ist Enteignung pur! Demzufolge können alle Privatkunden und Firmenkunden mit Einlagen über 100 000 Euro bei einer systemrelevanten Bank[841] im Zuge der Abwicklung zur Kasse gebeten werden.

Das gilt für

- Sparbücher,
- Giroguthaben,
- Fest- und Tagesgeld,
- Sparverträge,
- vermögenswirksame Leistungen,
- Namensschuldverschreibungen,
- vorübergehend geparkte Liquidität auf dem Wertpapierdepot,
- alle Aktionäre einer systemrelevanten Bank.[842]

Anmerkung: Gemäß Paragraf 91 Abs. 2 Nr. 3 SAG gehören Kundendepots nicht zu den »berücksichtigungsfähigen Verbindlichkeiten«, weil hier ein Aussonderungs-/Absonderungsrecht zugunsten der Kunden besteht und die Bank nur eine Verwahrstellenfunktion für fremdes Vermögen hat. Ebenso fallen Kundengelder für Organismen für gemeinsame Anlagen in Wertpapieren (OGAW) und alternative Investmentfonds (AIF) im Sinne des *Kapitalanlagegesetzbuches* darunter.[843]

Vorsicht: Der Vermögensverwalter Peter Frelenberg weist in diesem Zusammenhang jedoch darauf hin, dass »geparkte« Kundengelder (z. B. aus dem Verkauf von Wertpapieren, die auf einem normalen Bankkonto liegen, auch solche, die aus dem Verkauf von Anteilen aus OGAW's/AIF's herrühren) nicht unter diesen Ausnahmetatbestand fallen.[844]

Die Vermögensverwaltungsgesellschaft Rhotham urteilte:

> Dieses Gesetz ist von hoher Brisanz und betrifft Bankkunden, die sich in Sicherheit wiegen und doch jederzeit ohne Gegenwehr enteignet werden können.[845]

Dabei werden die Beteiligten zu absoluter Verschwiegenheit verpflichtet,[846] und auch für eventuell betreffende Drittstaatsbehörden gelten Geheimhaltungsvorschriften.[847] Selbst Vermögensverwalter müssen gegenüber ihren Kunden schweigen.[848]

Vielleicht ist das auch der Grund, warum man von diesem Enteignungsgesetz so gut wie nichts hört. Sprechen Sie Ihren Finanzberater doch einfach mal darauf an. Sie können auf die Antwort gespannt sein!

Das offiziell propagierte Ziel des *Sanierungs- und Abwicklungsgesetzes* (SAG) ist, die Steuerzahler vor den Folgen der Insolvenz einer systemrelevanten Bank zu schützen und das Institut zu sanieren. Dafür soll nicht mehr der Fiskus einstehen, sondern die Aktionäre und Gläubiger der Bank, sprich: die Bankkunden mit ihren Guthaben.[849]

Gegen diese Enteignung haben Sie keine Chance, denn ein Widerspruchsverfahren ist ausgeschlossen. Die Ansprüche des Aktionärs sind »erfüllt«.[850] Peter Frelenberg: »Das kommt einer verfassungsrechtlich bedenklichen Enteignung gleich.«[851]

Die Vermögensverwaltungsgesellschaft Rhotham schreibt dazu (Hervorhebungen durch mich):

> In § 147 SAG wird ein Entschädigungsanspruch eingeräumt. Dieser liegt vor, wenn der Kunde mehr verliert, als dies im Falle einer Insolvenz geschehen wäre. ***Eine solche Feststellung zu treffen ist jedoch so gut wie unmöglich: Wie soll eine Insolvenzquote aus einer Insolvenz, die gar nicht stattgefunden hat, ermittelt werden?*** Des Weiteren ist es je nach ***Größe der Bank durchaus denkbar, dass die Mittel des Restrukturierungsfonds nicht ausreichen, um alle Entschädigungsansprüche zu befriedigen.***[852]

Peter Frelenberg:

> Eine nicht greifbare Entschädigungsregelung für einen Enteignungsausgleich ist keine hinreichend bestimmbare Entschädigung und damit verfassungsrechtlich bedenklich. [...] Im Ergebnis kennzeichnet das SAG einen gefährlichen Weg der Enteignung des Sparers, denn auch im Verhältnis kleine bis mittlere Vermögen sind betroffen.[853]

Es gibt also nicht viel, was Sie dagegen tun können, denn wie oben schon beschrieben, sind alle Beteiligten dem Stillschweigen verpflichtet. Aber einige Tipps habe ich dennoch für Sie:

Tipp 1: Lesen Sie als Kunde ab sofort aufmerksam die Quartalsabrechnungen der systemrelevanten Bank, bei der Sie Kunde sind, um vielleicht doch noch rechtzeitig handeln zu können. In dieser Endnote gebe ich noch einmal den Link der EZB zu den systemrelevanten Banken an.[854]

Tipp 2: Von der Enteignung »gefährdet« sind Sie, wenn Sie mehr als 100 000 Euro Einlagen halten. Prüfen Sie in diesem Zusammenhang auch, wie hoch im Durchschnitt der letzten 12 Monate die »geparkte« Liquidität aus Ihrem Wertpapierdepot bei dieser Bank ist. Diese müssen Sie nämlich zu der Gesamtsumme Ihrer Einlagen bei diesem Institut addieren, um zu ermitteln, ob das Ergebnis 100 000 Euro überschreitet.[855]

Tipp 3: Streuen Sie Ihre Einlagen, Fonds und Aktienbeteiligungen über mehrere Banken.[856] »Wer streut, fällt nicht« ist ein schwäbisches Sprichwort. Das gilt auch hier.

Tipp 4: Vergessen Sie nicht, dass es auch sehr gute Alternativanlagen gibt. Alles dazu in meinem Buch *Deutschland vor dem Kollaps*.[857]

In diesem Zusammenhang ist es noch wichtig zu erwähnen, dass bis zum Jahr 2024 nationale Bankenverbände in der Eurozone ihre Fonds zur Einlagensicherung auffüllen müssen. Seit 2014 ist nämlich europaweit vorgeschrieben, dass Banken alle Spareinlagen ihrer Kunden bis 100 000 Euro zu 0,8 Prozent durch eigene Mittel absichern müssen.[858]

Sie werden es ahnen: Selbst die Rücklagefonds, mit denen sich hierzulande Sparkassen, Volksbanken und Privatbanken über ihre jeweiligen Verbände in Krisenzeiten gegenseitig helfen, sind nur mit durchschnittlich 0,4 Prozent der gesicherten Einlagen gefüllt. Das ist lediglich Platz 11 von 19 Eurostaaten. Die Bankensicherungstöpfe sind mit nur rund 7 Milliarden Euro gefüllt.[859]

Aktuell sind laut EU-Maßgaben alle Bankguthaben bis zu 100 000 Euro gesetzlich garantiert. Doch in einem Krisenfall ist das nicht realisierbar. Zudem wird das Risiko massiver Bankenkrisen in Südeuropa immer wahrscheinlicher. Beim nächsten Bankencrash ist die Enteignung der Sparer somit »garantiert«.

KAPITEL 12

Corona-, Wirtschafts- und Finanzkrisen: Wie der Staat sich sein Geld zurückholen wird

Eines ist so sicher wie das Amen in der Kirche: Der Staat wird sich die Gelder des Corona-Schutzschildes von rund 1,8 Billionen Euro[860] zurückholen. Unklar ist nur noch, in welcher Form dies geschehen wird. In diesem Kapitel habe ich deshalb alle Maßnahmen aufgeführt, die derzeit diskutiert werden. In welcher Reihenfolge diese Schritte kommen werden und welche dieser Instrumente der Staat letztlich umsetzen wird, ist noch Gegenstand der gegenwärtigen politischen Auseinandersetzungen. Dennoch sollten Sie die Möglichkeiten jetzt schon kennen, damit Sie sich darauf vorbereiten können.

Exklusiv: Horrorliste

41 Möglichkeiten, wie sich der Staat Ihr Geld holen wird!

Diese Liste finden Sie in dieser Form in keinem anderen Buch. Studieren Sie die Möglichkeiten gut, mit denen der Staat Ihnen das Geld aus der Tasche ziehen wird. Dann wissen Sie heute schon, was morgen auf Sie zukommen kann. Dieser Informationsvorsprung kann entscheidend für Ihre wirtschaftliche und finanzielle Zukunft sein.

- *Erhöhung der Einkommensteuer bzw. des Spitzensteuersatzes* von 42 auf 45 Prozent, wie dies etwa Finanzminister Olaf Scholz (SPD) forderte.[861] Die SPD hatte auch schon an 49 Prozent gedacht.[862] Dabei zahlen immer mehr Arbeitnehmer den für Topverdiener gedachten Spitzensteuersatz von 42 Prozent, obwohl sie kaum mehr Lohn als der Durchschnitt erhalten.[863]
- *Erhöhung der Abgeltungsteuer* für private Kapitaleinkünfte (Zinsen, Dividenden, Wertpapiere) von 25 auf 32 Prozent, wie die SPD dies bereits vor Jahren anregte.[864]
- *Abschaffung des Ehegattensplittings:* Dies soll »für künftige Ehen durch eine Individualbesteuerung mit Unterhaltsabzug umgestaltet« werden, wie das die Grünen seit Langem fordern.[865]

- Eine ***Reichensteuer***, wie sie Arbeitsminister Heil (SPD) auf den Tisch brachte.[866]
- Eine ***Vermögensabgabe***, wie von der SPD-Vorsitzenden Saskia Esken vorgeschlagen.[867]
- Eine ***Tierwohlabgabe*** auf Fleisch und Wurst, die Julia Klöckner (CDU), die Bundesministerin für Ernährung, Landwirtschaft und Verbraucherschutz, forderte.[868]
- Eine ***Corona-Abgabe*** von 5 Prozent für private Vermögen ab einer Million Euro, wie von der Partei Die Linke propagiert.[869] In der Sendung *hart aber fair* sagte Katja Kipping, die Linken-Vorsitzende: »Da muss man ran« und bezog sich in diesem Zusammenhang auf den Lastenausgleich von 1952. Und auch die Fridays-for-Future-Klima-Hysterikerin Carla Reemtsma (siehe mein Buch: *Kommt die Klima-Diktatur?*)[870] pflichtete der Linken bei: »Das dürfen keine Tabus in der Debatte sein.«[871]
- Ein ***»neuer Soli«***, wie von Annalena Baerbock, der Mitvorsitzenden der Grünen, bereits avisiert.[872]
- Eine ***einmalige Vermögensabgabe***, wie sie das Deutsche Institut für Wirtschaftsforschung zur Diskussion stellte:[873] anwendbar auf das oberste eine Prozent der Steuerpflichtigen; Mindestnettovermögen von 2,5 Millionen Euro; einmalige Abgabe von 10 bis 20 Prozent; einmalige Feststellung des Vermögens, z. B. zu einem bestimmten Stichtag in jüngerer Vergangenheit, zu dem die zu zahlende Summe einmalig festgesetzt wird (Stichtagsbetrachtung).[874]

Hintergrund: Vermögensabgabe à la Grüne

Bereits 2012 haben die Grünen einen Gesetzesentwurf über eine Vermögensabgabe eingebracht.[875] Auch daraus können wir für die Zukunft lernen.

Nach den damaligen Vorstellungen der Grünen-Fraktion sollte die Vermögensabgabe 15 (!) Prozent des Vermögens betragen und über einen Zeitraum von 10 Jahren erhoben werden, also pro Jahr 1,5 Prozent. Zahlungspflichtig sollten Personen mit Wohnsitz in Deutschland und mit einem Nettovermögen von über einer Million Euro sein.[876]

Hintergrund: Vermögensabgabe à la Die Linke

Ebenfalls 2012 brachte auch Die Linke einen Antrag über eine europaweit koordinierte Vermögensabgabe (»Reichtum umFAIRteilen – in Deutschland und Europa«) ein.[877]

Die Linken-Fraktion schlug vor, die nach dem Vorbild des *Lastenausgleichsgesetzes* von 1952 zu gestaltende Abgabe auf die privaten Nettovermögen über eine Million Euro zu konzentrieren. Die Abgabe sollte sich sowohl auf Geld- als auch auf Sachvermögen beziehen, wobei die Zahlung über mehrere Jahre verteilt werden sollte. Die Bundesregierung wurde zudem aufgefordert, neben der Vermögensabgabe eine Vermögensteuer als Millionärssteuer von 5 Prozent auf das Vermögen über eine Million Euro zu erheben. Außerdem sollte der private Bankensektor vergesellschaftet werden.[878]

- ***Corona-Solidaritätszuschlag (»Corona-Soli«)*** zusätzlich zur Vermögensabgabe, wie ihn ebenfalls das Deutsche Institut für Wirtschaftsforschung (DIW) forderte.[879] Auf die festgesetzte Einkommen- bzw. Körperschaftsteuer würde ein weiterer Aufschlag in Höhe von 7,5 Prozent erhoben werden (zusammen mit dem bestehenden Solidaritätszuschlag würde sich dieser im Ergebnis auf insgesamt 13 Prozent der festgesetzten Steuer belaufen); der Corona-Soli sollte jedoch lediglich von den oberen 10 Prozent der Einkommensteuerpflichtigen gezahlt werden.[880]
- ***Einführung einer Fleischsteuer***, was den Grünen entgegenkommen würde.[881]
- ***Einführung einer Plastikabgabe*** auf nicht recyceltes Plastik. Diese Abgabe ist in der EU bereits beschlossen[882] und wird vom Mitvorsitzenden der Grünen, Robert Habeck, schon seit Langem gefordert.[883] Ab Januar 2021 wird pro Kilogramm Plastik eine Abgabe von 80 Cent erhoben werden (20 Cent bleiben in Deutschland, 60 Cent fließen in den EU-Haushalt).[884] Auf diesem Weg würde die EU etwa 5,9 Milliarden Euro jährlich kassieren. Deutschland wird mit gut 1,3 Milliarden Euro pro Jahr zu den größten Zahlern der Abgabe zählen. Natürlich wird erwartet, dass sich die Regierungen das Geld für die

Plastikabgabe zurückholen, etwa von den Unternehmen der Verpackungsbranche. Diese wiederum dürften die Kosten an die Verbraucher weitergeben, was bedeuten würde: steigende Preise bei mit Plastik verpackten Lebensmitteln.[885]

- ***Einführung einer CO2-Grenzsteuer***, wie von der EU bereits angedacht.[886]
- ***Einführung einer »EU-eigenen« Digitalsteuer***, die für Bundeskanzlerin Merkel durchaus »denkbar« ist.[887] Mit einer Steuer auf Onlinegeschäfte sollen künftig Digitalfirmen (Google, Amazon, Facebook etc.) im Land des Kunden zur Kasse gebeten werden. Ziel ist es, zu verhindern, dass die Unternehmen in Niedrigsteuerländer ausweichen können. Auch diese Einnahmen sollen fürs Abstottern des EU-Corona-Fonds nach Brüssel gehen.[888]
- ***Lastenausgleich***, wie ihn Sigmar Gabriel (SPD) im Frühjahr 2020 schon mal ins Gespräch brachte.[889] (siehe Unterkapitel → »Enteignungen nach einem *Lastenausgleichsgesetz*«, S. 196).
- ***Einführung einer neuen Hauszinssteuer***, wie von den Linken und Sozialisten bereits angedacht.[890]
- ***Erhöhung der Tabaksteuer***, wie Olaf Scholz (SPD) bereits vorgeschlagen hat.[891]
- ***Wiedereinführung der Vermögensteuer*** (nicht zu verwechseln mit der Vermögensabgabe), wie von der SPD angedacht.[892]
- ***»Reform« (Erhöhung) der Erbschaftsteuer***, wie im linken Spektrum gefordert. Gründe: Privilegien qua Geburt widersprächen dem Leistungsprinzip; Geburt sei Glückssache und eben kein eigenes Verdienst.[893] Und auch die Grünen-Mitvorsitzende Annalena Baerbock hält eine »höhere« Erbschaftsteuer für denkbar.[894]
- ***Erhöhung der Abgeltungssteuer*** von derzeit 25 Prozent auf 30 Prozent, wie die SPD das diskutiert.[895]
- Eine ***Finanzmarkttransaktionssteuer***, wie bereits im Koalitionsvertrag der GroKo vereinbart[896] und wie von allen Parteien im Bundestag, außer der FDP, gefordert. Im Juni 2019 verständigten sich die zehn EU-Länder darauf, dass die Finanztransaktionssteuer Käufe und Verkäufe von Aktien betreffen und ab 2021 gelten soll.[897] Die Höhe steht noch nicht fest; nach der von Finanzminister Olaf Scholz vorangetriebenen Vereinbarung[898] sollen aber mindestens 0,2 Prozent pro Transaktion erhoben werden.[899]

- *»Systematisierung der Mehrwertsteuersätze«*, was im Klartext Mehrwertsteuererhöhung bedeutet, obwohl diese in Corona-Zeiten bis Ende 2020 gesenkt wurde.[900]
- ***Erhöhung der Gewerbesteuer***, was 2019 schon viele Gemeinden umgesetzt haben.[901]
- ***Erhöhung der Körperschaftsteuer.***[902]
- ***Abschaffung des Elterngeldes***, wie von der FDP schon vor Jahren gefordert.[903]
- ***Abschaffung der Wohnungsbauprämie***, obwohl diese erst 2019 angehoben wurde.[904]
- ***Abschaffung der Subventionierung von Dieselkraftstoff.*** Begründung: Dem Staat entgehen jährlich rund 7,4 Milliarden Euro durch das sogenannte »Dieselprivileg«, aufgrund dessen Dieselfahrer an der Tankstelle circa 20 Cent pro Liter weniger zahlen als die Benzintanker.[905]
- ***Prüfung, ob Kinder und Jugendliche weiterhin noch beitragsfrei in der gesetzlichen Krankenversicherung mitversichert sein können.*** Denn ihre Mitversicherung kostet jährlich rund 16 Milliarden Euro.[906]
- ***Weitere Erhöhung der Grunderwerbsteuer.*** Die meisten Bundesländer haben die Grunderwerbsteuer bereits von 3,5 Prozent auf 5 Prozent erhöht und dadurch 6,4 Milliarden Euro mehr Steuereinnahmen generiert. Eine weitere Erhöhung hat die SPD in Frankfurt bereits angedacht.[907]
- ***Zwangsanleihen/Zwangskredite,*** so wie dies vom Deutschen Institut für Wirtschaftsforschung bereits im Jahr 2012 angeregt wurde. Die Forscher hatten damals vorgeschlagen, der Staat könne das Vermögen wohlhabender Bürger entweder mit einer einmaligen Abgabe belasten, welche dann nach und nach abgezahlt werde. Oder aber der Staat zwinge seine Reichen, ihm Kredit zu gewähren. Das Geld gebe es erst dann zurück, wenn sich die Haushaltslage wieder gebessert habe.[908] »Ein Zwangskredit oder eine Abgabe in Höhe von beispielsweise 10 Prozent auf diese Bemessungsgrundlage könnten somit gut 9 Prozent des Bruttoinlandsprodukts mobilisieren – rund 230 Milliarden Euro«, so hieß es damals in der Studie.[909] Letztlich wurde diese Idee wieder verworfen. Aber was nicht ist, kann ja noch werden.[910]

Hintergrund: Zwangsanleihen

Nach dem Ersten Weltkrieg, im Jahr 1922, wurde in Deutschland eine Zwangsanleihe eingeführt.[911] Sie sollte dazu dienen, die Reparationsforderungen der alliierten Siegermächte bedienen zu können. Denn unter dem Eindruck der Hyperinflation war die Möglichkeit des Reiches, sich auf dem Kapitalmarkt zu finanzieren, zusammengebrochen.

Das *Gesetz über die Zwangsanleihe vom 20. Juli 1922* war folgendermaßen ausgelegt:

- Zeichnungspflichtig waren alle am 1. Januar 1923 vermögensteuerpflichtigen Personen mit einem Vermögen über 100 000 Mark.
- Die Zeichnungspflichtigen hatten von den ersten 100 000 Mark ihres Vermögens 1 Prozent und von den nächsten 150 000 Mark 2 Prozent zu zeichnen.
- Der Höchstsatz war bei einem Vermögen von 1 000 000 Mark und einem Satz von 10 Prozent erreicht.
- Eine Tilgung war ab November 1925 vorgesehen.[912] Hierzu kam es aber nicht mehr, denn die Guthaben wurden durch die Inflation von 1914 bis 1923 vollständig vernichtet. Faktisch war aus der Zwangsanleihe eine Vermögensabgabe geworden.[913]

Ebenfalls im Jahr 1922 hatte der griechische Finanzminister Petros Protopapadakis eine kuriose Idee: Er ordnete an, sämtliche Banknoten in der Mitte durchzuschneiden. Die eine Hälfte behielt ihre Funktion als Zahlungsmittel, allerdings zum halben Wert; die andere Hälfte mussten die Bürger zwangsweise gegen eine Staatsanleihe eintauschen.[914]

- ***Kürzung der Renten***, was der Chef der Jungen Union Tilman Kuban (CDU) bereits Anfang Mai 2020 forderte: Auch die Rentner müssen ihren Teil dazu beitragen: »Wir werden alle den Gürtel etwas enger schnallen müssen – da wird dann auch die Rentnergeneration dran glauben müssen.«[915]
- ***Anhebung des Renteneintrittsalters*** auf 70 Jahre, wie es die Bundesbank schon 2019 gefordert hatte.[916]

- ***Kürzung der Sozialleistungen*** (Details werden noch diskutiert).[917]
- ***Eine »Stabilitätsabgabe«***, wie in Zypern bereits vorexerziert: Für Sparer bis zu 100 000 Euro sollte die Zwangsabgabe 6,75 Prozent, darüber hinaus 9,9 Prozent betragen. Später einigte man sich dann auf 8 Prozent über 100 000 Euro Vermögen (siehe Unterkapitel → »Blaupause: Teilenteignung der Bankkunden in Zypern«, S. 210).
- ***Eine »Bodengewinnsteuer«***, wie Ralf Stegner (SPD) anregte.[918]
- ***Neue EU-Steuern***, von EU-Haushaltskommissar Hahn bereits »erwartet«, um den Corona-Wiederaufbauplan zu finanzieren.[919]
- ***Streichung der steuerlichen Absetzbarkeit von Dienstwagen***, wie der Ökonom Lars Feld im *Spiegel* anführte.[920]
- ***Handwerkerleistungen nicht mehr steuerlich absetzbar machen***, wie Lars Feld außerdem forderte.[921]
- ***Hypothekengewinnabgabe*** (Sonderabgabe auf Gewinne aus Schulden, für die Grundpfandrechte bestellt worden waren).[922] Siehe Unterkapitel → »Enteignungen nach einem *Lastenausgleichsgesetz*« (S. 196).
- ***Kreditgewinnabgabe*** (Sonderabgabe auf Schuldnergewinne gewerblicher Betriebe).[923] Siehe → Unterkapitel »Enteignungen nach einem *Lastenausgleichsgesetz*« (S. 196).
- ***Zwangshypothek***, bei der eine Grundschuld zugunsten des Staates in die Grundbücher eingetragen, der Immobilienbesitzer also quasi zwangsweise mit Schulden belastet und enteignet wird.[924]

Hintergrund: Italien schränkt Bargeldzahlungen drastisch ein

Der Kampf gegen das Bargeld wird im Fahrwasser der Corona-, Wirtschafts- und Finanzkrise im Hintergrund weiterbetrieben. Italien outete sich bereits im Sommer 2020: Am 1. Juli 2020 senkte die sozialdemokratische Regierung nämlich die Obergrenze für Barzahlungen von 3000 Euro auf 2000 Euro.

Bei Verstößen dagegen drohen den Bürgern 2000 bis zu 50 000 Euro Strafe. Die Sozialdemokraten in Rom wollen den Kampf gegen das Bargeld sogar noch weiter verschärfen. Ab 2022 soll die Bargeldobergrenze nur noch 1000 Euro betragen. Darüber hinaus soll ein sogenannter »Cashless-Plan« umgesetzt werden, der auf eine stärkere Verbreitung des digitalen Zahlungsverkehrs abzielt.[925]

Die *Deutschen Wirtschafts Nachrichten* dazu: »Mit einer Zurückdrängung oder sogar Abschaffung von Münzen und Scheinen geraten für die Bürger erhebliche Teile ihrer Freiheiten in Gefahr, weil mithilfe elektronischer Bezahlvorgänge eine lückenlose Überwachung der wirtschaftlichen Aktivitäten jedes Menschen ermöglicht wird. Im Extremfall könnten zudem ›unliebsame‹ Bürger faktisch mundtot gemacht und aus der Gesellschaft ausgestoßen werden, indem ihre Kanäle zum Wirtschaftsleben (Konten, Bezahlsysteme) gesperrt werden.«[926] Was in Italien bereits praktiziert wird, kann jederzeit EU-weit kommen. Schon jetzt haben die meisten Länder ihre Bargeldzahlung eingeschränkt. Aber da geht noch mehr, viel mehr.

Fazit: Verschiedene Maßnahmen aus dieser »Horror-Liste« werden ganz sicher umgesetzt werden. Bundesfinanzminister Olaf Scholz (SPD) sagte im Frühsommer 2020: »Bürger, die sehr, sehr viel verdienen, sollten einen etwas höheren Beitrag leisten. Das bleibt unser Ziel, und das wird ganz sicher auch in unserem nächsten Wahlprogramm stehen.«[927] Weiter orakelte er: »Wir werden nicht alle Probleme allein mit Steuergeld lösen können.«[928]

Der »unabhängige« Ökonom Daniel Stelter ist sich ebenfalls sicher: Die Steuereinnahmen werden nicht reichen: »Wir brauchen eine kreative Lösung.«[929]

Wenn Sie sich obige Liste ansehen, mit welchen Mitteln der Staat Gelder wieder zurückholen kann, ahnen Sie vielleicht, was mit »kreativ« gemeint ist. Aber erst jetzt fangen die Menschen langsam an zu begreifen, dass es keinen schmerzlosen Ausweg aus der Krise gibt.

Wir werden alle enteignet werden, auf vielen verschiedenen Wegen.

Die Regierungen haben Einblick in unsere Konten, unsere Geldanlagen und Immobilienvermögen. Sie werden sich nehmen, was sie brauchen, um das System am Laufen und sich selbst an der Macht zu halten. Wie wir in Zypern und an vielen anderen Beispielen sehen konnten, schreckt man dabei vor nichts zurück.

KAPITEL 13

So können Sie sich vor Enteignungen schützen

So können Sie sich gegen eine drohende Enteignung Ihrer Grundstücke und Immobilien wehren

Um sich gegen eine drohende Enteignung durch die Behörden zu wehren, bleiben Ihnen lediglich zwei Möglichkeiten:

1. Sie können eine Enteignung durch den »freiwilligen« Grundstücksverkauf abwehren.
2. Sie können sich juristisch wehren. Vor dem Vollzug der Enteignung steht nämlich immer ein Enteignungsverfahren. Dieses sieht vor, dass die Betroffenen erst einmal Stellung nehmen können. Eine mündliche Verhandlung folgt, bei der versucht wird, eine Einigung über den Immobilienverkauf zu erzielen. Erst wenn auch dies nicht möglich ist, erlässt die zuständige Behörde einen Enteignungsbeschluss. Auch gegen diesen kann der Eigentümer dann den Rechtsweg beschreiten.[930] Das Enteignungsverfahren ist im *Baugesetz* genau beschrieben[931] (siehe dazu auch das Unterkapitel → »So kann eine Enteignung ablaufen«, S. 41).

Welche Entschädigung Sie erhalten

Wie ich in Kapitel 1 → »Was bedeutet ›Enteignung‹?« (S. 21) erläutert habe, sehen Artikel 14 und 15 GG vor, dass Sie als Eigentümer eine Entschädigung für die Enteignung erhalten müssen.

> **Merke:** Eine Enteignung ohne Entschädigung verstößt grundsätzlich gegen das Gesetz.[932]

Die Entschädigung soll aber unter Abwägung der »gerechten Interessen der Allgemeinheit und der Beteiligten« festgelegt werden.[933] Doch die Frage bleibt offen, welche Entschädigungssumme angemessen ist.

Merke: Einen Anspruch auf zusätzlichen Schadenersatz sieht der Gesetzgeber generell nicht vor.[934]

Laut Vorgaben des *Baugesetzes* sollen Enteignungen nach dem Verkehrswert (s. u.) des betreffenden Grundstücks entschädigt werden.[935]

Merke: Nur im Ausnahmefall darf ein niedrigerer Wert, als er am Markt zu erzielen ist, für die Höhe der Entschädigungssumme angesetzt werden.[936]

Allerdings kann ein Enteignungsverfahren sehr langwierig sein. Deshalb stellt sich das Problem, welcher Zeitpunkt der Immobilienbewertung zur Feststellung des Verkehrswertes zugrunde gelegt werden soll. Auch diese Frage hat der Gesetzgeber im BauGB geregelt: Der Verkehrswert soll zum Zeitpunkt der Entscheidung über den Antrag auf Enteignung bestimmt werden.[937]

Hintergrund: Der Verkehrswert einer Immobilie

Kurz: Der Verkehrswert gibt den voraussichtlich am Markt zu erzielenden Verkaufspreis wieder. Dieser Wert wird in einer Immobilienbewertung ermittelt.

Das *Baugesetzbuch* definiert den Verkehrswert einer Immobilie (§ 194, BauGB) als den Preis, der zum Bewertungsstichtag »im gewöhnlichen Geschäftsverkehr nach den rechtlichen Gegebenheiten und tatsächlichen Eigenschaften ... ohne Rücksicht auf ungewöhnliche oder persönliche Verhältnisse zu erzielen wäre«.[938]

Merke: Der »gewöhnliche Geschäftsverkehr« setzt voraus, dass sich die Preisbildung auf einem offenen Markt vollzieht, bei dem alle Marktteilnehmer einen Marktzugang haben, sich vollumfänglich informieren können und frei in ihrer Entscheidung sind.[939]

Zur Ermittlung des maßgeblichen Grundstückswertes kann alternativ die Expertise eines unabhängigen Gutachters bzw. Gutachterausschusses herangezogen werden. Diese berücksichtigt auch den Wert anderer Vermögensnachteile, die Ihnen durch die Enteignung möglicherweise entstehen können (z. B. Wertminderung einer Restfläche, Aufwendungen für einen durch die Enteignung notwendig werdenden Umzug, usw.)[940]

Die Entschädigung muss aber nicht immer mit einer Geldzahlung erfolgen, sondern kann auch in Form von Land getätigt werden, wenn der Eigentümer dies wünscht und der neue Eigentümer über Land verfügt (»Ersatzland«).[941]

* * *

Fazit: Es bleiben demnach nicht viele Möglichkeiten, sich gegen eine Enteignung zu wehren. Entweder verkaufen Sie Ihr Grundstück, was wiederum einen »Zwang« darstellt, oder Sie lassen sich auf ein langwieriges juristisches Verfahren ein, bei dem es häufig nur um die Höhe der Entschädigung, nicht aber um die eigentliche Enteignung geht. Manche Enteignungen konnten zwar schon verhindert werden, aber das sind Ausnahmen. Machen Sie sich also keine großen Hoffnungen und stellen Sie sich auf den Worst Case ein. Die vielfältigen Beispiele in diesem Buch haben Ihnen gezeigt, wie »schwach« Ihre Position als Eigentümer ist, wenn zum Wohle der Allgemeinheit enteignet werden soll. Letztlich bleibt Ihnen noch, öffentlichen Druck aufzubauen:

- Gründen Sie Vereinigungen.
- Protestieren und demonstrieren Sie.
- Schreiben Sie Briefe an Ihre Abgeordneten.
- Initiieren Sie Petitionen.

Lassen Sie nicht locker!

So können Sie Ihr Vermögen retten

Ich habe Ihnen gezeigt, wie Ihr »Papiergeld« Tag für Tag wertloser wird. Das muss nicht sein.

Wandeln Sie Ihr Geld daher in Werte um, die der Staat nicht »sieht« und die nichts mit Papieren zu tun haben. Alles, was auf Papieren gedruckt steht, ist ein Versprechen. Und Versprechen können gebrochen werden, das haben wir in der Vergangenheit schon x-mal erlebt – egal ob es Sparbücher, Geldscheine, Finanzprodukte oder Lebensversicherungen sind. Im Zweifelsfall haben Sie nur bedrucktes Papier. Ausgenommen sind unter Umständen konjunkturunabhängige Aktien.[942]

Hintergrund:
Goethe und die »Entgoldung« des Geldes (Fiat-Money)

»Was hat denn Goethe in diesem Buch zu suchen?«, werden Sie sich fragen. Das ist berechtigt und bedarf einer kurzen Erklärung: Was Sie vielleicht nicht wissen, ist, dass Johann Wolfgang von Goethe[943] nicht nur ein genialer Poet, sondern auch ein exzellenter Natur- und Wirtschaftswissenschaftler war, der ökonomische Literatur studiert hatte. Darüber hinaus war er 10 Jahre lang als Wirtschafts- und Finanzminister am Weimarer Hof tätig.[944] Schon vor rund 200 Jahren gelang es ihm, komplizierte wirtschafts- und finanzpolitische Prozesse mit einer Schärfe zu durchdringen und Prognosen zu wagen, die heute noch bewundernswert und lehrreich sind. Er hat auch wunderbar beschrieben, wie eigentlich wertloses Papier »plötzlich« wertvoll wird.

Nur der Nationalökonom Hans Christoph Binswanger hat es bisher gewagt, Goethes Werk, vornehmlich den *Faust II*,[945] ernsthaft auf wirtschafts- und finanzpolitische Exegesen hin zu analysieren. In seinem exzellenten Buch *Geld und Magie* schreibt er:

> *Goethe erklärt die Wirtschaft als einen alchemistischen*[946] *Prozess: als die Suche nach dem künstlichen Gold.*[947]

Für Binswanger ist die moderne Wirtschaft die »Fortsetzung der Alchemie mit modernen Mitteln«, quasi eine »Schöpfungs-Tat«.[948] Dabei ist es »nicht entscheidend, dass tatsächlich Blei in Gold transmutiert wird, sondern lediglich, dass sich eine wertlose Substanz in eine wertvolle verwandelt, also zum Beispiel Papier in Geld«.[949]

Im *Faust* geschieht dies durch die Deckung der Noten durch nicht gehobene Bodenschätze und die Legalisierung der Noten durch die Unterschrift des Kaisers. Damit sollen dem Volk stoffwertlose Noten anstelle des Goldes schmackhaft gemacht werden. Es geht also nur um die Vorstellung, dass vergrabene Schätze das Papiergeld decken, und die Wahrnehmung, dass die staatliche Macht das Papiergeld legitimiert, kurz: um die »Entgoldung des Geldes«.[950] Im *Faust II* hört sich das so an:

> *Zu wissen sey es jedem, der's begehrt:*
> *Der Zettel hier ist tausend Kronen werth.*
> *Ihm liegt gesichert, als gewisses Pfand,*
> *Unzahl vergrabnen Guts im Kaiserland.*
> *Nun ist gesorgt, damit der reiche Schatz,*
> *Sogleich gehoben, diene zum Ersatz.*[951]

Die Unterschrift des Kaisers auf wertlosem Papier macht dieses somit zu einem Zahlungsmittel, analog dem Recht zum Gelddrucken der Notenbanken ohne Gegendeckung. Goethe hat in seinem *Faust* also bereits die Schaffung von künstlichem Geld (Fiatgeld) visioniert – und zwar unabhängig vom Gold, so wie es die Zentralbanken heute allenthalben tun.

Im *Faust* räumt letztlich der Kaiser den Banken das Privileg ein, Banknoten auszugeben und so Papiergeld zu schaffen. Heute haben die Banken hingegen vom Staat die Lizenz, Buchgeld zu schaffen.[952]

Das Papierversprechen muss allerdings irgendwo anerkannt, archiviert und dokumentiert sein, damit es nicht gefälscht werden kann. Es hinterlässt eine Aktenspur. Dadurch findet es aber auch der Staat. Er kann es beschlagnahmen oder für wertlos erklären, und das war's dann.

Ich frage Sie: Wenn Sie auf der Titanic wären, würden Sie dann einen ***Berechtigungsschein für einen Rettungsring*** bevorzugen oder einen ***echten Rettungsring***? Ähnlich verhält es sich auch mit Papiervermögen und Sachwerten. Denn echte Sachwerte tragen ihren Wert in sich. Wenn Sie Hunger haben, wollen Sie doch auch nicht in einen Brotbezugsschein beißen, sondern in ein echtes, knuspriges Brot.

Papiergeld kann morgen schon wertlos sein, wie uns die Hyperinflation, die verschiedenen Währungsreformen[953] und die stetige Entwertung des Euro lehren. Gold, Silber, Rohstoffe, konjunkturunabhängige Aktien und Edelsteine stellen Werte dar, die man nicht mit einem Federstrich für wertlos erklären kann.[954]

Edelmetalle haben den unschätzbaren Vorteil, vor den gierigen Augen des räuberischen Staates verborgen zu bleiben. Anonym gekauft, bewahrt man sie an einem sicheren Ort auf, bis ein neuer Anfang gewagt werden kann. Lassen Sie sich vom Auf und Ab der Preise nicht beirren. Wer verstanden hat, warum er sein Vermögen in Edelmetalle sichert, den interessieren die Eurozahlen pro Unzen genauso wenig wie die Anzahl an Kauri-Muscheln, die er dafür bekäme. Denn man verkauft es ja nicht und handelt nicht damit. Man rettet es vor Inflation, Zwangsabgaben, Enteignung, Steuern und Bankenschließung.

NACHWORT

Am Ende ist die Gegenwart

Die Finanz- und Wirtschaftskrise 2008/2009 war ein einschneidendes Ereignis, von dem sich die Welt bis heute nicht vollständig erholt hat. Gelernt haben die Verantwortlichen nicht viel daraus, denn die Verschuldung der meisten Länder ist höher als zuvor, und seit der Corona-Krise explodieren die globalen Staatsverschuldungen in einem bisher nie beobachteten Ausmaß.

Sicher ist, die Seuche hat jetzt schon mehr Schaden angerichtet als die vergangene Finanz- und Wirtschaftskrise. Es wird Jahrzehnte und meiner Einschätzung nach Generationen lang dauern, bis die Finanzmärkte und die Staaten sich wieder vollständig davon erholt haben werden.

Eines dürfte mittlerweile ebenfalls klar sein: Die »fetten« Jahre sind vorbei. Unser Wohlstand wird sich drastisch verringern, und zu all dem kommt noch die Hysterie der Linken und der Klimafaschisten, die unsere Gesellschaft und unser Finanz- und Wirtschaftssystem komplett verändern wollen.

Das klingt nicht nur nach Revolution, das *ist* eine. Und zwar eine Revolution gegen unsere bestehenden Werte und unseren bisherigen Lebensstil.

* * *

Der Staat wird sich sein Geld zurückholen, auch das ist sicher. Die Instrumentarien, die ihm dabei zur Verfügung stehen, habe ich ausführlich beschrieben. Es wird in den nächsten Jahren vermehrt zu Enteignungen kommen, davon bin ich fest überzeugt.

Doch für mich gibt es noch ein anderes Problem: die soziale Spaltung unserer Gesellschaft. Durch die absehbaren Folgen der Corona-Pandemie, der Wirtschafts- und einer nahenden Finanzkrise, höherer Arbeitslosigkeit, der Probleme mit der Migration und der Zunahme von Armut wird sich diese Spaltung noch vertiefen.

Innere Unruhen, wie wir sie in den letzten Monaten schon erlebt haben, werden zunehmen.

Wir alle sind gefordert, diesen Entwicklungen entgegenzutreten. Unseren Kindern und unserem Land zuliebe.

ANHANG

Bibliografie

Gesetze, Verordnungen, Verträge

Allgemeines Eisenbahngesetz (AEG)
Allgemeines Landrecht für die Preußischen Staaten (1794)
Allgemeines Österreichisches Bürgerliches Gesetzbuch (1811)
Baugesetzbuch (BauGB)
Baulandmobilisierungsgesetz (Referentenentwurf)
Bürgerliches Gesetzbuch (BGBw)
Bundesberggesetz (BbergG)
Bundesfernstraßengesetz (FStrG)
Bundesleistungsgesetz (BLG)
Bundeswasserstraßengesetz (WaStrG)
Corpus Iuris Civilis (CIC)
Energiewirtschaftsgesetz (EnWG)
Flurbereinigungsgesetz (FlurbG)
Genfer Abkommen über den Schutz von Zivilpersonen in Kriegszeiten (1949)
Gesetz über den Geldentwertungsausgleich bei bebauten Grundstücken (1926)
Gesetz über den Lastenausgleich (LAG)
Gesetz über einen einmaligen außerordentlichen Wehrbeitrag (1913)
Gesetz über die Befreiung des Grundbesitzes der Nationalsozialistischen Deutschen Arbeiterpartei von der Grundsteuer und der Gebäudeentschuldungssteuer (1935)
Gesetz über die Landbeschaffung für Zwecke der Wehrmacht (1935)
Gesetz zum Schutz der öffentlichen Sicherheit und Ordnung in Berlin (ASOG)
Gesetz zum Schutz der öffentlichen Sicherheit und Ordnung in Hamburg (HmbSOG)
Gesetz zur Änderung des Grundgesetzes (»Notstandsgesetze« 1968)
Gesetz zur beschleunigten Veranlagung und Erhebung des Reichsnotopfers (1920)
Gesetz zur Sicherung der Flüchtlingsunterbringung in Einrichtungen (Hamburg)
Grundgesetz der Bundesrepublik Deutschland (GG)
Haager Landkriegsordnung (1899)
Kreditwesengesetz (KWG)
Landbeschaffungsgesetz (LBG)
Landesstraßengesetze der Länder

Landeswassergesetz Nordrhein-Westfalen (LWG-NRW)
Luftverkehrsgesetz (LuftVG)
Reichsnotopfergesetz (RNOG)
Rettungsübernahmegesetz (RettungsG)
Sanierungs- und Abwicklungsgesetz (SAG)
Schutzbereichgesetz (SchBerG)
Verfassung des Deutschen Reichs (1919)
Verfassung von Berlin
Verkehrsleistungsgesetz (VerkLG)
Verordnung über die Aufhebung der Gebäudeentschuldungsteuer (1942)
Verordnung über die Grundsätze für die Ermittlung der Verkehrswerte von Grundstücken (ImmoWertV)
Vertrag über die Rechte und Pflichten ausländischer Streitkräfte und ihrer Mitglieder in der Bundesrepublik Deutschland vom 23. Oktober 1954 (»Truppenvertrag«)
Versicherungsaufsichtsgesetz (VAG)
Verwaltungsverfahrensgesetz (VwVfG)
Wehrpflichtgesetz (WPflG)
Zweckentfremdungsverbot-Gesetz (ZwVbG)

Literatur

Absolon, Rudolf: *Die Wehrmacht im Dritten Reich: 30. Januar 1933 bis 2. August 1934: mit einem Rückblick auf das Militärwesen in Preußen, im Kaiserreich und in der Weimarer Republik*, Boppard am Rhein 1998.

Aly, Götz: *Hitlers Volksstaat – Raub, Rassenkrieg und nationaler Sozialismus*, Frankfurt am Main 2005.

Amtsblatt der Militärregierung Deutschlands, Britisches Kontrollgebiet (Mai–September 1949).

Bach, Stefan: »Vermögensabgaben – ein Beitrag zur Sanierung der Staatsfinanzen in Europa«, in: DIW Berlin – Deutsches Institut für Wirtschaftsforschung e. V. (Hrsg.): *Eurokrise, Staatsverschuldung und privater Reichtum* (*DIW Wochenbericht* 28/2012), Berlin 2012.

Bähr, Johannes; Petzina, Dietmar (Hrsg.): *Innovationsverhalten und Entscheidungsstrukturen – Vergleichende Studien zur wirtschaftlichen Entwicklung im geteilten Deutschland 1945–1999*, Berlin 1996.

Balabkins, Nicholas: *Germany Under Direct Controls – Economic Aspects of Industrial Disarmament 1945–1948*, o. O., 1964.

Barkai, Avraham: *Vom Boykott zur Entjudung – Der wirtschaftliche Existenzkampf der Juden im Dritten Reich 1933-1943,* Frankfurt am Main 1988.

Becker, Heinrich: *Handlungsspielräume der Agrarpolitik in der Weimarer Republik zwischen 1923 und 1929,* Stuttgart 1990.

Benda, Ernst: *Industrielle Herrschaft und sozialer Staat,* Göttingen 1966.

Binswanger, Hans Christoph: *Geld und Magie – Eine ökonomische Deutung von Goethes Faust,* Hamburg 2005.

Bradbury, Ray: *Fahrenheit 451,* München 2000.

Brakelmann, Günther; Friedrich, Norbert; Jähnichen, Traugott (Hrsg.): *Auf dem Weg zum Grundgesetz – Beiträge zum Verfassungsverständnis des neuzeitlichen Protestantismus,* Münster 1999.

Budraß, Lutz; Prott, Stefan: »Demontage und Konversion«, in: Johannes Bähr; Dietmar Petzina (Hrsg.): *Innovationsverhalten und Entscheidungsstrukturen – Vergleichende Studien zur wirtschaftlichen Entwicklung im geteilten Deutschland 1945-1999,* Berlin 1996.

Cohen, Arthur: »Die Hauszinssteuer (Steuer zum Geldentwertungsausgleich, Gebäudeentschuldungssteuer)«, in: *FinanzArchiv /Public Finance Analysis,* 48. Jahrgang H. 1 (1931).

Crouch, Blake: *Pines,* Las Vegas 2012.

Depenheuer, O.; Shirvani, F.: *Die Enteignung: Historische, vergleichende, dogmatische und politische Perspektiven auf ein Rechtsinstitut,* Berlin 2017.

Deutscher Bundestag (Hrsg.): *Beschlussempfehlung und Bericht des 2. Untersuchungsausschusses nach Artikel 44 des Grundgesetzes vom 18. September 2009* (DrS 16/14000).

Deutscher Bundestag, Wissenschaftliche Dienste (Hrsg.): *Eigentumsgarantie nach Art. 14 GG* (WD 3 -327/06), Berlin 2006.

Deutscher Bundestag, Wissenschaftliche Dienste (Hrsg.): *Das Baugebot nach § 176 BauGB,* Berlin 2018.

Deutscher Bundestag, Wissenschaftliche Dienste (Hrsg.): *NATO-Truppenstatut, Zusatzabkommen, Verwaltungsvereinbarungen* (WD 3 -3000 - 416/08).

Emmerich, Volker; Sonnenschein, Jürgen: *Miete: Handkommentar. §§ 535 bis 580a des Bürgerlichen Gesetzbuches – Allgemeine Gleichbehandlungsgrundsätze,* Berlin / Boston 2011.

Engels, Andreas: »Lex Hypo Real Estate – Das Finanzmarktstabilisierungsergänzungsgesetz auf verfassungsrechtlichem Prüfstand«, in: *Zeitschrift für Bank- und Kapitalmarktrecht* (BKR), 2009.

Evans, James A. S.: *The Age of Justinian – The Circumstances of Imperial Power,* London / New York 1996.

Fernow, Arthur: *Das Gesetz über einen einmaligen außerordentlichen Wehrbeitrag,* Berlin 1913.
Fiedler, Siegfried; Ortenburg, Georg (Hrsg.): *Heerwesen der Neuzeit* (10 Bände), Koblenz 1984.
Figala, Karin (Hrsg.): *Alchemie: Lexikon einer hermetischen Wissenschaft,* München 1998.
Genschel, Helmut: *Die Verdrängung der Juden aus der Wirtschaft im Dritten Reich,* Göttingen 1966.
Glukhovsky, Dmitry: *Futu.re,* Moskau 2013.
Goethe, Johann Wolfgang von: *Faust – Der Tragödie zweiter Teil,* Stuttgart 1832.
Goschler, Constantin; Ther, Philip (Hrsg.): *Raub und Restitution – Arisierung und Rückerstattung des jüdischen Eigentums in Europa,* Frankfurt a. M. 2003.
Grandt, Michael: *Der Crash der Lebensversicherungen,* Rottenburg 2009.
Grandt, Michael: *Der Staatsbankrott kommt,* Rottenburg 2010.
Grandt, Michael: *Der Euro-Crash kommt,* Rottenburg 2012.
Grandt, Michael: *Deutschland vor dem Kollaps,* Rottenburg 2013.
Grandt, Michael: *Ihre Vorsorge-Mappe – So schützen Sie Ihr Vermögen,* München 2016.
Grandt, Michael: *Kommt die Klima-Diktatur?,* Rottenburg 2019.
Grandt, Michael: *Adolf Hitler, eine Korrektur (1),* Tallinn 2019.
Haase, Daniel; Ewert, Gerd: »Staatsbankrott & Währungsreform«, in: *Das Edelmetall & Rohstoffmagazin 2009/2010,* Neustadt a. d. Orta 2009.
Haerendel, Ulrike: *Kommunale Wohnungspolitik im Dritten Reich,* München 1999.
Häussermann, Hartmut; Siebel, Walter: *Soziologie des Wohnens,* Weinheim 2000.
Hamburgisches Gesetz- und Verordnungsblatt Teil I, HmbGVBl. Nr. 402015 vom 2. Oktober 2015.
Handwörterbuch der Staatswissenschaften, Band 6, Jena 1925.
Handwörterbuch der Staatswissenschaften, Band 8, Jena 1928.
Hannich, Günter: *Börsenkrach und Weltwirtschaftskrise,* Rottenburg 2006.
Hannich, Günter: *Staatsbankrott,* Rottenburg 2006.
Harmssen, Gustav Wilhelm: *Reparationen, Sozialprodukt, Lebensstandard,* Bremen 1948.
Hasenack, Wilhelm: *Betriebsdemontage als Reparationsform,* o. O. 1948.
Hausmaninger, Herbert; Selb, Walter: *Römisches Privatrecht,* Wien 1981.
Holtfrerich, Carl-Ludwig: *Die deutsche Inflation 1914–1923: Ursachen und Folgen in internationaler Perspektive,* Berlin / New York 1980.

Huber, Ernst Rudolf: *Quellen zum Staatsrecht der Neuzeit,* Tübingen 1951.
Initiative Deutsche Wohnen & Co. enteignen (Hrsg.): *Vergesellschaftung und Gemeinwirtschaft – Lösungen für die Berliner Wohnungskrise,* Berlin 2020.
Jähnichen, Traugott: »Vom Besitzindividualismus zur gemeinwohlorientierten Sozialpflichtigkeit – Der neuzeitliche Eigentumsbegriff in der Entwicklung des Privat- und Verfassungsrechts«, in: Günther Brakelmann, Norbert Friedrich; Traugott Jähnichen (Hrsg.): *Auf dem Weg zum Grundgesetz – Beiträge zum Verfassungsverständnis des neuzeitlichen Protestantismus,* Münster 1999.
Jung, Otmar: *Volksgesetzgebung – Die »Weimarer Erfahrungen« aus dem Fall der Vermögensauseinandersetzungen zwischen Freistaaten und ehemaligen Fürsten,* Hamburg 1996.
Kirchhof, Gregor: »Vermögensabgaben aus verfassungsrechtlicher Sicht«, *Steuer und Wirtschaft* (StuW), 2011.
Kluck, Thomas: *Protestantismus und Protest in der Weimarer Republik – Die Auseinandersetzungen um Fürstenenteignung und Aufwertung im Spiegel des deutschen Protestantismus,* Frankfurt am Main / Berlin / Bern / New York / Paris / Wien 1996.
Krätz, Otto: *7000 Jahre Chemie,* München 1999.
Kunze, Peter: *Die Sorben/Wenden in der Niederlausitz,* Bautzen 2000.
Kunze, Peter: *Kurze Geschichte der Sorben – Ein kulturhistorischer Überblick,* Bautzen 2017.
Lau, Ludwig: *Die Sozialpflichtigkeit des Eigentums,* Würzburg 1997.
Leisner, Walter: *Sozialbindung des Eigentums,* Berlin 1972.
Leppin, Hartmut: *Justinian – Das christliche Experiment,* Stuttgart 2011.
Mann, Fritz Karl: »Wehrbeitrag«, in: Handwörterbuch der Staatswissenschaften, Band 8, Jena 1928.
Mann, Fritz Karl: »Reichsnotopfer«, in: *Handwörterbuch der Staatswissenschaften,* Band 6, Jena 1925.
Mattern, Emil: *Grundzüge der technischen Wirtschafts-, Verwaltungs- und Verkehrslehre,* Berlin 1925.
Meier, Mischa: *Justinian – Herrschaft, Reich und Religion,* München 2004.
Meinel, Christoph: *Alchemie in der europäischen Kultur- und Wissenschaftsgeschichte,* Wiesbaden 1986.
Metzner, Mathias: »Eigentum, Erbrecht, Enteignung und Sozialisierung«, in: *Informationen zur politischen Bildung* Nr. 305/2017.
Meyer, Werner: *Währungsreform – Das neue Geld ist da,* Augsburg 2005.
Michaelis, Herbert; Schraepler, Herbert und Ernst: *Die staatliche Neuordnung Deutschlands,* Band 26, Berlin 1976.

Muscheler, Karlheinz (Hrsg.): *Römische Jurisprudenz – Dogmatik, Überlieferung, Rezeption,* Berlin o. J.

Niethammer, Lutz (Hrsg.): *Wohnen im Wandel – Beiträge zur Geschichte des Alltags in der bürgerlichen Gesellschaft,* Wuppertal 1979.

Oberreuter, Heinrich: *Notstand und Demokratie – Vom monarchischen Obrigkeits- zum demokratischen Rechtsstaat,* München 1978.

Orzechowski, Peter: *Besatzungszone – Wie und warum die USA noch immer Deutschland kontrollieren,* Rottenburg 2019.

Pilger, Christoph; Ceranna, Lars: »The influence of periodic wind turbine noise on infrasound array measurements«, in: *Journal of Sound and Vibration,* Volume 388 (2017).

Poten, Bernhard von: *Handwörterbuch der gesamten Militärwissenschaften,* o. O., 1878.

Proudhon, Pierre-Joseph: *Qu'est-ce que la propriété? Ou recherches sur le principe du droit et du gouvernement,* Paris 1840.

Rosen, Werner: »Wollseifen – Der Opfergang eines Dorfes, 40 Jahre nach der Vertreibung«, in: *Jahrbuch des Kreises Euskirchen 1986.*

Rozek, Jochen: *Die Unterscheidung von Eigentumsbindung und Enteignung,* Tübingen 1998.

Rudolph, Kurt: *Die Bindungen des Eigentums,* Tübingen 1960.

Savigny, Friedrich Carl von: *Geschichte des Römischen Rechts im Mittelalter,* Band 3, Heidelberg 1834.

Sellien, Reinhold; Sellien, Helmut: *Gablers Wirtschafts-Lexikon,* Berlin 2013.

Schemmel, Lothar: *Verfassungsfragen einer Vermögensabgabe,* Karl-Bräuer-Institut des Bundes der Steuerzahler, Sonderinformation 37, Oktober 1999.

Schmidtke, Michael: *Der Aufbruch der jungen Intelligenz – Die 68er Jahre in der Bundesrepublik und den USA,* Frankfurt am Main/New York 2003.

Schneider, Michael: *Demokratie in Gefahr? Der Konflikt um die Notstandsgesetze: Sozialdemokratie, Gewerkschaften und intellektueller Protest (1958–1968),* Bonn 1986.

Scholze, Dietrich: *Die Sorben in Deutschland – Sieben Kapitel Kulturgeschichte,* Bautzen 1993.

Schramm, Johannes; Aicher, Josef; Fruhmann, Michael; Thienel, Rudolf: *Bundesvergabegesetz 2002, Kommentar,* Wien/New York 2005.

Schreiben der Militärgouverneure der drei Westzonen an den Präsidenten des Parlamentarischen Rates, Adenauer; deutscher Text, in: *Amtsblatt der Militärregierung – Deutschland (Britische Zone),* Ausgabe Nr. 35 vom 10. September 1949, Teil 2B.

Schütt, Hans-Werner: *Auf der Suche nach dem Stein der Weisen – Die Geschichte der Alchemie,* München 2000.

Schumacher, Raimund: »Aus der Geschichte Wollseifens und des Walberhofs«, in: *Heimatkalender des Kreises Schleiden 1960.*

Sinn, Hans-Werner; Feist, Holger: »Der Euro und der Geldschöpfungsgewinn – Gewinner und Verlierer durch die Währungsunion«, in: *ifo Schnelldienst* 53 (2000).

Sonnenberger, Hans Jürgen; Schweinberger, Eugen: *Einführung in das Französische Recht,* Darmstadt 1986.

Stentzel, Rainer: »Zum Verhältnis von Recht und Politik in der Weimarer Republik – Der Streit um die sogenannte Fürstenenteignung«, in: *Der Staat,* Jahrgang 39/2000, Heft 2.

Stokoe, Matthew: *High Life,* o. O., 2002.

Sturm, Fritz: »Ius gentium – Imperialistische Schönfärberei römischer Juristen«, in: Karlheinz Muscheler (Hrsg.): *Römische Jurisprudenz – Dogmatik, Überlieferung, Rezeption,* Berlin o. J.

Terhalle, Fritz: *Die Finanzwirtschaft des Staates und der Gemeinden,* Berlin 1948.

Viscount Montgomery: *History of Warfare,* Vol. II, o. O., 1974.

Wahsner, Roderich: *Erfassung und Integration als System – Militärische und zivile Dienstpflichten in der BRD,* Köln 1972.

Wawzyniak, Halina: »Das Grundgesetz und die Eigentumsfrage«, in: *Standpunkte* 11/2019.

Wieland, Joachim: *Vermögensabgaben im Sinne von Art. 106 Abs. 1 Nr. 5 GG,* im Auftrag der Hans-Böckler-Stiftung und der Vereinten Dienstleistungsgewerkschaft (ver.di), 2012

Witt, Peter-Christian: »Inflation, Wohnungszwangswirtschaft und Hauszinssteuer – Zur Regelung von Wohnungsbau und Wohnungsmarkt in der Weimarer Republik«, in: Lutz Niethammer (Hrsg.): *Wohnen im Wandel – Beiträge zur Geschichte des Alltags in der bürgerlichen Gesellschaft,* Wuppertal 1979.

Quellen und Anmerkungen

Sämtliche Links in den Quellenangaben waren bei Redaktionsschluss online zugänglich. Für Links, die nach der Veröffentlichung von den Seitenbetreibern gelöscht oder verändert wurden, übernehmen Autor und Verlag keine Verantwortung. Manche verlorene Links können jedoch mithilfe der Wayback Machine im Internet Archive aufgefunden werden: *https://archive.org/web/.*

1 Pierre-Joseph Proudhon (frz. Sozialreformer und Theoretiker): *Qu'est-ce que la propriété? Ou recherches sur le principe du droit et du gouvernement,* Paris 1840; deutsch: *Was ist das Eigentum? Erste Denkschrift. Untersuchungen über den Ursprung und die Grundlagen des Rechts und der Herrschaft* (1840), vollständig zu lesen auf: *https://static.twoday.net/sentenzen/files/proudhon.htm.*

2 »Enteignungen in Tübingen? Boris Palmer will Eigentümer zum Bauen zwingen«, *Der Tagesspiegel,* 27. März 2019, *https://www.tagesspiegel.de/politik/enteignungen-in-tuebingen-boris-palmer-will-eigentuemer-zum-bauen-zwingen/24264450.html.*

3 »Grüne für Enteignung ›bei besonders angespannten Wohnungsmärkten‹«, *Welt,* 4. Oktober 2019, *https://www.welt.de/politik/deutschland/article201377674/Gruene-Bundesvorstand-fuer-Enteignungen-bei-besonders-angespannten-Wohnungsmaerkten.html.*

4 Ray Bradbury: *Fahrenheit 451,* München 2000, S. 76.

5 Blake Crouch: *Pines,* Las Vegas 2012, S. 176.

6 Dmitri Gluchowski: *Будущее,* deutsch: *Futu.re,* Moskau 2013, S. 725.

7 Matthew Stokoe: *High Life,* Brooklyn 2002, deutsch *High Life,* Leipzig 2018, S. 265.

8 Michael Grandt: *Der Staatsbankrott kommt,* Rottenburg 2001.

9 Bundesverfassungsgericht: Pressemitteilung Nr. 88/2016 vom 6. Dezember 2016; Urteil vom 6. Dezember 2016 (1 BvR 2821/11, 1 BvR 1456/12, 1 BvR 321/12); *https://www.bundesverfassungsgericht.de/SharedDocs/Pressemitteilungen/DE/2016/bvg16-088.html.*

10 *https://www.juraforum.de/lexikon/enteignung.*

11 *https://wirtschaftslexikon.gabler.de/definition/enteignung-35022/version-259393.*

12 *https://www.hauskredite.de/lexikon/enteignung/.*

13 Ebd.

[14] Ebd.
[15] *https://www.juraforum.de/lexikon/legalenteignung.*
[16] *https://www.juraforum.de/lexikon/enteignung.*
[17] *https://www.juraforum.de/lexikon/administrativenteignung.*
[18] *https://www.juraforum.de/lexikon/enteignung.*
[19] CIC oder CICiv zur besseren Unterscheidung vom kirchlichen *Corpus iuris canonici.*
[20] Justinian (um 482-565) war vom 1. April (als Mitkaiser) beziehungsweise vom 1. August 527 bis zu seinem Tod römischer Kaiser (vgl. James A. S. Evans: *The Age of Justinian – The Circumstances of Imperial Power,* London/New York 1996; Hartmut Leppin: *Justinian – Das christliche Experiment,* Stuttgart 2011; Mischa Meier: *Justinian – Herrschaft, Reich und Religion,* München 2004.
[21] Vgl. Herbert Hausmaninger, Walter Selb: *Römisches Privatrecht,* Wien 1981, S. 48; Fritz Sturm: »Ius gentium – Imperialistische Schönfärberei römischer Juristen«, in: Karlheinz Muscheler (Hrsg.): *Römische Jurisprudenz – Dogmatik, Überlieferung, Rezeption,* Berlin 2011, S. 663 ff.
[22] Vgl. Friedrich Carl von Savigny: *Geschichte des Römischen Rechts im Mittelalter,* Band 3, Heidelberg 1834, S. 517.
[23] République Française, Légifrance: Le service public de la diffusion du droit, siehe: *https://www.legifrance.gouv.fr/affichCodeArticle.do?idArticle=LEGIARTI000006428859&cidTexte=LEGITEXT000006070721&dateTexte=18040206.*
[24] Vgl. Hans Jürgen Sonnenberger, Eugen Schweinberger: *Einführung in das französische Recht,* Darmstadt 1986, S. 52, 124 ff.
[25] Pierre-Joseph Proudhon (1809-1865); französischer Ökonom und Soziologe. Er gilt als einer der ersten Vertreter des solidarischen Anarchismus. Er setzte sich für vor allem für die Abschaffung der Ausbeutung und der Herrschaft des Menschen über den Menschen ein (vgl. *Œuvres Complètes,* 25 Bände, Paris 1870).
[26] Pierre-Joseph Proudhon: *Qu'est-ce que la propriété? Ou recherches sur le principe du droit et du gouvernement,* Paris 1840; deutsch: *Was ist das Eigentum. Erste Denkschrift – Untersuchungen über den Ursprung und die Grundlagen des Rechts und der Herrschaft* (1840), vollständig zu lesen auf: *https://static.twoday.net/sentenzen/files/proudhon.htm.*
[27] Ebd.
[28] Ebd., Kapitel 1.
[29] Vgl. Proudhon, *Œuvres Complètes.*

[30] Ebd.

[31] Vgl. Allgemeines Landrecht für die Preußischen Staaten vom 1. Juni 1794, Eilfter Titel, *https://opinioiuris.de/quelle/1622*.

[32] Ebd.: »Eilfter Titel. Von den Titeln zur Erwerbung des Eigenthums, welche sich in Verträgen unter Lebendigen gründen. Erster Abschnitt: Von Kaufs- und Verkaufsgeschäften«, *https://opinioiuris.de/quelle/1622#Eilfter_Titel._Von_den_Titeln_zur_Erwerbung_des_Eigenthums_welche_sich_in_Vertraegen_unter_Lebendigen_gruenden*.

[33] Vgl. Otto Depenheuer, Foroud Shirvani: *Die Enteignung – Historische, vergleichende, dogmatische und politische Perspektiven auf ein Rechtsinstitut*, Berlin 2017, S. 25 ff.

[34] Ebd.

[35] Ebd.

[36] *Allgemeines Österreichisches Bürgerliches Gesetzbuch*, Wien 1811, Signatur: 01/PW 2715 A435-1/2, *http://repertorium.at/qu/1811_oestabgb.html*.

[37] Vgl. Emil Mattern: *Grundzüge der technischen Wirtschafts-, Verwaltungs- und Verkehrslehre*, Berlin 1925, S. 128.

[38] Die Verfassung des Deutschen Reichs vom 11. August 1919, Artikel 7, Abs. 12, *https://www.1000dokumente.de/index.html?c=dokument_de&dokument=0002_wrv&object=pdf&l=de)*.

[39] Ebd.

[40] Dabei ging die Frage um, was mit dem bisher nur beschlagnahmten Vermögen der deutschen Fürstenhäuser geschehen sollte, die aufgrund der Novemberrevolution von 1918 politisch entmachtet worden waren. Vgl. Otmar Jung: *Volksgesetzgebung – Die »Weimarer Erfahrungen« aus dem Fall der Vermögensauseinandersetzungen zwischen Freistaaten und ehemaligen Fürsten*, Hamburg 1996; Thomas Kluck: *Protestantismus und Protest in der Weimarer Republik – Die Auseinandersetzungen um Fürstenenteignung und Aufwertung im Spiegel des deutschen Protestantismus*, Frankfurt am Main, Berlin/Bern/New York/Paris/Wien 1996; Rainer Stentzel: »Zum Verhältnis von Recht und Politik in der Weimarer Republik – Der Streit um die sogenannte Fürstenenteignung«, in: *Der Staat*, Jahrgang 39/2000, Heft 2, S. 275 ff.

[41] Vgl. zum Thema »Arisierung« z. B.: Götz Aly: *Hitlers Volksstaat – Raub, Rassenkrieg und nationaler Sozialismus*, Frankfurt am Main 2005; Avraham Barkai: *Vom Boykott zur Entjudung – Der wirtschaftliche Existenzkampf der Juden im Dritten Reich 1933–1943*, Frankfurt am Main 1988; Helmut Genschel: *Die Verdrängung der Juden aus der Wirtschaft im Dritten*

Reich, Göttingen 1966; Constantin Goschler, Philip Ther (Hrsg.): *Raub und Restitution – Arisierung und Rückerstattung des jüdischen Eigentums in Europa*, Frankfurt am Main 2003.

42 Vgl. dazu: Lutz Budraß, Stefan Prott: »Demontage und Konversion«, in: Johannes Bähr, Dietmar Petzina (Hrsg.): *Innovationsverhalten und Entscheidungsstrukturen – Vergleichende Studien zur wirtschaftlichen Entwicklung im geteilten Deutschland 1945–1999*, Berlin 1996; Gustav W. Harmssen: *Reparationen, Sozialprodukt, Lebensstandard*, Bremen 1948; Wilhelm Hasenack: *Betriebsdemontage als Reparationsform*, Essen-Kettwig 1948; Nicholas Balabkins: *Germany Under Direct Controls – Economic Aspects of Industrial Disarmament 1945–1948*, New Brunswick 1964.

43 GG I. Die Grundrechte Art. 14, *https://dejure.org/gesetze/GG/14.html*.

44 Christian Rat: »Enteignungen: Das steht im Grundgesetz«, *vorwärts*, 8. April 2019, *https://www.vorwaerts.de/artikel/enteignungen-steht-grundgesetz*.

45 Zum Beispiel §§ 903 f. BGB; das *Gabler Wirtschaftslexikon* definiert den bürgerlich-rechtlichen Eigentumsbegriff so: »Bürgerlich-rechtliches Eigentum ist das umfassende (absolute, dingliche) Herrschaftsrecht über bewegliche und unbewegliche Sachen im Sinn des § 90 BGB«, *vgl. https://wirtschaftslexikon.gabler.de/definition/eigentum-35391*.

46 § 903 BGB, *https://dejure.org/gesetze/BGB/903.html*.

47 Mathias Metzner: »Eigentum, Erbrecht, Enteignung und Sozialisierung«, Bundeszentrale für politische Bildung, 15. August 2017, *https://www.bpb.de/izpb/254397/eigentum-erbrecht-enteignung-und-sozialisierung*.

48 *https://wirtschaftslexikon.gabler.de/definition/eigentum-35391*.

49 *https://www.bpb.de/izpb/254397/eigentum-erbrecht-enteignung-und-sozialisierung*.

50 Ebd.

51 *https://wirtschaftslexikon.gabler.de/definition/eigentum-35391*.

52 VGH Bayern, 22. August 2012 – 14 CS 12.1031.

53 VG Freiburg, 7. Juni 2011 – 4 K 718/11.

54 OLG Hamm, 31. Mai 2007 – 5 U 21/07.

55 LG München I, 26. Juni 2019 – 1 S 2812/18.

56 VG Saarlouis, 7. September 2011 – 5 K 83/11.

57 OLG Rostock, 13. September 2018 – 3 U 40/17.

58 *https://wirtschaftslexikon.gabler.de/definition/unzulaessige-rechtsausuebung-49546*.

59 *http://www.rechtslexikon.net/d/treu-und-glauben/treu-und-glauben.htm*.

[60] Eine im (Geschäfts-)Verkehr der beteiligten Kreise herrschende tatsächliche Übung, meint: der gewöhnliche Umgang und die Art und Weise des Miteinanders zu einem bestimmten Thema, *https://wirtschaftslexikon.gabler.de/definition/verkehrssitte-48780.*

[61] *https://wirtschaftslexikon.gabler.de/definition/treu-und-glauben-48899.*

[62] *https://www.bpb.de/nachschlagen/lexika/lexikon-der-wirtschaft/20875/treu-und-glauben.*

[63] »Treu und Glauben im Mietrecht für Wohnungen – Beispiele«, *https://www.promietrecht.de/Allgemeines/Treu-und-Glauben/Treu-und-Glauben-im-Mietrecht-fuer-Wohnungen-Beispiele-E3168.htm.*

[64] Ernst R. Führich: *Wirtschaftsprivatrecht – Bürgerliches Recht, Handelsrecht, Gesellschaftsrecht,* München 2017, *http://www.vahlen.de/fachbuch/leseprobe/Fuehrich-Wirtschaftsprivatrecht-9783800654581_2905201706153984_lp.pdf.*

[65] *https://wirtschaftslexikon.gabler.de/definition/nachbarrecht-39209.*

[66] § 906 BGB.

[67] § 907 BGB.

[68] § 908 BGB.

[69] § 909 BGB.

[70] Gemäß Artikel 14 Absatz 1 GG.

[71] Eingriffsrechte im Sinne des Artikel 14 Absatz 2 GG.

[72] Jochen Rozek: *Die Unterscheidung von Eigentumsbindung und Enteignung,* Tübingen 1998, S. 65 ff.

[73] Vgl. Ernst Benda: *Industrielle Herrschaft und sozialer Staat,* Göttingen 1966; Traugott Jähnichen: »Vom Besitzindividualismus zur gemeinwohlorientierten Sozialpflichtigkeit – Der neuzeitliche Eigentumsbegriff in der Entwicklung des Privat- und Verfassungsrechts«, in: Günther Brakelmann, Norbert Friedrich, Traugott Jähnichen (Hrsg.): *Auf dem Weg zum Grundgesetz – Beiträge zum Verfassungsverständnis des neuzeitlichen Protestantismus,* Münster 1999; Ludwig Lau: *Die Sozialpflichtigkeit des Eigentums,* Würzburg 1997; Walter Leisner: *Sozialbindung des Eigentums,* Berlin 1972; Kurt Rudolph: *Die Bindungen des Eigentums,* Tübingen 1960.

[74] *https://www.bpb.de/izpb/254397/eigentum-erbrecht-enteignung-und-sozialisierung.*

[75] Vgl. BVerfG, Urteil vom 10. März 1981, Az. 1 BvR 92/71, BVerfGE 56, 249, (260); sowie Rozek, S. 65 ff.; der Verfassungsgrundsatz der Sozialpflichtigkeit wurde auch in der Frage der Vermögensteuer beziehungsweise Maximalbesteuerung entfaltet. Nach dem Urteil des Bundesverfassungsgerichts

»ist der Vermögensertrag einerseits für die steuerliche Gemeinlast zugänglich, andererseits muss dem Berechtigten ein privater Ertragsnutzen verbleiben. Die Vermögensteuer darf deshalb zu den übrigen Steuern auf den Ertrag nur hinzutreten, soweit die steuerliche Gesamtbelastung … in der Nähe einer hälftigen Teilung zwischen privater und öffentlicher Hand verbleibt.« (BVerfG, Beschluss vom 22. Juni 1995, Az. 2 BvL 37/ 91, BVerfGE 93, 121).

76 Deutscher Bundestag – Wissenschaftliche Dienste (Hrsg): *Eigentumsgarantie nach Art. 14 GG (WD 3 -327/06)*, Berlin 2006, S. 8 ff.

77 Ebd.

78 Ebd.

79 Vgl. »Artikel 14 – Unser Eigentum wird geschützt. Unser Eigentum ist auch eine Verpflichtung«, *nachrichtenleicht*, 8. Januar 2020, *https://www.nachrichtenleicht.de/das-grundgesetz-einfach-erklaert-artikel-14.3894.de.html?dram:article_id=443415*.

80 Vgl. »Enteignung: Eine Sozialpflicht oder Einschränkung der Grundrechte?«, *Anlegen in Immobilien*, 24. Dezember 2019, *https://www.anlegen-in-immobilien.de/enteignung-eine-sozialpflicht-oder-einschraenkung-der-grundrechte/*.

81 GG, I. Die Grundrechte, Art. 15, *https://dejure.org/gesetze/GG/15.html*.

82 Mathias Metzner: »Eigentum, Erbrecht, Enteignung und Sozialisierung«, *Informationen zur politischen Bildung* Nr. 305/2017, *https://www.bpb.de/izpb/254397/eigentum-erbrecht-enteignung-und-sozialisierung*.

83 Vgl. *Kommentar zum Grundgesetz*, BeckOK, GG, Art. 15, Rdnr. 14.

84 *https://www.nachrichtenleicht.de/das-grundgesetz-einfach-erklaert-artikel-15.3894.de.html?dram:article_id=443416*.

85 Vgl. BeckOK, GG, Art. 15, Rdnr. 16.

86 Vgl. BeckOK, GG, Art. 15, Rdnr. 17.

87 Vgl. Andreas Engels: »Lex Hypo Real Estate – Das Finanzmarktstabilisierungsergänzungsgesetz auf verfassungsrechtlichem Prüfstand«, *Zeitschrift für Bank- und Kapitalmarktrecht* (BKR) 2009, S. 365 ff.

88 Vgl. Halina Wawzyniak: »Das Grundgesetz und die Eigentumsfrage«, in: *Standpunkte* 11/2019, *https://www.rosalux.de/fileadmin/rls_uploads/pdfs/Standpunkte/Standpunkte_11-2019.pdf*.

89 Ebd.

90 Siehe Artikel von Halina Wawzyniak: »Das Grundgesetz und die Eigentumsfrage«, in: *Standpunkte* 11/2019; Halina Wawzyniak war von 2009 bis 2017 Bundestagsabgeordnete und von 2013 bis 2017 rechtspolitische

Sprecherin der Bundestagsfraktion der Partei Die Linke. Sie ist Volljuristin und arbeitet bei der Linksfraktion im Berliner Abgeordnetenhaus; *https://www.rosalux.de/fileadmin/rls_uploads/pdfs/Standpunkte/Standpunkte_11-2019.pdf.*

91 »Enteignung: Eine Sozialpflicht oder Einschränkung der Grundrechte?«, *Anlegen in Immobilien,* 24. Dezember 2019, *https://www.anlegen-in-immobilien.de/enteignung-eine-sozialpflicht-oder-einschraenkung-der-grundrechte/.*

92 »Artikel 15 – Das Grundgesetz. Einfach erklärt.«, *nachrichtenleicht,* 8. Januar 2020, *https://www.nachrichtenleicht.de/das-grundgesetz-einfach-erklaert-artikel-15.3894.de.html?dram:article_id=443416.*

93 Der Parlamentarische Rat war eine von den elf deutschen Länderparlamenten der drei Westzonen gewählte Versammlung, die das Grundgesetz für Westdeutschland erarbeitete. Das allerdings hing von der »Genehmigung« der Militärgouverneure der Westzonen ab. Vgl. Michael F. Feldkamp: *Der Parlamentarische Rat 1948–1949 – Die Entstehung des Grundgesetzes,* Göttingen 1998.

94 Vgl. dazu: »Papier: Enteignung von Wohnungsunternehmen unzulässig«, *Welt Online,* 20. März 2019, *https://www.welt.de/regionales/berlin/article192205953/Papier-Enteignung-von-Wohnungsunternehmen-unzulaessig.html.*

95 Christian Rath: »Enteignungen: Das steht im Grundgesetz«, *vorwärts,* 8. April 2019, *https://www.vorwaerts.de/artikel/enteignungen-steht-grundgesetz.*

96 Vgl. »Schreiben der Militärgouverneure zum Grundgesetz (›Polizei-Brief‹) vom 14. April 1949«, in: Herbert Michaelis und Ernst Schraepler: *Die staatliche Neuordnung Deutschlands,* Band 26, Berlin 1976; sowie: *http://www.verfassungen.de/de49/grundgesetz-schreiben49-3.htm.*

97 »Schreiben der Außenminister der Westmächte an die Militärgouverneure zum Grundgesetz vom 8./22. April 1949«, in: Michaelis, Schraepler: *Die staatliche Neuordnung Deutschlands,* Band 26, Berlin 1976; sowie: *http://www.verfassungen.de/de49/grundgesetz-schreiben49-2.htm.*

98 Vgl. »›Frankfurter‹ Dokumente betreffend die Einberufung einer verfassunggebenden Nationalversammlung, die Änderungen der innerdeutschen Landesgrenzen und die Leitsätze für ein Besatzungsstatut (›Richtlinien der Militärgouverneure der USA, Großbritanniens und Frankreichs an die Ministerpräsidenten der westlichen Besatzungszonen‹) vom 1. Juli 1948 mit der Stellungnahme der Ministerpräsidenten der drei westlichen

Besatzungszonen vom 7. Juli 1948«, in: Michaelis, Schraepler: *Die staatliche Neuordnung Deutschlands*, Band 26, Berlin 1976; sowie *http://www.verfassungen.de/de49/frankfurterdokumente48.htm.*

99 »12. Mai 1949: Schreiben der Militärgouverneure der drei Westzonen an den Präsidenten des Parlamentarischen Rates, Adenauer«; deutscher Text, in: *Amtsblatt der Militärregierung – Deutschland (Britische Zone)*, Ausgabe Nr. 35 vom 10. September 1949. Teil 2B, S. 29 f., *https://www.kas.de/c/document_library/get_file?uuid=7076fb85-1b1d-6da5-4add-9fa06d100d7c&groupId=252038*; sowie *https://web.archive.org/web/20140222220921/http://www.verfassungen.de/de/de45-49/grundgesetzgenehmigung49.htm*; ebenso *Amtsblatt der Militärregierung Deutschlands, Britisches Kontrollgebiet*, S. 416; Ernst Rudolf Huber: *Quellen zum Staatsrecht der Neuzeit*, Tübingen 1951.

100 Art. 146 GG, *https://www.gesetze-im-internet.de/gg/art_146.html.*

101 *https://www.vorwaerts.de/artikel/enteignungen-steht-grundgesetz.*

102 Vgl. Halina Wawzyniak: »Das Grundgesetz und die Eigentumsfrage«, in: *Standpunkte* 11/2019, *https://www.rosalux.de/fileadmin/rls_uploads/pdfs/Standpunkte/Standpunkte_11-2019.pdf.*

103 Christian Rath: »Enteignungen: Das steht im Grundgesetz«, *vorwärts*, 8. April 2019, *https://www.vorwaerts.de/artikel/enteignungen-steht-grundgesetz.*

104 Vgl. BeckOK, GG, Art.15, Rdnr. 12.

105 Christian Rath: »Enteignungen: Das steht im Grundgesetz«, *vorwärts*, 8. April 2019, *https://www.vorwaerts.de/artikel/enteignungen-steht-grundgesetz.*

106 Vgl. Artikel 14 Abs. 3: »Die Entschädigung ist unter gerechter Abwägung der Interessen der Allgemeinheit und der Beteiligten zu bestimmen. Wegen der Höhe der Entschädigung steht im Streitfalle der Rechtsweg vor den ordentlichen Gerichten offen.«

107 Christian Rath: »Enteignungen: Das steht im Grundgesetz«, *vorwärts*, 8. April 2019, *https://www.vorwaerts.de/artikel/enteignungen-steht-grundgesetz.*

108 »Papier: Enteignung von Wohnungsunternehmen unzulässig«, *Welt Online*, 20. März 2019, *https://www.welt.de/regionales/berlin/article192205953/Papier-Enteignung-von-Wohnungsunternehmen-unzulaessig.html.*

109 Ebd.

110 Beispiel eines Kommentars im SPD-Blatt *vorwärts*, *https://www.vorwaerts.de/artikel/enteignungen-steht-grundgesetz.*

111 Vgl. Interview im *Tagesspiegel* vom 1. Mai 2019, *https://www.tagesspiegel.de/politik/wohnungen-nein-autobahn-ja-zum-strassenbau-laufen-65-enteignungsverfahren-in-deutschland/24275728.html.*

112 Dazu gehören: Bund, Länder, Gemeinden, Gemeindeverbände, Körperschaften des öffentlichen Rechts wie z. B. Kirchen, IHK, paritätisch selbstverwaltete Sozialversicherungsträger, öffentliche Unternehmen.

113 Vgl. »Enteignung: wenn der Staat auf das Grundstück oder die Immobilie zugreift«, *hausberater.de,* 20. Dezember 2019, *https://www.hausbauberater.de/bauwissen/enteignung-von-immobilien-und-grundstuecken.*

114 Ebd.

115 Ebd.

116 Ebd.

117 Ebd.

118 Ebd.

119 Ebd.

120 Vgl. *Allgemeines Eisenbahngesetz* (AEG), *Baugesetzbuch* (BauGB), *Bundesfernstraßengesetz* (FStrG), *Bundeswasserstraßengesetz* (WaStrG), *Energiewirtschaftsgesetz* (EnWG), *Luftverkehrsgesetz* (LuftVG), Landesstraßengesetze der Länder.

121 Ab §§ 63 ff., *https://www.gesetze-im-internet.de/vwvfg/__63.html.*

122 *Baugesetzbuch, https://www.gesetze-im-internet.de/bbaug/*

123 Vgl. »Enteignung: wenn der Staat auf das Grundstück oder die Immobilie zugreift«, *hausberater.de,* 20. Dezember 2019, *https://www.hausbauberater.de/bauwissen/enteignung-von-immobilien-und-grundstuecken.*

124 Ebd.

125 Vgl. »Enteignung – Entziehen des Eigentums«, *hauskredite.de, https://www.hauskredite.de/lexikon/enteignung/.*

126 Ebd.

127 Ebd.

128 Ebd.

129 Ebd.

130 Ebd.

131 Vgl. »Enteignung: wenn der Staat auf das Grundstück oder die Immobilie zugreift«, *hausberater.de,* 20. Dezember 2019, *https://www.hausbauberater.de/bauwissen/enteignung-von-immobilien-und-grundstuecken.*

132 Vgl. »Enteignung – Entziehen des Eigentums«, *https://www.hauskredite.de/lexikon/enteignung/.*

133 Ebd.

[134] Ebd.

[135] Siehe »Gesetze im Internet«: *https://www.gesetze-im-internet.de/immowertv/BJNR063900010.html#BJNR063900010BJNG000400000.*

[136] Bezirksregierung Münster: »Kompetenz für die Region – Aufgaben der Enteignungsbehörde«, *https://www.bezreg-muenster.de/zentralablage/dokumente/ordnung_und_sicherheit/enteignung/Broschuere_Enteignung.pdf.*

[137] Siehe »Gesetze im Internet«: *https://www.gesetze-im-internet.de/immowertv/BJNR063900010.html#BJNR063900010BJNG000500000.*

[138] *https://www.bezreg-muenster.de/zentralablage/dokumente/ordnung_und_sicherheit/enteignung/Broschuere_Enteignung.pdf.*

[139] Ebd.

[140] Ebd.

[141] Ebd.

[142] Siehe »Gesetze im Internet«: *https://www.gesetze-im-internet.de/immowertv/BJNR063900010.html#BJNR063900010BJNG000600000.*

[143] Bezirksregierung Münster: »Kompetenz für die Region – Aufgaben der Enteignungsbehörde«, *https://www.bezreg-muenster.de/zentralablage/dokumente/ordnung_und_sicherheit/enteignung/Broschuere_Enteignung.pdf.*

[144] Ebd.

[145] Ebd.

[146] Ebd.

[147] Vgl. *Baugesetzbuch* (§§ 85-122) in der Fassung der Bekanntmachung vom 23. September 2004 (BGBl. I S. 2414), zuletzt geändert durch Gesetz vom 27. März 2020 (BGBl. I S. 587).

[148] BauGB § 176, Baugebot: »Im Geltungsbereich eines Bebauungsplans kann die Gemeinde den Eigentümer durch Bescheid verpflichten, innerhalb einer zu bestimmenden angemessenen Frist 1. sein Grundstück entsprechend den Festsetzungen des Bebauungsplans zu bebauen oder 2. ein vorhandenes Gebäude oder eine vorhandene sonstige bauliche Anlage den Festsetzungen des Bebauungsplans anzupassen«, *https://dejure.org/gesetze/BauGB/176.html.*

[149] BauGB § 172, Erhaltung baulicher Anlagen und der Eigenart von Gebieten (Erhaltungssatzung), zur Erhaltung der städtebaulichen Eigenart des Gebiets auf Grund seiner städtebaulichen Gestalt (Absatz 3), zur Erhaltung der Zusammensetzung der Wohnbevölkerung (Absatz 4) oder bei städtebaulichen Umstrukturierungen (Absatz 5), *https://dejure.org/gesetze/BauGB/172.html.*

150 BauGB § 171d, Sicherung von Durchführungsmaßnahmen, Abs. 3: »In den Fällen des Absatzes 1 darf die Genehmigung nur versagt werden, um einen den städtebaulichen und sozialen Belangen Rechnung tragenden Ablauf der Stadtumbaumaßnahmen auf der Grundlage des von der Gemeinde aufgestellten städtebaulichen Entwicklungskonzeptes (§ 171b Abs. 2) oder eines Sozialplans (§ 180) zu sichern. Die Genehmigung ist zu erteilen, wenn auch unter Berücksichtigung des Allgemeinwohls ein Absehen von dem Vorhaben oder der Maßnahme wirtschaftlich nicht zumutbar ist«, *https://dejure.org/gesetze/BauGB/171d.html.*

151 BauGB § 85, Enteignungszweck, *https://dejure.org/gesetze/BauGB/85.html.*

152 Vgl. BauGB § 86, Gegenstand der Enteignung, *https://dejure.org/gesetze/BauGB/86.html.*

153 Vgl. BauGB § 87, Voraussetzungen für die Zulässigkeit der Enteignung, *https://dejure.org/gesetze/BauGB/87.html.*

154 Nach § 176 BauGB.

155 *https://www.parlamentarische-linke.de/unsere-mitglieder/.*

156 »Justizministerin Lambrecht – Enteignungen als ›letztes Mittel‹«, *tagesschau.de,* 6. Juli 2019, *https://web.archive.org/web/20190715085033/https://www.tagesschau.de/inland/lambrecht-enteignungen-103.html.*

157 Entwurf eines neuen Grundsatzprogramms der Grünen, vorgestellt auf einer Pressekonferenz am 26. Juni 2020, *https://cms.gruene.de/uploads/documents/202006_B90Gruene_Grundsatzprogramm_Entwurf.pdf,* S. 22.

158 *https://www.gesetze-im-internet.de/bbaug/__176.html.*

159 Vgl. §175 Absatz 2 BauGB.

160 Vgl. Deutscher Bundestag, Wissenschaftliche Dienste (Hrsg.): *Sachstand – Das Baugebot nach § 176 BauGB, Berlin 2018,* S. 4 ff., *https://www.bundestag.de/resource/blob/553352/e03df6fe0732192d51976822b7f0e541/wd-7-052-18-pdf-data.pdf.*

161 Ebd.; sowie Bundesverwaltungsgericht (BVerwG), Urteil vom 15. Februar 1990, 4 C 41/87.

162 Vgl. Deutscher Bundestag, Wissenschaftliche Dienste (Hrsg.): *Sachstand. Das Baugebot nach § 176 BauGB, Berlin 2018,* S. 6, *https://www.bundestag.de/resource/blob/553352/e03df6fe0732192d51976822b7f0e541/wd-7-052-18-pdf-data.pdf.*

163 Ebd.

164 Vgl. BVerwG, Urteil vom 30. Oktober 1958, I C 29/58.

165 Vgl. Referentenentwurf des Bundesministeriums des Innern, für Bau und Heimat: »Entwurf eines Gesetzes zur Mobilisierung von Bauland (Bau-

landmobilisierungsgesetz)« vom 9. Juni 2020, *https://www.bmi.bund.de/SharedDocs/gesetzgebungsverfahren/DE/Downloads/referentenentwuerfe/baulandmobilisierungsgesetz.pdf?__blob=publicationFile&v=1.*

166 Ebd.

167 Vgl. Referentenentwurf des Bundesministeriums des Innern, für Bau und Heimat: »Entwurf eines Gesetzes zur Mobilisierung von Bauland (Baulandmobilisierungsgesetz)« vom 9. Juni 2020, *https://www.bmi.bund.de/SharedDocs/gesetzgebungsverfahren/DE/Downloads/referentenentwuerfe/baulandmobilisierungsgesetz.pdf?__blob=publicationFile&v=1*; sowie *Der Spiegel* 25/20 vom 13. Juni 2020, S. 61.

168 »Berlins linke Bausenatorin lobt Seehofer-Gesetz«, *Tagesspiegel*, 12. Juni 2020, *https://www.tagesspiegel.de/berlin/kampf-gegen-wohnungsnot-berlins-linke-bausenatorin-lobt-seehofer-gesetz/25911444.html.*

169 Ebd.

170 Ebd.

171 Ebd.

172 Ebd.

173 Vgl. § 176 Absatz 1 BauGB: »kann«.

174 Nach § 85 Absatz 1 Nummer 5 BauGB.

175 Vgl. Deutscher Bundestag, Wissenschaftliche Dienste (Hrsg.): »Sachstand – Das Baugebot nach § 176 BauGB«, Berlin 2018, S. 8, *https://www.bundestag.de/resource/blob/553352/e03df6fe0732192d51976822b7f0e541/wd-7-052-18-pdf-data.pdf*; sowie: BVerwG, Urteil vom 15. Februar 1990, 4 C 45/87.

176 »Enteignungen in Tübingen? – Boris Palmer will Eigentümer zum Bauen zwingen«, *Der Tagesspiegel Online*, 27. März 2019, *https://www.tagesspiegel.de/politik/enteignungen-in-tuebingen-boris-palmer-will-eigentuemer-zum-bauen-zwingen/24264450.html.*

177 Christine Keck: »Gemeinderat für umstrittenen Bauzwang – Tübingen legt Baugebot fest«, *StN.de*, 6. Dezember 2019, *https://www.stuttgarter-nachrichten.de/inhalt.gemeinderat-fuer-umstrittenen-bauzwang-tuebingen-legt-baugebot-fest.5a0e9efc-f5c5-458d-9a15-41ad6916a335.html.*

178 Dr. Helmut Failenschmid: »Palmer-Vorgehen zum Baugebot fragwürdig«, Haus & Grund Tübingen, *https://www.hausundgrund-tuebingen.de/palmer_vorgehen.html.*

179 Antrag der Fraktion AL/Grüne vom 25. Mai 2018 an OB Boris Palmer (Archiv Grandt).

180 Sabine Lohr: »Tübinger Baugebot – OB Boris Palmer mahnt per Banner am Rathaus«, *Schwäbisches Tagblatt*, 17. Juni 2019, *https://www.tagblatt.de/Nachrichten/Palmer-mahnt-per-Banner-418739.html.*

181 Dr. Helmut Failenschmid: »Palmer-Vorgehen zum Baugebot fragwürdig«, Haus & Grund Tübingen, *https://www.hausundgrund-tuebingen.de/palmer_vorgehen.html.*

182 »Enteignungen in Tübingen? – Boris Palmer will Eigentümer zum Bauen zwingen«, *Der Tagesspiegel Online*, 27. März 2019, *https://www.tagesspiegel.de/politik/enteignungen-in-tuebingen-boris-palmer-will-eigentuemer-zum-bauen-zwingen/24264450.html.*

183 »Fraktionen im Gemeinderat«, Website *Universitätsstadt Tübingen, https://www.tuebingen.de/gemeinderat/gr0040.php?__cgrname=fraktion.*

184 Sabine Lohr: »Bedenken ausgeräumt – Alle Fraktionen tragen das Tübinger Baugebot mit«, *Schwäbisches Tagblatt*, 19. März 2019, *https://www.tagblatt.de/Nachrichten/Alle-Tuebinger-Fraktionentragen-das-Baugebot-mit-408328.html.*

185 Christine Keck: »Gemeinderat für umstrittenen Bauzwang – Tübingen legt Baugebot fest«, *StN.de*, 6. Dezember 2019, *https://www.stuttgarter-nachrichten.de/inhalt.gemeinderat-fuer-umstrittenen-bauzwang-tuebingen-legt-baugebot-fest.5a0e9efc-f5c5-458d-9a15-41ad6916a335.html.*

186 Ebd.

187 Ebd.

188 Simone Weiß: »Bald Bußgelder und Baugebote wie in Tübingen? – Esslingen befragt Eigentümer von Baulücken«, *Eßlinger Zeitung*, 7. Februar 2020, *https://www.esslinger-zeitung.de/inhalt.bald-bussgelder-und-baugebote-wie-in-tuebingen-esslingen-befragt-eigentuemer-von-bauluecken.c540fa5c-d23b-4594-8c28-3d2290803075.html.*

189 Umfrage des IVD, Mai 2019: *https://www.haufe.de/immobilien/entwicklung-vermarktung/marktanalysen/bauland-warum-werden-freie-grundstuecke-nicht-bebaut_84324_490034.html.*

190 Christine Keck: »Enteignung als letztes Mittel – Tübingen zwingt Eigentümer zum Bauen«, *StN.de*, 26. April 2019, *https://www.stuttgarter-nachrichten.de/inhalt.enteignung-als-letztes-mittel-tuebingen-zwingt-eigentuemer-zum-bauen.b6e34a6b-d36d-4a74-a58c-06fa4fc4b408.html.*

191 Zitiert in: »Grünen-Chef Habeck über Tübingen OB Palmer – ›Meine Geduld ist am Ende‹«, *Bild*, 12. August 2020, *https://www.bild.de/politik/inland/politik-inland/gruenen-chef-habeck-ueber-tuebingen-ob-palmer-meine-geduld-ist-am-ende-70428268.bild.html.*

192 »Tübingen-OB Boris Palmer kritisiert Corona-Maßnahmen – Wir retten Menschen, die ›sowieso bald sterben‹«, *Bild,* 12. August 2020, *https://www.bild.de/politik/inland/politik-inland/tuebingens-ob-boris-palmer-retten-menschen-die-wohl-sowieso-bald-sterben-70318056.bild.html.*

193 Vgl. *Der Spiegel* 20/2020, S. 36.

194 Vgl. *Anne Will* (ARD) vom 3. Mai 2020.

195 »Tübingen-OB Boris Palmer kritisiert Corona-Maßnahmen – Wir retten Menschen, die ›sowieso bald sterben‹«, *Bild,* 12. August 2020, *https://www.bild.de/politik/inland/politik-inland/tuebingens-ob-boris-palmer-retten-menschen-die-wohl-sowieso-bald-sterben-70318056.bild.html.*

196 Vgl. *Anne Will* (ARD) vom 3. Mai 2020.

197 Vgl. *Der Spiegel* 20/2020, S. 36.

198 »Grünen-Chef Habeck über Tübingen-OB Palmer – ›Meine Geduld ist am Ende‹«, *Bild,* 12. August 2020, *https://www.bild.de/politik/inland/politik-inland/gruenen-chef-habeck-ueber-tuebingen-ob-palmer-meine-geduld-ist-am-ende-70428268.bild.html.*

199 Christine Keck: »Enteignung als letztes Mittel – Tübingen zwingt Eigentümer zum Bauen«, *StN.de,* 26. April 2019, *https://www.stuttgarter-nachrichten.de/inhalt.enteignung-als-letztes-mittel-tuebingen-zwingt-eigentuemer-zum-bauen.b6e34a6b-d36d-4a74-a58c-06fa4fc4b408.html.*

200 Isolde Krapf: »Entscheidung – Ein Baugebot für Privatflächen«, in *Franken.de,* 8. Januar 2020, *https://www.infranken.de/regional/bad-kissingen/nur_saalezeitung/ein-baugebot-fuer-privatflaechen;art156736,4735238.*

201 Simone Weiß: »Bald Bußgelder und Baugebote wie in Tübingen? – Esslingen befragt Eigentümer von Baulücken«, *Eßlinger Zeitung,* 7. Februar 2020, *https://www.esslinger-zeitung.de/inhalt.bald-bussgelder-und-baugebote-wie-in-tuebingen-esslingen-befragt-eigentuemer-von-bauluecken.c540fa5c-d23b-4594-8c28-8d2290803075.html.*

202 »Städte- und Gemeindebund fordert verschärftes Baugebot«, *Haufe.de,* 26. Juni 2019, *https://www.haufe.de/immobilien/wirtschaft-politik/staedte-und-gemeindebund-fordert-verschaerftes-baugebot_84342_492688.html.*

203 Valerie Höhne, Severin Weiland: »Grüne fordern Obergrenze für Mieten«, *Spiegel Online,* 27. April 2019, *https://www.spiegel.de/politik/deutschland/gruene-fordern-mietobergrenze-und-50-000-euro-strafe-fuer-zu-hohe-mieten-a-1264537.html.*

204 »Städte- und Gemeindebund fordert verschärftes Baugebot«, *Haufe.de,* 26. Juni 2019, *https://www.haufe.de/immobilien/wirtschaft-politik/staedte-und-gemeindebund-fordert-verschaerftes-baugebot_84342_492688.html.*

205 Ebd.

206 »Grüne gegen Wohnungsnot – Enteignung als letztes Mittel?«, *tagesschau.de*, 4. Oktober 2020, *https://www.tagesschau.de/inland/gruene-enteignung-101.html.*

207 »Wohnungsnot – Grüne uneins in Enteignungsdebatte«, *tagesschau.de*, 9. April 2020, *https://web.archive.org/web/20190417005005/https://www.tagesschau.de/inland/wohnungsenteignungen-gruene-101.html.*

208 »Justizministerin Lambrecht – Enteignungen als ›letztes Mittel‹«, *tagesschau.de*, 6. Juli 2020, *https://www.tagesschau.de/inland/lambrecht-enteignungen-103.html.*

209 »Warum enteignen?«, *dwenteignen.de, https://www.dwenteignen.de/warum-enteignen/.*

210 Lena Klimpel: »Initiative in Berlin – Mit Enteignungen gegen Wohnungsnot?«, *tagesschau.de*, 5. April 2019, *https://www.tagesschau.de/inland/faq-enteignung-immobilien-101.html.*

211 Vgl. Initiative Deutsche Wohnen & Co. enteignen (Hrsg): *Vergesellschaftung und Gemeinwirtschaft – Lösungen für die Berliner Wohnungskrise*, Berlin 2020, S. 3, 9, 24 ff., *https://www.dwenteignen.de/2020/01/vergesellschaftung-und-gemeinwirtschaft-loesungen-fuer-die-berliner-wohnungskrise/.*

212 Ebd.

213 Vgl. Verfassung von Berlin – Abschnitt II: Grundrechte, Staatsziele, Artikel 28, Absatz 1, *https://www.berlin.de/rbmskzl/regierender-buergermeister/verfassung/artikel.41548.php.*

214 »Warum enteignen?«, *dwenteignen.de, https://www.dwenteignen.de/warum-enteignen/.*

215 Ebd.

216 Ebd.

217 Ebd.

218 Ebd.

219 Ebd.

220 Vgl. Initiative Deutsche Wohnen & Co. enteignen (Hrsg): *Vergesellschaftung und Gemeinwirtschaft – Lösungen für die Berliner Wohnungskrise*, Berlin 2020, S. 3, 11.

221 »Wohnraum für Geflüchtete und Obdachlose fehlt. Die bislang in Friedrichshafen verfolgte Strategie stößt an ihre Grenzen«, *Südkurier Online*, 19. November 2019, *https://www.suedkurier.de/region/bodenseekreis/friedrichshafen/Wohnraum-fuer-Gefluechtete-und-Obdachlose-fehlt-Die-*

bislang-in-Friedrichshafen-verfolgte-Strategie-stoesst-an-ihre-Grenzen;art372474,10351628.

222 »Enteignung kann haushaltsneutral sein«, *dwenteignen.de, https://www.dwenteignen.de/2019/03/enteignung-kann-haushaltsneutral-sein/.*

223 »Direkte Demokratie im Ausnahmezustand: Zum Stand des Berliner Vergesellschaftungs-Volksbegehrens«, *dwenteignen.de, https://www.dwenteignen.de/2020/04/direkte-demokratie-im-ausnahmezustand-zum-stand-des-berliner-vergesellschaftungs-volksbegehrens/.*

224 »Enteignung kann haushaltsneutral sein«, *dwenteignen.de, https://www.dwenteignen.de/2019/03/enteignung-kann-haushaltsneutral-sein/.*

225 »Enteignung von Wohnungskonzernen – Es darf enteignet werden, *taz,* 4. September 2019, *https://taz.de/Enteignung-von-Wohnungskonzernen/!5620766/.*

226 Ralf Schönball: »Regierender Bürgermeister trifft Enteignungsaktivisten – Volksbegehren ›Deutsche Wohnen und Co. enteignen‹ soll zugelassen werden«, *Der Tagesspiegel,* 10. Juni 2020, *https://www.tagesspiegel.de/berlin/regierender-buergermeister-trifft-enteignungsaktivisten-volksbegehren-deutsche-wohnen-und-co-enteignen-soll-zugelassen-werden/25906288.html.*

227 Ulrich Zawatka-Gerlach: »Volksbegehren zur Deutschen Wohnen – Berliner stimmen im kommenden Jahr über Enteignungen ab«, *Der Tagesspiegel,* 22. Juli 2020, *https://www.tagesspiegel.de/berlin/volksbegehren-zur-deutschen-wohnen-berliner-stimmen-im-kommenden-jahr-ueber-enteignungen-ab/26026988.html.*

228 Christoph Kehlbach: »Angespannter Immobilienmarkt – Wann darf der Staat enteignen?«, *tagesschau.de,* 8. April 2019, *https://www.tagesschau.de/inland/enteignen-vergesellschaften-101.html.*

229 Lena Klimpel: »Initiative in Berlin – Mit Enteignungen gegen Wohnungsnot?«, *tagesschau.de,* 5, April 2019, *https://www.tagesschau.de/inland/faq-enteignung-immobilien-101.html.*

230 Ebd.

231 Vgl. Vita Barbara Schönig von der Bauhaus Universität Weimar, *https://www.uni-weimar.de/de/architektur-und-urbanistik/professuren/stadtplanung/personen/mitarbeiterinnen/barbara-schoenig/.*

232 Lena Klimpel: »Initiative in Berlin – Mit Enteignungen gegen Wohnungsnot?«, *tagesschau.de,* 5, April 2019, *https://www.tagesschau.de/inland/faq-enteignung-immobilien-101.html.*

233 »Debatte über Enteignungen: Soll der Staat – oder soll er nicht?«, *tagesschau.de,* 8. April 2020, *https://www.tagesschau.de/inland/enteignungen-*

debatte-101.html; »Linke will leerstehende Wohnungen enteignen und beschlagnahmen lassen«, *Leipziger Volkszeitung Online*, 23. Februar 2019, *https://www.lvz.de/Nachrichten/Politik/Linke-will-leerstehende-Wohnungen-enteignen-und-beschlagnahmen-lassen.*

234 Martin Polansky: »Grüne gegen Wohnungsnot – Enteignung als letztes Mittel?«, *tagesschau.de*, 4. Oktober 2019, *https://www.tagesschau.de/inland/gruene-enteignung-101.html.*

235 Lena Klimpel: »Initiative in Berlin – Mit Enteignungen gegen Wohnungsnot?«, *tagesschau.de*, 5, April 2019, *https://www.tagesschau.de/inland/faq-enteignung-immobilien-101.html.*

236 »Debatte über Wohnungsnot – Merkel lehnt Enteignungen ab«, *tagesschau.de*, 8. April 2019, *https://web.archive.org/web/20190425143403/https://www.tagesschau.de/inland/enteignungen-debatte-105.html.*

237 »Wohnungsnot – Grüne uneins in Enteignungsdebatte«, *tagesschau.de*, 9. April 2019, *https://web.archive.org/web/20190417005005/https://www.tagesschau.de/inland/wohnungsenteignungen-gruene-101.html.*

238 Ebd.

239 Martin Polansky: »Grüne gegen Wohnungsnot – Enteignung als letztes Mittel?«, *tagesschau.de*, 4. Oktober 2019, *https://www.tagesschau.de/inland/gruene-enteignung-101.html.*

240 Ebd.

241 Ebd.

242 »Debatte über Wohnungsnot – Merkel lehnt Enteignungen ab«, *tagesschau.de*, 8. April 2019, *https://web.archive.org/web/20190425143403/https://www.tagesschau.de/inland/enteignungen-debatte-105.html.*

243 Ebd.

244 »Esken verteidigt ›demokratischen Sozialismus‹«, *Welt Online*, 10. Januar 2020, *https://www.welt.de/politik/deutschland/article204905442/Saskia-Esken-SPD-Vorsitzende-verteidigt-demokratischen-Sozialismus.html.*

245 »Enteignungen in Tübingen – Boris Palmer will Eigentümer zum Bauen zwingen, *Der Tagesspiegel Online*, 27. April 2019, *https://www.tagesspiegel.de/politik/enteignungen-in-tuebingen-boris-palmer-will-eigentuemer-zum-bauen-zwingen/24264450.html.*

246 Vgl. »Enteignung – wann Immobilieneigentümer enteignet werden dürfen, *immoverkauf24*, *https://www.immoverkauf24.de/immobilienverkauf/immobilienverkauf-a-z/enteignung/.*

247 Gesetz über das Verbot der Zweckentfremdung von Wohnraum (Zweckentfremdungsverbot-Gesetz – ZwVbG) vom 29. November 2013; letzte

berücksichtigte Änderung: §§ 1, 2, 3, 5, 7 und 9 geändert, § 4 neu gefasst sowie §§ 4a und 4b neu eingefügt durch Gesetz vom 9. März 2018 (GVBl. S. 211), *http://gesetze.berlin.de/jportal/?quelle=jlink&query=WoZwEntfrG+BE&psml=bsbeprod.psml&max=true&aiz=true.*

248 ZwVbG § 2 (1) 1.

249 ZwVbG § 2 (2) 1.

250 ZwVbG § 2 (1) 2.

251 ZwVbG § 2 (2) 2.

252 ZwVbG § 2 (1) 3.

253 ZwVbG § 2 (2) 3.

254 ZwVbG § 2 (1) 4.

255 ZwVbG § 2 (2) 4.

256 ZwVbG § 2 (1) 5.

257 ZwVbG § 2 (2) 5.

258 ZwVbG § 2 (3).

259 ZwVbG § 7 (4).

260 Vgl. »Enteignung – wann Immobilieneigentümer enteignet werden dürfen, *immoverkauf24, https://www.immoverkauf24.de/immobilienverkauf/immobilienverkauf-a-z/enteignung/.*

261 Sven Hahn: »Wohnungsnot in Baden-Württemberg – Land fordert Zugriff auf Grundstücke«, *StN.de,* 29. Juli 2018, *https://www.stuttgarter-nachrichten.de/inhalt.wohnungsnot-in-baden-wuerttemberg-land-fordert-zugriff-auf-grundstuecke.7798afac-11b8-4a26-8159-fe87552d6f2f.html.*

262 Ebd.

263 Geli Tangermann: »Warum ein Hamburger Vermieter jetzt enteignet wird«, *Welt Online,* 10. November 2016, *https://www.welt.de/regionales/hamburg/article159416873/Warum-ein-Hamburger-Vermieter-jetzt-enteignet-wird.html.*

264 Ebd.

265 Ebd.

266 »Stadt macht Ernst gegen Leerstand – Hamburg enteignet Hausbesitzer«, *taz,* 10. November 2016, *https://taz.de/Stadt-macht-Ernst-gegen-Leerstand/!5353348/.*

267 Geli Tangermann: »Warum ein Hamburger Vermieter jetzt enteignet wird«, *Welt Online,* 10. November 2016, *https://www.welt.de/regionales/hamburg/article159416873/Warum-ein-Hamburger-Vermieter-jetzt-enteignet-wird.html.*

268 Ebd.

[269] Ebd.

[270] Ebd.

[271] Ebd.

[272] Gunnar Schupelius: »Flüchtlingsunterbringung – Grüne: Senat soll private Gebäude beschlagnahmen«, B. Z., 11. November 2015, *https://www.bz-berlin.de/berlin/kolumne/gruene-senat-soll-private-gebaeude-und-grundstuecke-beschlagnahmen.*

[273] Ebd.

[274] Ebd.

[275] Ebd.

[276] Ebd.

[277] Gunnar Schupelius: »Schupelius-Kolumne – Plante Müller das Eindringen in Privatwohnungen?«, B. Z., 10. November 2015, *https://www.bz-berlin.de/berlin/kolumne/plante-mueller-das-eindringen-in-privatwohnungen.*

[278] Ebd.

[279] Ebd.

[280] Ebd.

[281] Vgl. *Hamburgisches Gesetz- und Verordnungsblatt Teil I, HmbGVBl. Nr. 402015* vom 2. Oktober 2015; ganzes Gesetz abzurufen unter *http://rka-law.de/wp-content/uploads/2015/10/HmbGVBl.-2015_245.pdf.*

[282] »Hamburg beschließt ›Gesetz zur Sicherung der Flüchtlingsunterbringung in Einrichtungen‹«, rka Rechtsanwälte – Kanzlei für Gewerblichen Rechtsschutz, Wirtschafts- und Verwaltungsrecht, 13. Oktober 2015, *https://rka-law.de/verwaltungsrecht/hamburg-beschliesst-gesetz-zur-sicherung-der-fluechtlingsunterbringung-in-einrichtungen/.*

[283] Ebd.

[284] Vgl. *Hamburgisches Gesetz- und Verordnungsblatt Teil I, HmbGVBl. Nr. 402015* vom 2. Oktober 2015; ganzes Gesetz abzurufen unter *http://rka-law.de/wp-content/uploads/2015/10/HmbGVBl.-2015_245.pdf.*

[285] Ebd.

[286] GG Art. 13, *https://www.gesetze-im-internet.de/gg/art_13.html.*

[287] »Hamburg beschließt ›Gesetz zur Sicherung der Flüchtlingsunterbringung in Einrichtungen‹«, rka Rechtsanwälte – Kanzlei für Gewerblichen Rechtsschutz, Wirtschafts- und Verwaltungsrecht, 13. Oktober 2015, *https://rka-law.de/verwaltungsrecht/hamburg-beschliesst-gesetz-zur-sicherung-der-fluechtlingsunterbringung-in-einrichtungen/.*

[288] »Grüne für Enteignung ›bei besonders angespannten Wohnungsmärkten‹«, *Welt,* 4. Oktober 2019, *https://www.welt.de/politik/deutschland/*

article201377674/Gruene-Bundesvorstand-fuer-Enteignungen-bei-besonders-angespannten-Wohnungsmaerkten.html.

289 Ebd.

290 Ebd.

291 Vgl. auch ebd., Kommentare.

292 »Grüne für Enteignung ›bei besonders angespannten Wohnungsmärkten‹«, *Welt,* 4. Oktober 2019, *https://www.welt.de/politik/deutschland/article201377674/Gruene-Bundesvorstand-fuer-Enteignungen-bei-besonders-angespannten-Wohnungsmaerkten.html.*

293 Vgl. auch ebd., Kommentare.

294 »Grüne für Enteignung ›bei besonders angespannten Wohnungsmärkten‹«, *Welt,* 4. Oktober 2019, *https://www.welt.de/politik/deutschland/article201377674/Gruene-Bundesvorstand-fuer-Enteignungen-bei-besonders-angespannten-Wohnungsmaerkten.html.*

295 Ebd., Kommentare.

296 Ebd.

297 Ebd.

298 »Enteignung und Entschädigung«, *https://rp.baden-wuerttemberg.de/rps/Abt2/Ref24/Seiten/Enteignung_Entsch_V.aspx.*

299 Ebd.

300 In den meisten Bundesländern handelt es sich bei der Enteignungsbehörde um das Regierungspräsidium. Eine Enteignungskommission entscheidet aufgrund mündlicher Verhandlung über die Enteignung, Besitzeinweisung oder Entschädigungsfestsetzung. Die Kommission besteht aus einem Bediensteten der Enteignungsbehörde als Vorsitzendem und zwei ehrenamtlichen Beisitzern (Sachverständigen); vgl. *https://rp.baden-wuerttemberg.de/rps/Abt2/Ref24/Documents/FAQ_Enteignung.pdf.*

301 Artikel 20 Abs. 3 GG: »Die Gesetzgebung ist an die verfassungsmäßige Ordnung, die vollziehende Gewalt und die Rechtsprechung sind an Gesetz und Recht gebunden«, *https://dejure.org/gesetze/GG/20.html.*

302 »Enteignung und Entschädigung«, *https://rp.baden-wuerttemberg.de/rps/Abt2/Ref24/Seiten/Enteignung_Entsch_V.aspx.*

303 *https://rp.baden-wuerttemberg.de/rps/Abt2/Ref24/Documents/FAQ_Enteignung.pdf.*

304 Ebd.

305 Stadt Wehr: »Alle Dienstleistungen in der Übersicht«, *https://www.wehr.de/index.php?id=332&no_cache=1&publish[type]=vdetails&publish*

[sbwid]=397%7C1&publish[servicebwId]=Flurbereinigung%20-%20 Flurneuordnungsverfahren%20anordnen.

306 Ebd.

307 Ebd.

308 Ebd.

309 Ebd.

310 Ebd.

311 Ebd.

312 Ebd., Rechtsgrundlagen:
§ 1 *Flurbereinigungsgesetz* (FlurbG) (Regelflurbereinigung)
§ 37 *Flurbereinigungsgesetz* (FlurbG) (Regelflurbereinigung)
§ 59 *Flurbereinigungsgesetz* (FlurbG) (Flurbereinigungsplan)
§§ 87–90 *Flurbereinigungsgesetz* (FlurbG) (Unternehmensflurbereinigung)
§ 86 *Flurbereinigungsgesetz* (FlurbG) (Vereinfachte Flurbereinigung)
§§ 91–103 *Flurbereinigungsgesetz* (Beschleunigte Zusammenlegung)
§§ 103a–103i *Flurbereinigungsgesetz* (FlurbG) (Freiwilliger Landtausch); vgl. auch »Flurbereinigung – Flurneuordnungsverfahren anordnen«, *https://www.wehr.de/index.php?id=332&no_cache=1&publish[type]=vdetails&publish[sbwid]=397%7C1&publish[servicebwId]=Flurbereinigung%20-%20Flurneuordnungsverfahren%20anordnen.*

313 *https://rp.baden-wuerttemberg.de/rps/Abt2/Ref24/Documents/FAQ_Enteignung.pdf.*

314 Ebd.

315 Ebd.

316 Ebd.

317 Ebd.

318 Ebd.

319 Ebd.

320 Ebd.

321 Ebd.

322 Ebd.

323 David Böcking: »Debatte um staatliche Eingriffe – Enteignet wird längst«, *Spiegel Online*, 8. April 2019, *https://www.spiegel.de/wirtschaft/soziales/enteignung-wo-sie-laengst-ueblich-sind-a-1261854.html.*

324 Ebd.

325 Ebd.

326 Ebd.

327 Ebd.

[328] Ebd.

[329] Ebd.

[330] Ebd.

[331] Vgl. *Bundesfernstraßengesetz* (FStrG), § 1, Abs. 1, *https://www.gesetze-im-internet.de/fstrg/BJNR009030953.html.*

[332] Ebd., § 1, Abs. 3.

[333] Ebd., § 1, Abs. 2.

[334] Vgl. FStrG § 1, Abs. 4.

[335] FStrG § 19, Abs. 1.

[336] Ebd., § 19, Abs. 5; FStrG § 19a: »Soweit der Träger der Straßenbaulast nach §§ 8a, 9, 17 Absatz 2 oder auf Grund eines Planfeststellungsbeschlusses oder einer Plangenehmigung verpflichtet ist, eine Entschädigung in Geld zu leisten, und über die Höhe der Entschädigung keine Einigung zwischen dem Betroffenen und dem Träger der Straßenbaulast zustande kommt, entscheidet auf Antrag eines der Beteiligten die nach Landesrecht zuständige Behörde; für das Verfahren und den Rechtsweg gelten die Enteignungsgesetze der Länder entsprechend.«

[337] Vgl. FStrG § 9a.

[338] FStrG § 9a, Abs. 6.

[339] Ebd., Abs. 2.

[340] Vgl. FStrG § 18 f.

[341] Ebd.

[342] Georg Ismar: »200 Enteignungen für den Straßenbau«, *Der Tagesspiegel,* 14. Mai 2019, *https://www.tagesspiegel.de/politik/wohnungen-nein-autobahn-ja-zum-strassenbau-laufen-65-enteignungsverfahren-in-deutschland/24275728.html*; sowie »Verkehrsministerium – 200 Enteignungen für den Straßenbau«, *Der Tagesspiegel,* 14.Mai 2019, *https://www.tagesspiegel.de/politik/verkehrsministerium-200-enteignungen-fuer-den-strassenbau/24341202.html.*

[343] Ebd.

[344] R. Buchsteiner: »So viele Enteignungen gibt es in Deutschland für den Straßenbau«, Redaktionsnetzwerk Deutschland (RND), 18. Februar 2020, *https://www.rnd.de/politik/so-viele-enteignungen-gibt-es-in-deutschland-fur-den-strassenbau-WEIFUKTDVFF77JMAENZ3JB6FA4.html.*

[345] Georg Ismar: »Wohnungen nein, Autobahn ja – Zum Straßenbau laufen 65 Enteignungsverfahren in Deutschland«, *Der Tagesspiegel,* 1. Mai 2019, *https://www.tagesspiegel.de/politik/wohnungen-nein-autobahn-ja-zum-strassenbau-laufen-65-enteignungsverfahren-in-deutschland/24275728.*

html; sowie Georg Ismar: »200 Enteignungen für den Straßenbau«, *Der Tagesspiegel,* 14. Mai 2019, *https://www.tagesspiegel.de/politik/verkehrsministerium-200-enteignungen-fuer-den-strassenbau/24341202.html.*

346 Georg Ismar: »200 Enteignungen für den Straßenbau«, *Der Tagesspiegel,* 14. Mai 2019, *https://www.tagesspiegel.de/politik/verkehrsministerium-200-enteignungen-fuer-den-strassenbau/24341202.html.*

347 Ebd.

348 Peter Nowak: »Vom Autobahnbau betroffene Berliner Mieter kämpfen um Entschädigungen – Enteignung wegen Autobahn«, *jungle.world,* 16. Januar 2020, *https://jungle.world/artikel/2020/03/enteignung-wegen-autobahn.*

349 Thomas Loy: »Verlängerung der A 100 – Mieter bekommen Entschädigung für 191 Monate«, *Der Tagesspiegel,* 19. Februar 2015, *https://www.tagesspiegel.de/berlin/verlaengerung-der-a100-mieter-bekommen-entschaedigung-fuer-191-monate/11392194.html.*

350 Thomas Loy: »Bau der Autobahn in Berlin-Treptow: Die A 100 entsteht – Ein Klavierspieler bleibt«, *Der Tagesspiegel,* 13. November 2014, *https://www.tagesspiegel.de/berlin/bau-der-autobahn-in-berlin-treptow-die-a-100-entsteht-ein-klavierspieler-bleibt/10971856.html.*

351 »Wegen der A 100 gekündigte Mieter/innen sollen nicht entschädigt werden«, *MieterEcho Online,* 21. Januar 2010, *https://www.bmgev.de/mieterecho/mieterecho-online/a100-mieterinnen-entschaedigung/.*

352 Peter Nowak: »Vom Autobahnbau betroffene Berliner Mieter kämpfen um Entschädigungen – Enteignung wegen Autobahn«, *jungle.world,* 16. Januar 2020, *https://jungle.world/artikel/2020/03/enteignung-wegen-autobahn.*

353 »Wegen der A 100 gekündigte Mieter/innen sollen nicht entschädigt werden«, *MieterEcho Online,* 21. Januar 2010, *https://www.bmgev.de/mieterecho/mieterecho-online/a100-mieterinnen-entschaedigung/.*

354 Ebd.

355 Josef Deuringer: »Wie wird entschädigt?«, BLW 37, 13. September 2013, *https://www.meidert-kollegen.de/wp-content/uploads/Drohkulisse-Enteignung-3.pdf.*

356 Justus Obermeyer: »Wenn das Interesse der Allgemeinheit das private überwiegt, sind Enteignungen von Grundstücken möglich«, *Südkurier,* 17. Oktober 2018, *https://www.suedkurier.de/region/hochrhein/wehr/Wenn-das-Interesse-der-Allgemeinheit-das-private-ueberwiegt-sind-Enteignungen-von-Grundstuecken-moeglich;art372624,9929352.*

[357] Erika Bader: »Rechtsstreit auf der Zelg dem Ende nah«, *Badische Zeitung,* 14. Dezember 2018, *https://www.badische-zeitung.de/rechtsstreit-auf-der-zelg-dem-ende-nah--161757080.html.*

[358] »Wegerechte für Energienetze zeitlich begrenzen«, 7. Februar 2017, *https://www.bundesregierung.de/breg-de/aktuelles/wegerechte-fuer-energienetze-zeitlich-begrenzen-412078.*

[359] Vgl. § 1 EnWG, *https://www.gesetze-im-internet.de/enwg_2005/__1.html.*

[360] EnWG § 45.

[361] Vgl. EnWG § 43.

[362] »Aufgaben der Enteignungsbehörde«, Bezirksregierung Münster, *https://www.bezreg-muenster.de/zentralablage/dokumente/ordnung_und_sicherheit/enteignung/Broschuere_Enteignung.pdf.*

[363] Ebd.

[364] Ebd.

[365] Ebd.

[366] Ebd.

[367] Ein Gestattungsvertrag regelt schuldrechtlich den Verbotsverzicht und den Verzicht auf das Durchsetzen von Unterlassungsansprüchen des Rechteinhabers gegenüber dem Begünstigten. Ein wesentlicher Bestandteil des Vertrages ist die Einräumung und die Regelung von Nutzungsrechten; vgl. J. Schramm, J. Aicher, M. Fruhmann, R. Thienel: *Bundesvergabegesetz 2002, Kommentar,* Wien/New York 2005, S. 131; sowie Volker Emmerich, Jürgen Sonnenschein: *Miete – Handkommentar. §§ 535 bis 580a des Bürgerlichen Gesetzbuches. Allgemeine Gleichbehandlungsgrundsätze,* Berlin/Boston 2011, S. 6.

[368] Vgl. dazu die Urteile vom VGH München, Urteil vom 13.06.75–10IX/74, Tenor: Für die Begründung eines zeitlich unbegrenzten Leitungsrechtes ist die dingliche Sicherung notwendig. Sowie VGH Baden-Württemberg, Urteil vom 3.2.1976–X521/73, Tenor: Das Angebot eines schuldrechtlichen Gestattungsvertrages über die Duldung einer Leitung ist nicht ausreichend.

[369] Vgl. EnWG § 1.

[370] »Aufgaben der Enteignungsbehörde«, Bezirksregierung Münster, *https://www.bezreg-muenster.de/zentralablage/dokumente/ordnung_und_sicherheit/enteignung/Broschuere_Enteignung.pdf.*

[371] Ebd.

[372] Ebd.

[373] Vgl. OLG München, Urteil vom 22.1.1981 – Az.: 1 U 3473/80; »Maßgebend ist das jeweilige – nicht nur im Zeitpunkt der Dienstbarkeitsbestellung

vorhandene – Nutzungsbedürfnis, so dass möglicherweise mit einer Bedürfnissteigerung zugleich der Bereich der eingeräumten Befugnisse wächst. Jedoch setzt eine solche Erweiterung des Umfangs stets voraus, dass sich die Bedarfssteigerung noch in den Grenzen einer der Art nach gleichbleibenden Benutzung des herrschenden Grundstücks (bei einer Grunddienstbarkeit) hält und nicht auf eine zur Zeit der Dienstbarkeitsbestellung nicht voraussehbare oder willkürliche Benutzungsänderung zurückzuführen ist. Was als Inhalt der Dienstbarkeit gelten soll, ist nach Wortlaut und Sinn des Eintragungsvermerks in Verbindung mit der Eintragungsbewilligung auszulegen. Das Energieversorgungsunternehmen muss die Ausübung des Leitungsrechts notfalls vor dem Zivilgericht einklagen.« Siehe dazu auch: *https://www.bezreg-muenster.de/zentralablage/dokumente/ordnung_und_sicherheit/enteignung/Broschuere_Enteignung.pdf.*

374 Ebd.

375 Ebd.

376 Ebd.

377 Gemäß § 45 Abs. 2 S. 3 EnWG.

378 »Aufgaben der Enteignungsbehörde«, Bezirksregierung Münster, *https://www.bezreg-muenster.de/zentralablage/dokumente/ordnung_und_sicherheit/enteignung/Broschuere_Enteignung.pdf.*

379 Vgl. BGH, Urteil vom 7.7.2000 – V ZR 435/98.

380 Vgl. § 76 Abs. 1 Nr. 1 TKG.

381 Vgl. § 76 Abs. 2 Nr. 1 TKG.

382 »Aufgaben der Enteignungsbehörde«, Bezirksregierung Münster, *https://www.bezreg-muenster.de/zentralablage/dokumente/ordnung_und_sicherheit/enteignung/Broschuere_Enteignung.pdf.*

383 Ebd.

384 Ebd.

385 Ebd.

386 Ebd.

387 Nach § 101LWG NRW.

388 Gemäß §§ 97LWG.

389 Vgl. §§ 91ff LWG NRW.

390 *https://www.brd.nrw.de/umweltschutz/gewaesserschutz/ThemaWasserbuch/index.jsp.*

391 Vgl. § 101LWG NRW.

392 Natürlich nur im Interesse des Allgemeinwohls.

393 Etwa durch Eintragung einer beschränkt persönlichen Dienstbarkeit nach § 1090 BGB.

394 »Aufgaben der Enteignungsbehörde«, Bezirksregierung Münster, *https://www.bezreg-muenster.de/zentralablage/dokumente/ordnung_und_sicherheit/enteignung/Broschuere_Enteignung.pdf*.

395 Jemand wird durch eine dem Wohl der Allgemeinheit dienende hoheitliche Zwangsmaßnahme in seinen Rechtsgütern verletzt und ihm wird dadurch ein unzumutbares Sonderopfer auferlegt. Vgl. *https://wirtschaftslexikon.gabler.de/definition/aufopferungsanspruch-30071*.

396 Matthias Streit: »Wann der Staat Eigentümer von Grundstücken enteignen darf«, *Handelsblatt*, 20. April 2019, zu finden unter *https://www.handelsblatt.com/finanzen/immobilien/streit-um-immobilien-wann-der-staat-eigentuemer-von-grundstuecken-enteignen-darf/24230818.html?ticket=ST-2378728-d6mOddL4ShPLwIvEvc7n-ap1*.

397 Ebd.

398 »Viele Orte wegen Braunkohleförderung verschwunden«, MDR, 23. Oktober 2018, *https://www.mdr.de/nachrichten/wirtschaft/regional/mehr-als-achtzigtausend-menschen-mussten-braunkohle-weichen-100.html*.

399 »Verheizte Heimat – Dörfer auf der Roten Liste«, BUND NRW, *https://www.bund-nrw.de/fileadmin/nrw/dokumente/braunkohle/2017_Verheizte_Heimat_Liste_der_Umsiedlungen_im_Rheinland.pdf*, hier sind alle Orte seit 1950 aufgeführt.

400 »Verheizte Heimat«, BUND NRW, *https://www.bund-nrw.de/themen/braunkohle/hintergruende-und-publikationen/verheizte-heimat/*.

401 Ebd.

402 Vgl. »Verheizte Heimat – Dörfer auf der Roten Liste«, BUND NRW, *https://www.bund-nrw.de/fileadmin/nrw/dokumente/braunkohle/2017_Verheizte_Heimat_Liste_der_Umsiedlungen_im_Rheinland.pdf*.

403 »Hier kämpfen Umweltschützer gegen RWE«, *Orange by Handelsblatt*, 23. Februar 2018, *https://orange.handelsblatt.com/artikel/40337*.

404 »Widerstand gegen Zwangsenteignung«, BUND NRW, *https://www.bund-nrw.de/themen/braunkohle/hintergruende-und-publikationen/braunkohlentagebaue/hambach/bund-enteignung/*.

405 »Hier kämpfen Umweltschützer gegen RWE«, *Orange by Handelsblatt*, 23. Februar 2018, *https://orange.handelsblatt.com/artikel/40337*.

406 Michael Grandt: *Kommt die Klima-Diktatur?*, Rottenburg 2019, S. 218 ff.

407 Teresa Dapp: »Kohleausstieg auf der Zielgeraden – Wo hakt es noch?«, *Stimme*, 24. Juni 2020, *https://www.stimme.de/deutschland-welt/*

politik/dw/braunkohle-vertrag-soll-erhalt-des-hambacher-forsts-sichern;art295,4366109.

408 »NRW und der Braunkohle-Ausstieg: Streit um Milliarden und den Hambacher Forst«, *TAG24*, 3. Juli 2020, *https://www.tag24.de/thema/hambacher-forst/nrw-und-der-braunkohle-ausstieg-streit-um-milliarden-und-den-hambacher-forst-1565673.*

409 Teresa Dapp: »Kohleausstieg auf der Zielgeraden – Wo hakt es noch?«, *Stimme*, 24. Juni 2020, *https://www.stimme.de/deutschland-welt/politik/dw/braunkohle-vertrag-soll-erhalt-des-hambacher-forsts-sichern;art295,4366109.*

410 Ebd.

411 Ebd.

412 Vgl. Prozess VG Köln vom 12. März 2019.

413 »Widerstand gegen Zwangsenteignung«, Der BUND NRW, *https://www.bund-nrw.de/themen/braunkohle/hintergruende-und-publikationen/braunkohlentagebaue/hambach/bund-enteignung/.*

414 Vgl. Urteile VG Köln, Az. 14 K 3037/18,14 K 4496/18, 14 K 6238/18.

415 »Klagen gegen Braunkohlentagebau Hambach: BUND geht in die Berufung«, 19. August 2019, *https://www.bund-nrw.de/meldungen/detail/news/klagen-gegen-braunkohlentagebau-hambach-bund-geht-in-die-berufung/.*

416 »BUND hält an Klage zu Hambacher Forst fest«, *Aachener Nachrichten*, 18. Januar 2020, *https://www.aachener-nachrichten.de/nrw-region/braunkohle/bund-haelt-an-klage-zu-hambacher-forst-fest_aid-48409871.*

417 Vgl. Bundesberggesetz (BBergG) §§ 77 ff.: *http://www.gesetze-im-internet.de/bbergg/.*

418 Lea Hensen: »Nach Kohlebeschluss – Das totgeglaubte Dorf«, *Spiegel Online*, 1. März 2020, *https://www.spiegel.de/panorama/gesellschaft/morschenich-im-rheinland-totgeglaubtes-dorf-darf-bleiben-a-fd0f563e-116e-46f4-8b6a-da25e228e11a.*

419 Ebd.

420 Ebd.

421 Ebd.

422 Gemeint ist die Kohlekommission der Bundesregierung.

423 Moritz Küpper und Vivien Leue: »Neue Hoffnung im rheinischen Braunkohlerevier«, *Deutschlandfunk*, 31. Oktober 2019, *https://www.deutschlandfunk.de/umsiedlungen-fuer-den-tagebau-neue-hoffnung-im-rheinischen.724.de.html?dram:article_id=462367.*

[424] Ebd.

[425] »Die gemeinsame Umsiedlung«, Internetportal der Kolpingstadt Kerpen, *https://www.stadt-kerpen.de/index.phtml?La=1&sNavID=1708.80&mNavID=1708.80&object=tx,1708.183.1&sub=0.*

[426] Ebd.

[427] Ebd.

[428] *https://www.stadt-kerpen.de/media/custom/1708_7080_1.PDF?1386592532.*

[429] *https://www.stadt-kerpen.de/media/custom/1708_5095_1.PDF?1328076735.*

[430] Ebd.

[431] Ebd.

[432] Ebd.

[433] Gitta Düperthal: »Die Bewohner empfinden das als Psychoterror«, *junge Welt,* 29. April 2020, *https://www.jungewelt.de/artikel/377363.protest-am-tagebau-garzweiler-ii-die-bewohner-empfinden-das-als-psychoterror.html.*

[434] »Nach Corona-Pause: Streit um die Braunkohle geht weiter«, *Die Glocke Online,* 1. Mai 2020, *https://www.die-glocke.de/blickindiewelt/nrw/Nach-Corona-Pause-Streit-um-die-Braunkohle-geht-weiter-b43f15f4-ec01-443a-8909-331cd142935e-ds.*

[435] »Viele Orte wegen Braunkohleförderung verschwunden«, MDR, 23. Oktober 2018, *https://www.mdr.de/nachrichten/wirtschaft/regional/mehr-als-achtzigtausend-menschen-mussten-braunkohle-weichen-100.html.*

[436] Ebd., Kommentare.

[437] Ebd., Kommentare.

[438] »93.909 Menschen fordern Ende der Zwangsenteignung«, Klima-Allianz Deutschland, *https://www.klima-allianz.de/news/detail/93909-menschen-fordern-ende-der-zwangsenteignung/.*

[439] »Protest gegen Kohleabbau in Dresden«, *Sächsische Zeitung,* 30. Juni 2020, *https://www.saechsische.de/protest-vor-dem-landtag-gegen-kohleabbau-sachsen-dresden-5220455.html.*

[440] Stefan Schroeter: »Kleiner Kohleausstieg für Brandenburg in Sicht«, 21. April 2020, *https://www.stefanschroeter.com/1451-kleiner-kohleausstieg-fuer-brandenburg-in-sicht.html.*

[441] Ebd.

[442] Michael Bermeitinger: »Windkraft – Störsender fürs Herz: Mainzer Forscher untersuchen Folgen des Infraschalls«, *Allgemeine Zeitung,* 5. März 2018, *https://www.allgemeine-zeitung.de/lokales/mainz/nachrichten-mainz/windkraft-storsender-furs-herz-mainzer-forscher-untersuchen-folgen-des-infraschalls_18566513#.*

443 Universitätsmedizin Mainz: »Arbeitsgruppe Infraschall (Working Group Infrasound)«, *https://web.archive.org/web/20200120100657/http://www.unimedizin-mainz.de/htg/informationen-fuer-patienten-und-klinische-partner/arbeitsgruppe-infraschall-working-group-infrasound.html.*

444 Hier die Aufstellung ihrer einzelnen Studien: *http://www.aweo.org/infrasound.html.*

445 Vgl. Markus Weichenberger et al.: »Altered cortical and subcortical connectivity due to infrasound administered near the hearing threshold – Evidence from fMRI«, PLOS ONE, 12. April 2017, *https://journals.plos.org/plosone/article?id=10.1371/journal.pone.0174420.*

446 Vgl. ebd.; sowie: »Kann man ›unhörbaren‹ Schall hören?«, IDW, 10. Juli 2015, *https://idw-online.de/de/news634626*; siehe gleichermaßen: Christoph Pilger und Lars Ceranna: »The influence of periodic wind turbine noise on infrasound array measurements«, in: *Journal of Sound and Vibration,* Volume 388, 3. Februar 2017, S. 188–200, zu finden unter *https://www.sciencedirect.com/science/article/pii/S0022460X16305612?via%3Dihub.*

447 Bei der Beschreibung des Polizeieinsatzes stütze ich mich auf Augenzeugenberichte von den Protesten gegen das AKW Brokdorf in den 1970er-Jahren.

448 *https://rettet-den-reinhardswald.de/.*

449 Michael Grandt: *Kommt die Klima-Diktatur?,* Rottenburg 2019, S. 271 ff.

450 Dominik Lenz: »Brandenburger sollen von Windrädern finanziell profitieren«, *rbb24,* 27. November 2019, *https://www.rbb24.de/wirtschaft/beitrag/2019/11/windenergie-brandenburg-erneuerbare-energien.html.*

451 Bundesgerichtshof, Urteil vom 12. März 2015, Az.: III ZR 36/14; das gesamte Urteil abzurufen unter *https://www.anwalt24.de/urteile/bgh/2015-03-12/iii-zr-36_14.*

452 *https://www.fachagentur-windenergie.de/fileadmin/files/Rechtsprechung/2._Sitzung/FA_Wind_BGH_Urteil_vom_12.03.2015_-_III_ZR_36.14.pdf.*

453 Ebd.

454 Ebd.

455 Bundesgerichtshof, Urteil vom 12. März 2015, Az.: III ZR 36/14; das gesamte Urteil abzurufen unter *https://www.anwalt24.de/urteile/bgh/2015-03-12/iii-zr-36_14.*

456 Angelika Nikionok-Ehrlich: »Enteignung zugunsten von Erneuerbaren-Anlagen möglich«, Energie & Management, 15. April 2015, *https://www.*

energie-und-management.de/nachrichten/detail/enteignung-zugunsten-von-erneuerbaren-anlagen-moeglich-109276.

457 Ebd.

458 Ebd.

459 Ebd.

460 Hier im vollständigen Wortlaut zu lesen: *http://juris.bundesgerichtshof.de/cgi-bin/rechtsprechung/document.py?Gericht=bgh&Art=en&sid=7c9de1df3212974d9d4a116f1cfa9673&nr=70786&pos=0&anz=1.*

461 Ebd.

462 Ebd.

463 Ebd.

464 Vgl. Studie »Local Cost for Global Benefit: The Case of Wind Turbines«; dafür haben die Wissenschaftler fast 3 Millionen Verkaufsangebote des Onlineportals *ImmobilienScout24* zwischen den Jahren 2007 und 2015 analysiert und mit den Geodaten von rund 27 000 Windenergieanlagen abgeglichen.

465 Michael Fabricius: »Windkraftanlagen mindern den Wert von Immobilien«, *Welt Online*, 20. Januar 2019, *https://www.welt.de/finanzen/immobilien/article187341890/Immobilien-Windkraftanlagen-mindern-Wert-von-Haeusern-und-Wohnungen.html.*

466 Ebd.

467 Ebd.

468 »Wir fordern Fairness«, Vernunftkraft – Bundesinitiative für vernünftige Energiepolitik, *https://www.vernunftkraft.de/forderung-5-enteignung-stoppen-entschaedigung-sicherstellen/.*

469 Ebd.

470 Rüdiger Busch: »RNZ-Serie zur Windkraft: Gefährden Windräder die Werte angrenzender Immobilien?«, *Rhein-Neckar-Zeitung*, 13. Juni 2015, *https://www.rnz.de/nachrichten/buchen_artikel,-Buchen-RNZ-Serie-zur-Windkraft-Gefaehrden-Windraeder-die-Werte-angrenzender-Immobilien-_arid,104820.html.*

471 Ebd.

472 Ebd.

473 Ebd.

474 Andreas Hoenig: »Die Windkraft-Krise – Wut bei Bürgern, Alarm in der Branche«, *beck-aktuell*, 8. August 2019, *https://rsw.beck.de/aktuell/meldung/die-windkraft-krise-wut-bei-buergern-alarm-in-der-branche.*

475 Ebd.

[476] »Hier kämpfen Umweltschützer gegen RWE«, *Orange by Handelsblatt,* 23. Februar 2018, *https://orange.handelsblatt.com/artikel/40357*

[477] Bundesamt für Justiz: »Luftverkehrsgesetz« (1. August 1922), *https://www.gesetze-im-internet.de/luftvg/LuftVG.pdf.*

[478] Dinah Deckstein, Dietmar Hawranek und Nils Klawitter: »Das Zehn-Milliarden-Abenteuer«, *Spiegel Online,* 10. Mai 2004, *https://www.spiegel.de/spiegel/print/d-30833326.html.*

[479] »Enteignung für Airbus-Startbahn rechtens«, *Der Tagesspiegel,* 19. Januar 2007, *https://www.tagesspiegel.de/wirtschaft/hamburg-enteignung-fuer-airbus-startbahn-rechtens/800770.html.*

[480] Ebd.

[481] Ebd.

[482] Ebd.

[483] Ebd.

[484] Beispielsweise im Erdinger Moos; vgl. Marco Völklein: »Jetzt soll Karlsruhe entscheiden«, *Süddeutsche Zeitung Online,* 11. August 2015, *https://www.sueddeutsche.de/muenchen/dritte-flughafen-startbahn-jetzt-soll-karlsruhe-entscheiden-1.2604884,* sowie die geplante Enteignung in Attaching, vgl. Lukas Finkenzeller (Leserbrief): »Dritte Startbahn: Ein Bruch mit unserer Demokratie«, *Donaukurier,* 8. Oktober 2018, zu finden unter *https://www.donaukurier.de/lokales/pfaffenhofen/leserbriefe/art75652,3941005.*

[485] Carina Zimniok: »Das verlorene Dorf«, *Merkur,* 29. Juli 2011, *https://www.merkur.de/lokales/erding/flughafen-bau-verlorene-dorf-1340664.html.*

[486] Bundesverfassungsgericht, Beschluss vom 23. Februar 2010 – 1 BvR 2736/08 –; Pressemitteilung Nr. 16/2010 vom 11. März 2010, *https://www.zukunft-rhein-main.de/?show=ntRK.*

[487] Matthias Streit: »Wann der Staat Eigentümer von Grundstücken enteignen darf«, *Handelsblatt,* 20. April 2019, *https://www.handelsblatt.com/finanzen/immobilien/streit-um-immobilien-wann-der-staat-eigentuemer-von-grundstuecken-enteignen-darf/24230818.html?ticket=ST-2378728-d6mOddL4ShPLwIvEvc7n-ap1.*

[488] »Umsiedlung Out of Diepensee«, *Der Tagesspiegel,* 28. August 2002, *https://www.tagesspiegel.de/berlin/umsiedlung-out-of-diepensee/341178.html.*

[489] »Baubeginn für Diepensee-Umsiedlung«, *Lausitzer Rundschau,* 28. März, 2003, *https://www.lr-online.de/nachrichten/wirtschaft/baubeginn-fuer-diepensee-umsiedlung-34035910.html?_XML=AMP.*

490 »Die kopierte Heimat«, *taz Online, https://taz.de/Umsiedlung-wegen-Airport-Neubau/!5057665/.*

491 »Projektsteuerung – Umsiedlung von Diepensee und Selchow für den Bau des Flughafens Berlin-Brandenburg-International«, *Lahmeyer Deutschland, https://www.lahmeyer-deutschland.de/projekte/flughafen/single/article/projektsteuerung-umsiedlung-von-diepensee-und-selchow-fuer-den-bau-des-flughafens-berlin-brandenbur/.*

492 Diese entsteht, wenn ein Flugzeug nach dem Start in Richtung Westen eine Kurve nach Süden fliegt, vgl. Thorsten Metzner: »Lieber keinen Krach um neue BER-Flugroute«, *Der Tagesspiegel,* 14. Oktober 2013, *https://www.tagesspiegel.de/berlin/hoffmann-kurve-lieber-keinen-krach-um-neue-ber-flugroute/8932216.html.*

493 »Die kopierte Heimat«, *taz Online, https://taz.de/Umsiedlung-wegen-Airport-Neubau/!5057665/.*

494 *https://www.gesetze-im-internet.de/aeg_1994/AEG.pdf.*

495 § 21 AEG, ebd.

496 § 22 AEG, ebd.

497 § 22b AEG, ebd.

498 Konstantin Schwarz: »Für die S-21-Tunnel stehen Enteignungen an«, *Stuttgarter Nachrichten,* 9. September 2019, *https://www.stuttgarter-nachrichten.de/inhalt.stuttgart-21-fuer-die-s-21-tunnel-stehen-enteignungen-an.ec88dd81-ab00-4970-b3fa-132ee2314c71.html.*

499 Ebd.

500 Ebd.

501 *http://netzwerke-21.de/wordpress/wp-content/uploads/Antwort-Enteignungsverfahren-Wangen-B%C3%BCro-Fl%C3%A4chenmanagement.pdf.*

502 »Für Stuttgart 21 sind noch zahlreiche Enteignungsverfahren durchzuführen«, *Netzwerke 21,* 20. Juli 2017, *http://netzwerke-21.de/?p=24450.*

503 Ebd.

504 Johannes Vetter: »Anwohner fürchten Enteignung«, *Frankfurter Rundschau,* 10. Januar 2019, *https://www.fr.de/frankfurt/anwohner-fuerchten-enteignung-11101738.html.*

505 Ebd.

506 Ebd.

507 Ebd.

508 Vgl. Flächenmanagement der DB Netz AG: Grunderwerb für Infrastrukturprojekte (Flyer), Frankfurt/M. 2016, *https://www.emmerich-oberhausen.de/files/pdf/downloads/DB%20Netz_Flaechenmanagement_Flyer_Web.pdf.*

509 Vgl. *https://www.rheinruhrexpress.de/fragen-zum-grunderwerb.html.*

510 Ebd.

511 Vgl. Flächenmanagement der DB Netz AG: Grunderwerb für Infrastrukturprojekte (Flyer), Frankfurt/M. 2016, *https://www.emmerich-oberhausen.de/files/pdf/downloads/DB%20Netz_Flaechenmanagement_Flyer_Web.pdf.*

512 Theodor Heuss (1884–1963); Journalist, Publizist, Politikwissenschaftler und fast 60 Jahre liberaler Politiker (NSV, FVg, FVP, DDP, FDP/DVP); mit Gründung der FDP 1948 wurde er deren erster Vorsitzender; von 1949–1959 der erste Bundespräsident der Bundesrepublik Deutschland. Heuss ist auch noch heute allgegenwärtig: Es gibt die Theodor-Heuss-Akademie, die Theodor-Heuss-Medaille, die Theodor-Heuss-Stiftung, in vielen Städten der Republik Theodor-Heuss-Straßen usw. Heuss stimmte allerdings für Hitlers Ermächtigungsgesetz (siehe Michael Grandt: *Adolf Hitler, eine Korrektur, Band 2* – erscheint Anfang 2021).

513 Franz Josef Strauß (1915-1988); Politiker der CSU, deren Vorsitzender er von 1961 bis zu seinem Tod war. Er war zudem Bundesminister für besondere Aufgaben (1953-1955), Bundesminister für Atomfragen (1955–1956), Bundesminister der Verteidigung (1956-1962) und Bundesminister der Finanzen (1966–1969). Von 1978 bis 1988 war er bayerischer Ministerpräsident, scheiterte bei der Bundestagswahl 1980 aber als Kanzlerkandidat der Unionsparteien gegen den amtierenden Bundeskanzler Helmut Schmidt (SPD).

514 *Gesetz über die Landbeschaffung für Aufgaben der Verteidigung* (*Landbeschaffungsgesetz*) § 1 (1), *http://www.gesetze-im-internet.de/lbg/BJNR001340957.html#BJNR001340957BJNG000100311.*

515 Vgl. § 4 LBG.

516 Vgl. §§ 2,3, 7,9 LBG.

517 LBG § 24.

518 LBG § 17.

519 LBG § 10,11.

520 LBG § 12.

521 Vgl. LBG § 16.

522 Ebd.

523 LBG § 64.

524 Deutscher Bundestag Drucksache 17/12195 17. Wahlperiode 30. Januar 2013. Antrag der Abgeordneten Omid Nouripour, Volker Beck (Köln), Marieluise Beck (Bremen), Agnieszka Brugger, Viola von Cramon-Taubadel, Thilo Hoppe, Uwe Kekeritz, Katja Keul, Ute Koczy, Tom Koenigs, Kerstin

Müller (Köln), Lisa Paus, Claudia Roth (Augsburg), Manuel Sarrazin, Dr. Frithjof Schmidt und der Fraktion Bündnis 90/Die Grünen *http://dipbt.bundestag.de/dip21/btd/17/121/1712195.pdf.*

525 Ebd.

526 Ebd.

527 Ebd.

528 Ebd.

529 Vgl. Deutscher Bundestag Drucksache 17/12741 17. Wahlperiode, 13. März 2013. Beschlussempfehlung und Bericht des Verteidigungsausschusses (12. Ausschuss) zu dem Antrag der Abgeordneten Omid Nouripour, Volker Beck (Köln), Marieluise Beck (Bremen), weiterer Abgeordneter und der Fraktion Bündnis 90/Die Grünen – Drucksache 17/12195, *http://dipbt.bundestag.de/dip21/btd/17/127/1712741.pdf.*

530 Ebd.

531 Vgl. Deutscher Bundestag – 17. Wahlperiode – 3 – Drucksache 17/12741. Bericht der Abgeordneten Anita Schäfer (Saalstadt), Wolfgang Hellmich, Joachim Spatz, Harald Koch und Katja Keul, *http://dipbt.bundestag.de/dip21/btd/17/127/1712741.pdf.*

532 Vgl. Art. 226 VO vom 31. August 2015 ((BGBl. I S. 1474, 1507); *Bundesgesetzblatt* (BGBl) Jg. 2015 Teil I, Nr. 35, 7. September, S. 1474 ff., *https://www.bgbl.de/xaver/bgbl/start.xav?startbk=Bundesanzeiger_BGBl&jumpTo=bgbl115s1474.pdf#__bgbl__%2F%2F*%5B%40attr_id%3D%27bgbl115s1474.pdf%27%5D__1589354170710.*

533 Bernd Wilting: »Zum Zwecke der Landesverteidigung – Ein Hof soll enteignet werden«, *Zeit Online,* 27. März 1987, *https://www.zeit.de/1987/14/zum-zwecke-der-landesverteidigung/komplettansicht.*

534 Vgl. Gesetz über die Landbeschaffung für Zwecke der Wehrmacht vom 29. März 1935; RGBl. I, 1935, S. 467–468.

535 Bernd Wilting: »Zum Zwecke der Landesverteidigung – Ein Hof soll enteignet werden«, *Zeit Online,* 27. März 1987, *https://www.zeit.de/1987/14/zum-zwecke-der-landesverteidigung/komplettansicht.*

536 Ebd.

537 Ebd.

538 Ebd.

539 Ebd.

540 Vgl. »Truppenvertrag«; Vertrag über die Rechte und Pflichten ausländischer Streitkräfte und ihrer Mitglieder in der Bundesrepublik Deutschland vom 23. Oktober 1954, besonders Artikel 48, *https://www.bundestag.*

de/resource/blob/194030/028f8b69d335f194759acc8467bdd095/ deutschlanvertragzusammenstellung-data.pdf, S. 64. Der Volltext der Pariser Verträge, zu dem auch obengenannter Vertrag gehört, ist unter *https://www.1000dokumente.de/index.html?c=dokument_de&dokument= 0018_par&object=translation&l=de* einzusehen; der Truppenvertrag ist jedoch außer Kraft getreten durch den Beitritt der BRD zum NATO-Truppenstatut: Gesetz zum Abkommen zwischen den Parteien des Nordatlantikvertrags vom 19. Juni 1951 über die Rechtsstellung ihrer Truppen und zu den Zusatzvereinbarungen vom 3. August 1959 zu diesem Abkommen, *http://www.gesetze-im-internet.de/natotrstatvtrg/*; siehe auch › »Hintergrund: Das NATO-Truppenstatut, S. 149.

541 Vgl. Peter Orzechowski: *Besatzungszone – Wie und warum die USA noch immer Deutschland kontrollieren*, Rottenburg 2019, S. 27 ff.

542 Ebd., siehe auch: *Der Spiegel* vom 13. Juni 2020, S. 30.

543 Ebd. Die vier letztgenannten NATO-Stützpunkte – Kalkar, Ulm, Kiel und Ingolstadt – entstehen derzeit oder sind erst vor Kurzem fertiggestellt worden.

544 Vgl. *Der Spiegel* vom 13. Juni 2020, S. 30.

545 »Truppenabzug verkündet – Trump geht hart mit Deutschland ins Gericht«, *Bild Online*, 16. Juni 2020, *https://www.bild.de/politik/ausland/ politik-ausland/zu-geringe-verteidigungsausgaben-trump-will-us-truppen-reduzieren-71295656.bild.html.*

546 »Trump will 9500 Soldaten abziehen – Länderchefs kämpfen um US-Truppen in Deutschland«, *Bild Online*, 19. Juli 2020, *https://www.bild.de/ politik/inland/politik-inland/trump-will-9500-soldaten-abziehen-laenderchefs-kaempfen-um-us-truppen-71973474.bild.html.*

547 Deutscher Bundestag, Wissenschaftliche Dienste (Hrsg.), Fachbereich WD 3, Verfassung und Verwaltung: NATO-Truppenstatut, Zusatzabkommen, Verwaltungsvereinbarungen (WD 3 – 3000 – 416/08) vom 1. Dezember 2008, *https://www.bundestag.de/resource/blob/418456/12c72156e0e29422d-9933848bc6b0e/WD-3-416-08-pdf-data.pdf.*

548 Ebd.

549 Ebd.

550 Ebd.; sowie ZA-NTS: »Für die Benutzung solcher Liegenschaften gilt das deutsche Recht, soweit in diesem Abkommen und in internationalen Übereinkünften nicht etwas anderes vorgesehen ist und sofern nicht die Organisation, die interne Funktionsweise und die Führung der Truppe und ihres zivilen Gefolges, ihrer Mitglieder und deren Angehöriger sowie

andere interne Angelegenheiten, die keine vorhersehbaren Auswirkungen auf die Rechte Dritter oder auf umliegende Gemeinden und die Öffentlichkeit im Allgemeinen haben, betroffen sind.« (Vgl. Art. 53 Abs. 1 Satz 2 ZA-NTS.)

551 Deutscher Bundestag, Wissenschaftliche Dienste (Hrsg.), Fachbereich WD 3, Verfassung und Verwaltung: »NATO-Truppenstatut, Zusatzabkommen, Verwaltungsvereinbarungen (WD 3 – 3000 – 416/08)« vom 1. Dezember 2008, *https://www.bundestag.de/resource/blob/418456/12c72156e0e29422d-9933848bc6b0e/WD-3-416-08-pdf-data.pdf*, S. 10 f.

552 Ebd., Hervorhebungen durch mich.

553 Peter Orzechowski: *Besatzungszone – Wie und warum die USA noch immer Deutschland kontrollieren*, Rottenburg 2019.

554 Vgl. auch die Kabinettsvorlage des Finanzministers betr. Truppenübungsplatz Vogelsang vom 10. Januar 1959 NW 30/583 Umdruck: *https://www.archive.nrw.de/LAV_NRW/editionPDF?archivNr=185&id=1&naviId=5099*.

555 Ebd.

556 Vgl. Werner Rosen: »Wollseifen. Der Opfergang eines Dorfes. 40 Jahre nach der Vertreibung«, in: *Jahrbuch des Kreises Euskirchen 1986*, S. 122 ff; Raimund Schumacher: »Aus der Geschichte Wollseifens und des Walberhofs«, in: *Heimatkalender des Kreises Schleiden 1960*, S. 135 ff.

557 Vgl. Kabinettsvorlage des Finanzministers betr. Truppenübungsplatz Vogelsang vom 10. Januar 1959 NW 30/583 Umdruck: *https://www.archive.nrw.de/LAV_NRW/editionPDF?archivNr=185&id=1&naviId=5099*.

558 Vgl. *http://dreiborn.eu/dorfchronik.html*.

559 Vgl. Kabinettsvorlage des Finanzministers betr. Truppenübungsplatz Vogelsang vom 10. Januar 1959 NW 30/583 Umdruck: *https://www.archive.nrw.de/LAV_NRW/editionPDF?archivNr=185&id=1&naviId=5099*.

560 Ebd.

561 Ebd.

562 Vgl. Dominik Reinle: »Die Geschichte von Wollseifen – Das tote Dorf in der Eifel«, WDR, 17. August 2008, *https://www1.wdr.de/wollseifen102.html* und *https://www.nationalpark-eifel.de/de/*.

563 Deutscher Bundestag, 10. Wahlperiode: Drucksache 10/1615 15.06.84; Antwort der Bundesregierung auf die Kleine Anfrage des Abgeordneten Vogt (Kaiserslautern) und der Fraktion Die Grünen – Drucksache 10/152 – *http://dipbt.bundestag.de/doc/btd/10/016/1001615.pdf*.

564 Vgl. Oliver Borgwardt: »Truppenübungsplatz Lavesum: Naturparadies am

Scheideweg«, *lokalkompass.de*, 4. April 2017, *https://www.lokalkompass.de/haltern/c-politik/truppenuebungsplatz-lavesum-naturparadies-am-scheideweg_a750772.*

565 »US-Armee soll Erklärung abgeben«, *Onetz*, 8. Juli 2019, *https://www.onetz.de/oberpfalz/grafenwoehr/us-armee-erklaerung-abgeben-id2782650.html.*

566 Erlassen am 7. Dezember 1956, in Kraft getreten am 12. Dezember 1956 (BGBl. 1956 I S. 899).

567 Schutzbereichgesetz § 1, *https://www.gesetze-im-internet.de/schberg/BJNR008990956.html#BJNR008990956BJNG000100315.*

568 Ebd.

569 Schutzbereichgesetz § 6.

570 Schutzbereichgesetz §§ 9, 10.

571 Schutzbereichgesetz § 12 (1).

572 Schutzbereichgesetz § 15 (1).

573 Schutzbereichgesetz § 16.

574 Schutzbereichgesetz §§ 19–25.

575 Vgl. Grundgesetz der Bundesrepublik Deutschland, *https://www.gesetze-im-internet.de/gg/art_13.html.*

576 Uwe Lueb: »Vorsorge für den Ausnahmefall«, *Tagesschau*, 11. März 2020, *https://www.tagesschau.de/inland/notstandsgesetze-deutschland-101.html.*

577 Vgl. *https://www.1000dokumente.de/pdf/dok_0018_not_de.pdf*, zu den Notstandsgesetzen siehe auch: R. Wahsner: *Erfassung und Integration als System – Militärische und zivile Dienstpflichten in der BRD*, Köln 1972; Heinrich Oberreuter: *Notstand und Demokratie – Vom monarchischen Obrigkeits- zum demokratischen Rechtsstaat*, München 1978; M. Schneider: *Demokratie in Gefahr? Der Konflikt um die Notstandsgesetze: Sozialdemokratie, Gewerkschaften und intellektueller Protest (1958–1968)*, Bonn 1986; M. Schmidtke: *Der Aufbruch der jungen Intelligenz – Die 68er Jahre in der Bundesrepublik und den USA*, Frankfurt am Main/New York 2003.

578 Vgl. Dr. Dr. Jörg Berwanger: »Definition: Was ist ›Notstand‹?«, *Gabler Wirtschaftslexikon Online, https://wirtschaftslexikon.gabler.de/definition/notstand-37991.*

579 »Spannungsfall«, *Rechtslexikon Online, http://www.rechtslexikon.net/d/spannungsfall/spannungsfall.htm.*

580 Vgl. »Notstandsverfassung«, Bundeszentrale für politische Bildung, *https://www.bpb.de/nachschlagen/lexika/handwoerterbuch-politisches-system/202078/notstandsverfassung.*

[581] 17. Gesetz zur Änderung des Grundgesetzes vom 24.6.1968, BGBl. I 709.

[582] Vgl. die leicht abweichende Formulierung: »Die Notstandsgesetze weiten im Verteidigungsfall, bei inneren Unruhen und Naturkatastrophen die Gesetzgebungskompetenz des Bundes sowie seine Weisungsbefugnisse gegenüber den Bundesländern aus.« Siehe *https://www.hdg.de/lemo/kapitel/geteiltes-deutschland-modernisierung/bundesrepublik-im-wandel/notstandsgesetze.html.*

[583] *http://www.documentarchiv.de/brd/1968/grundgesetz-notstandsgesetze.html.*

[584] Vgl. *https://www.1000dokumente.de/pdf/dok_0018_not_de.pdf*, zu den Notstandsgesetzen siehe auch: Roderich Wahsner: *Erfassung und Integration als System – Militärische und zivile Dienstpflichten in der BRD,* Köln 1972; Heinrich Oberreuter: *Notstand und Demokratie – Vom monarchischen Obrigkeits- zum demokratischen Rechtsstaat,* München 1978; Michael Schneider: *Demokratie in Gefahr? Der Konflikt um die Notstandsgesetze: Sozialdemokratie, Gewerkschaften und intellektueller Protest (1958–1968),* Bonn 1986; M. Schmidtke: *Der Aufbruch der jungen Intelligenz – Die 68er Jahre in der Bundesrepublik und den USA,* Frankfurt a. M./New York 2003.

[585] Vgl. »Was ist von der Aufregung geblieben?«, *Deutschlandfunk Kultur,* 11. Mai 2018, *https://www.deutschlandfunkkultur.de/50-jahre-notstandsgesetze-was-ist-von-der-aufregung.1008.de.html?dram:article_id=417674*; Uwe Lueb: »Vorsorge für den Ausnahmefall«, *Tagesschau Online,* 11. März 2020, *https://www.tagesschau.de/inland/notstandsgesetze-deutschland-101.html.*

[586] Ebd.

[587] GG Artikel 11, *https://www.gesetze-im-internet.de/gg/art_11.html.*

[588] *http://www.rechtliches.de/info_Streitkraeftereserve-Neuordnungsgesetz.html.*

[589] Wehrpflichtgesetz (WPflG), Hervorhebungen durch mich: § 3 Inhalt und Dauer der Wehrpflicht: »(3) Die ***Wehrpflicht endet*** mit Ablauf des Jahres, in dem der Wehrpflichtige das ***45. Lebensjahr vollendet*** (…) »(5) Im ***Spannungs- oder Verteidigungsfall endet die Wehrpflicht*** mit Ablauf des Jahres, in dem der Wehrpflichtige das ***60. Lebensjahr*** vollendet.« Siehe *https://www.gesetze-im-internet.de/wehrpflg/__3.html.*

[590] GG Artikel 14 Abs. 3 Satz 2: »Sie [die Enteignung; MGR] darf nur durch Gesetz oder auf Grund eines Gesetzes erfolgen, das Art und Ausmaß der Entschädigung regelt.«

[591] GG Artikel 115c Abs. 2.1.: »Soweit es die Verhältnisse während des Verteidigungsfalles erfordern, kann durch Bundesgesetz für den Verteidi-

gungsfall 1. bei Enteignungen abweichend von Artikel 14 Abs. 3 Satz 2 die Entschädigung vorläufig geregelt werden.«

592 GG Artikel 104 Abs. 2 Satz 3: »Die Polizei darf aus eigener Machtvollkommenheit niemanden länger als bis zum Ende des Tages nach dem Ergreifen in eigenem Gewahrsam halten.«

593 GG Artikel 104 Abs. 3 Satz 1: »Jeder wegen des Verdachtes einer strafbaren Handlung vorläufig Festgenommene ist spätestens am Tage nach der Festnahme dem Richter vorzuführen, der ihm die Gründe der Festnahme mitzuteilen, ihn zu vernehmen und ihm Gelegenheit zu Einwendungen zu geben hat.«

594 GG Artikel 115c Abs. 2.2.: »Soweit es die Verhältnisse während des Verteidigungsfalles erfordern, kann durch Bundesgesetz für den Verteidigungsfall … 2. für Freiheitsentziehungen eine von Artikel 104 Abs. 2 Satz 3 und Abs. 3 Satz 1 abweichende Frist, höchstens jedoch eine solche von vier Tagen, für den Fall festgesetzt werden, dass ein Richter nicht innerhalb der für Normalzeiten geltenden Frist tätig werden konnte.«

595 *Siebzehntes Gesetz zur Ergänzung des Grundgesetzes* (*»Notstandsgesetze«*) vom 24. Juni 1968, *http://www.documentarchiv.de/brd/1968/grundgesetz-notstandsgesetze.html.*

596 Etwa die *Haager Landkriegsordnung* von 1899, *https://ihl-databases.icrc.org/applic/ihl/ihl.nsf/INTRO/150* und von 1907, *https://www.1000dokumente.de/index.html?c=dokument_de&dokument=0201_haa&l=de.*

597 Vgl. u. a.: Siegfried Fiedler/Georg Ortenburg (Hrsg.): *Heerwesen der Neuzeit,* 10 Bände, Koblenz 1984; sowie: Viscount Montgomery: *A History of Warfare,* Vol. II, o. O., 1974, S. 601 ff.

598 Vgl. Bernhard von Poten: *Handwörterbuch der gesamten Militärwissenschaften,* o. O., 1878.

599 Vgl. Genfer Abkommen über den Schutz von Zivilpersonen in Kriegszeiten. Abgeschlossen in Genf am 12. August 1949, *https://www.admin.ch/opc/de/classified-compilation/19490188/index.html.*

600 Grundgesetz Artikel 115a, *https://www.gesetze-im-internet.de/gg/art_115a.html.*

601 Grundgesetz Artikel 115a, *https://www.gesetze-im-internet.de/gg/art_115a.html.*

602 GG Art. 115b: »Mit der Verkündung des Verteidigungsfalles geht die Befehls- und Kommandogewalt über die Streitkräfte auf den Bundeskanzler über«, *https://www.gesetze-im-internet.de/gg/art_115b.html.*

603 Ebd.

[604] Im GG Art. 87a heißt es:

(1) Der Bund stellt Streitkräfte zur Verteidigung auf. Ihre zahlenmäßige Stärke und die Grundzüge ihrer Organisation müssen sich aus dem Haushaltsplan ergeben.

(2) Außer zur Verteidigung dürfen die Streitkräfte nur eingesetzt werden, soweit dieses Grundgesetz es ausdrücklich zulässt.

(3) Die Streitkräfte haben im Verteidigungsfalle und im Spannungsfalle die Befugnis, zivile Objekte zu schützen und Aufgaben der Verkehrsregelung wahrzunehmen, soweit dies zur Erfüllung ihres Verteidigungsauftrages erforderlich ist. Außerdem kann den Streitkräften im Verteidigungsfalle und im Spannungsfalle der Schutz ziviler Objekte auch zur Unterstützung polizeilicher Maßnahmen übertragen werden; die Streitkräfte wirken dabei mit den zuständigen Behörden zusammen.

(4) Zur Abwehr einer drohenden Gefahr für den Bestand oder die freiheitliche demokratische Grundordnung des Bundes oder eines Landes kann die Bundesregierung, wenn die Voraussetzungen des Artikels 91 Abs. 2 vorliegen und die Polizeikräfte sowie der Bundesgrenzschutz nicht ausreichen, Streitkräfte zur Unterstützung der Polizei und des Bundesgrenzschutzes beim Schutze von zivilen Objekten und bei der Bekämpfung organisierter und militärisch bewaffneter Aufständischer einsetzen. Der Einsatz von Streitkräften ist einzustellen, wenn der Bundestag oder der Bundesrat es verlangen.«, *https://www.gesetze-im-internet.de/gg/art_87a.html.*

[605] GG Art. 53a, *https://www.gesetze-im-internet.de/gg/art_53a.html.*

[606] Vgl. Deutscher Bundestag 11. Wahlperiode, Drucksache 11/4836 vom 21.06.89, Sachgebiet 9: Antwort der Bundesregierung auf die Große Anfrage der Abgeordneten Weiss (München), Frau Schilling, Frau Beer, Dr. Mechtersheimer, Frau Rock, Frau Teubner und der Fraktion Die Grünen, Drucksache 11/3251, *http://dipbt.bundestag.de/doc/btd/11/048/1104836.pdf.*

[607] Ebd., S. 9.

[608] Ebd., S. 11.

[609] Gesamttext des Bundesleistungsgesetzes (BLG) vom 19. Oktober 1956, samt Änderungen, *https://www.gesetze-im-internet.de/blg/BJNR008150956.html#BJNR008150956BJNG000100315.*

[610] »Bundesleistungsgesetz«, *Rechtslexikon Online, http://www.rechtslexikon.net/d/bundesleistungsgesetz/bundesleistungsgesetz.htm.*

[611] In der Fassung vom 27. September 1961 (Vgl. BGBl. I 1770).

[612] Vgl. BLG § 1.

613 Vgl. BLG § 2.
614 Ebd.
615 Ebd.
616 BLG § 3.
617 BLG § 5.
618 BLG § 10.
619 BLG § 15.
620 BLG § 45.
621 Vgl. BLG Dritter Abschnitt.
622 BLG § 68.
623 Ebd.
624 BLG § 71.
625 Ebd.
626 BLG § 72.
627 BLG § 20.
628 BLG § 21.
629 BLG § 84 (3).
630 BLG § 85.
631 BLG § 97.
632 Vgl. »Die Heimat-Front«, *Focus Online,* 10. September 2015, *https://www.focus.de/politik/deutschland/bundeswehr-die-heimat-front_aid_213461.html.*
633 VerkLG (Verkehrsleistungsgesetz), FNA: 930-13, Fassung vom 23.7.2004, Inkrafttreten der Fassung: 29.7.2004; Stand: 1.4.2020; zuletzt geändert durch: Gesetz zur Änderung des Umweltauditgesetzes, des Atomgesetzes, des Standortauswahlgesetzes, der Endlagervorausleistungsverordnung und anderer Gesetze und Verordnungen vom 12.12.2019 (BGBl. I S. 2510), *https://www.rechtsportal.de/Rechtsprechung/Gesetze/Gesetze/Verwaltungsrecht/Verkehrsleistungsgesetz/VerkLG-Verkehrsleistungsgesetz2.*
634 Olaf Opitz: »Im Krisenfall greift der Staat schnell zu«, *Focus Online,* 13. November 2013, *https://www.focus.de/politik/deutschland/verkhr-im-krisenfall-greift-der-staat-schnell-zu_aid_198935.html.*
635 Ebd.
636 Vgl. VerkLG § 3.
637 Vgl. VerkLG § 6.
638 Olaf Opitz: »Im Krisenfall greift der Staat schnell zu«, *Focus Online,* 13. November 2013, *https://www.focus.de/politik/deutschland/verkhr-im-krisenfall-greift-der-staat-schnell-zu_aid_198935.html.*

639 VerkLG § 1.

640 VerkLG § 4.

641 VerkLG § 5.

642 Olaf Opitz: »Im Krisenfall greift der Staat schnell zu«, *Focus Online,* 13. November 2013, *https://www.focus.de/politik/deutschland/verkhr-im-krisenfall-greift-der-staat-schnell-zu_aid_198935.html*; siehe auch: VerkLG § 13.

643 VerkLG § 14.

644 Ebd.; sowie: VerkLG § 9, § 10.

645 VerkLG § 7.

646 Ebd.

647 Vgl. VerkLG, zuletzt geändert durch: Gesetz zur Änderung des Umweltauditgesetzes, des Atomgesetzes, des Standortauswahlgesetzes, der Endlagervorausleistungsverordnung und anderer Gesetze und Verordnungen vom 12.12.2019 (BGBl. I S. 2510), *https://www.rechtsportal.de/Rechtsprechung/Gesetze/Gesetze/Verwaltungsrecht/Verkehrsleistungsgesetz/VerkLG-Verkehrsleistungsgesetz2.*

648 »So Corona-kaputt ist unsere Wirtschaft«, *Bild Online,* 8. Mai 2020, *https://www.bild.de/geld/wirtschaft/wirtschaft/corona-krise-so-hart-hat-das-virus-unsere-wirtschaft-getroffen-70520998.bild.html.*

649 Ebd.

650 Vgl. *Der Spiegel* 23/2020, S. 66.

651 Prognose IWD, Quelle: IWF, *Der Spiegel* 23/2020, S. 68.

652 »Dax bricht in wenigen Tagen fast 40 Prozent ein«, *Bild Online,* 16. März 2020, *https://www.bild.de/geld/wirtschaft/wirtschaft/neuer-boersen-crash-dax-bricht-binnen-kurzer-zeit-fast-40-prozent-ein-69421552.bild.html.*

653 *https://www.bild.de/news/inland/news-inland/coronavirus-news-ticker-lufthansa-plant-wieder-mehr-fluege-70411946.bild.html#la70659452.*

654 Bundesministerium der Finanzen: »Corona-Schutzschild«, *https://www.bundesfinanzministerium.de/Web/DE/Themen/Schlaglichter/Corona/corona.html.*

655 Bundesministerium der Finanzen: »Kampf gegen Corona: Größtes Hilfspaket in der Geschichte Deutschlands«, 22. Mai 2020, *https://www.bundesfinanzministerium.de/Content/DE/Standardartikel/Themen/Schlaglichter/Corona-Schutzschild/2020-03-13-Milliarden-Schutzschild-fuer-Deutschland.html.*

656 Bundesregierung: »Bundesrat billigt weitere Mittel für Corona-Maßnahmen«, 3. Juli 2020, *https://www.bundesregierung.de/breg-de/themen/*

coronavirus/nachtragshaushalt-im-bt-1765762, sowie Bundesregierung: »Den Auswirkungen der Corona-Pandemie entgegentreten«, 3. Juli 2020, *https://www.bundesregierung.de/breg-de/themen/coronavirus/zweiter-nachtragshaushalt-1761008*

657 Bundesministerium der Finanzen: »Kampf gegen Corona: Größtes Hilfspaket in der Geschichte Deutschlands«, 22. Mai 2020, *https://www.bundesfinanzministerium.de/Content/DE/Standardartikel/Themen/Schlaglichter/Corona-Schutzschild/2020-03-13-Milliarden-Schutzschild-fuer-Deutschland.html.*

658 Ebd.

659 Ebd.

660 Ebd.

661 Ebd.

662 Ebd.

663 Bundesregierung: »Die Mehrwertsteuer sinkt – wichtige Fragen und Antworten«, 29. Juni 2020, *https://www.bundesregierung.de/breg-de/aktuelles/faq-mehrwertsteuersenkung-1764364.*

664 Vgl. *Der Spiegel* 7/20; 9/20.

665 Philip Fabian, Angelika Hellemann, Ralf Schuler, Peter Tiede: »Das Mega-Paket«, *Bild Online,* 4. Juni 2020, *https://www.bild.de/politik/inland/politik-inland/milliardenhilfen-live-jetzt-erklaert-die-groko-das-neue-corona-paket-71046564.bild.html.*

666 Bundesministerium der Finanzen: »Kampf gegen Corona: Größtes Hilfspaket in der Geschichte Deutschlands«, 22. Mai 2020, *https://www.bundesfinanzministerium.de/Content/DE/Standardartikel/Themen/Schlaglichter/Corona-Schutzschild/2020-03-13-Milliarden-Schutzschild-fuer-Deutschland.html.*

667 Ebd.

668 Inkl. 600 Milliarden Euro Hilfen der EZB. Vgl. »EZB erhöht Krisenprogramm PEPP um 600 Milliarden Euro«, *FAZ Online,* 4. Juni 2020, *https://www.faz.net/aktuell/finanzen/ezb-erhoeht-krisenprogramm-pepp-um-600-milliarden-euro-16800081.html*; Karoline Meta Beisel, Björn Finke und Matthias Kolb: »Worum es bei der Verteilung der Milliarden geht«, *Süddeutsche Zeitung,* 19. Juni 2020, *https://www.sueddeutsche.de/politik/eu-bruessel-corona-hilfspaket-1.4940555.*

669 »Geschafft!«, *Bild Online,* 21. Juli 2020, *https://www.bild.de/politik/2020/politik/liveticker-zum-eu-beschliesst-corona-hilfspaket-ueber-750-milliarden-euro-71966746.bild.html.*

670 In einer Pressekonferenz am 21. Juli 2020 (*ntv*).

671 »Deutschland zahlt künftig zehn Milliarden Euro mehr an EU«, *Bild Online*, 21. Juli 2020, *https://www.bild.de/politik/2020/politik/medienbericht-deutschland-zahlt-kuenftig-zehn-milliarden-mehr-in-eu-haushalt-72004756.bild.html.*

672 Bundesministerium der Finanzen: »Kampf gegen Corona: Größtes Hilfspaket in der Geschichte Deutschlands«, 22. Mai 2020, *https://www.bundesfinanzministerium.de/Content/DE/Standardartikel/Themen/Schlaglichter/Corona-Schutzschild/2020-03-13-Milliarden-Schutzschild-fuer-Deutschland.html.*

673 Florian Naumann: »Nach Corona-Zoff: Merkel trifft Italiens Premier Conte und warnt - ›Nicht einmal Deutschland …‹«, *Merkur*, 16. Juli 2020, *https://www.merkur.de/politik/corona-angela-merkel-italien-guiseppe-conte-deutschland-wiederaufbau-eu-fonds-treffen-berlin-zr-13830612.html.*

674 »Warum sollen WIR für Spanien und Italien zahlen?«, *Bild Online*, 20. Juli 2020, *https://www.bild.de/bild-plus/politik/ausland/politik-ausland/eu-gipfel-drei-unbequeme-fragen-warum-sollen-wir-fuer-die-eu-suedstaaten-zahlen-71974258,view=conversionToLogin.bild.html.*

675 Nina Jerzy: »Corona-Hilfen: Diese Länder geben am meisten aus«, *Capital*, 22. April 2020, *https://www.capital.de/wirtschaft-politik/corona-hilfen-diese-laender-geben-am-meisten-aus.*

676 Jan Schmitt: »Ein unkalkulierbares Risiko«, *Tagesschau*, 25. Juli 2016, *https://www.tagesschau.de/inland/atomausstieg-kosten-monitor-101.html.*

677 Vgl. *Der Spiegel* 7/20; 9/20.

678 Gerhard Lehrke: »Corona-Hilfen in Milliarden-Höhe: Woher kommt das viele Geld?«, *Berliner Zeitung*, 22. Mai 2020, *https://www.berliner-zeitung.de/wirtschaft-verantwortung/corona-hilfen-in-milliarden-hoehe-woher-kommt-das-viele-geld-li.84143.*

679 Ebd.

680 Ebd.

681 Philip Plickert: »Mister Euro würde es wieder so machen«, *FAZ Online*, 11. April 2019, *https://www.faz.net/aktuell/wirtschaft/theo-waigel-mister-euro-wuerde-es-wieder-so-machen-16136362.html.*

682 Im Vertrag war bis dahin der Name »Ecu« verwendet worden, die Abkürzung für »European Currency Unit« (Europäische Währungseinheit), was bis dato eine Rechnungsgrundlage darstellte, um die einzelnen europäischen Währungen einstufen zu können.

683 Zitiert in: W. Meyer: *Währungsreform – Das neue Geld ist da*, Augsburg 2005, S. 89, 92 f.

684 Ebd.

685 Michael Grandt: *Der Euro-Crash kommt,* Rottenburg 2012, S. 33 ff.

686 Zum ersten Mal sprach Waigel vom »Euro« bei einer Sitzung der europäischen Finanzminister im September 1995 in Valencia.

687 Vgl. Günter Hannich: *Börsenkrach und Weltwirtschaftskrise*, Rottenburg 2006, S. 99.

688 Vgl. Günter Hannich: *Staatsbankrott,* Rottenburg 2006, S. 111.

689 Vgl. *Focus* vom 12. Mai 2001.

690 Vgl. Hans-Werner Sinn, Holger Feist: »Der Euro und der Geldschöpfungsgewinn: Gewinner und Verlierer durch die Währungsunion«, in: *ifo Schnelldienst* 53, 2000, Nr. 31, S. 18, *https://www.hanswernersinn.de/sites/default/files/der-euro-und-geldschoepfungsgewinn-sd-31-2000-red.pdf.*

691 Helmut Achatz: »80 Prozent Kaufkraftverlust: Wie sich das Geld der Deutschen langsam auflöst«, *Focus Online,* 17. Mai 2016, *http://www.focus.de/finanzen/boerse/80-prozent-kaufkraftverlust-wie-sich-das-geld-der-deutschen-langsam-aufloest_id_4268471.html.*

692 F. Wiebe: »Sparer verlieren 648 Milliarden € durch Niedrigzinsen«, *Handelsblatt,* 15. Mai 2019, *https://www.handelsblatt.com/finanzen/geldpolitik/geldpolitik-sparer-verlieren-648-milliarden-euro-durch-niedrigzinsen/24341874.html?ticket=ST-2721953-lhWysH7CxqrtuzcaYtJx-ap5.*

693 Ebd.

694 Helmut Achatz: »80 Prozent Kaufkraftverlust: Wie sich das Geld der Deutschen langsam auflöst«, *Focus Online,* 17. Mai 2016, *http://www.focus.de/finanzen/boerse/80-prozent-kaufkraftverlust-wie-sich-das-geld-der-deutschen-langsam-aufloest_id_4268471.html.*

695 Eigene Schätzung. Das Wirtschaftswachstum betrug bis zur Einführung des Euro von 1960–2001 im Schnitt 2,9 Prozent p. a., danach im Schnitt nur noch 1,2 Prozent p. a. Ein Verlust von jährlich 1,7 Prozent; Quelle: »Veränderung des preisbereinigten Bruttoinlandsprodukts«, Statistisches Bundesamt, *https://de.statista.com/statistik/daten/studie/2112/umfrage/veraenderung-des-bruttoinlandprodukts-im-vergleich-zum-vorjahr/.*

696 »Euro nur noch 80 Cent wert«, *t-online,* 17. Januar 2010, *https://www.t-online.de/finanzen/id_21394704/kaufkraft-euro-nur-noch-80-cent-wert.html.*

697 *https://www.boerse.de/historische-kurse/Gold/XC0009655157*; am 27. Juli 2020 wurde sogar der historische Höchststand erreicht: 1.651 Euro, *https://www.finanzen.net/rohstoffe/goldpreis.*

[698] Markus Frühauf: »In Gold ist der Euro achtzig Prozent weniger wert«, *FAZ Online*, 25. Oktober 2019, *https://www.faz.net/aktuell/finanzen/finanzmarkt/kaufkraft-in-gold-ist-der-euro-80-prozent-weniger-wert-16447725.html*.

[699] Zitiert in: *Welt am Sonntag* vom 11. Oktober 2009.

[700] Die Hypo Real Estate Holding GmbH (HRE) ist eine seit 2009 verstaatlichte deutsche Bankenholding, die 123,98 Milliarden Euro Garantien zuzüglich 7,7 Milliarden Euro direkte Hilfe durch Kapitalmaßnahmen aus dem Finanzmarktstabilisierungsfonds (SoFFin) erhält. Grund der Verstaatlichung: Die HRE-Tochter Depfa Bank finanzierte langfristige Kredite (insbesondere Pfandbriefe) durch kurzfristige Kredite auf dem Interbankenmarkt. Doch infolge der Insolvenz der US-Bank Lehman Brothers brach der Interbankenhandel zusammen, was zu einem Liquiditätsengpass der Depfa Bank über zunächst 35 Milliarden Euro führte, der nicht geschlossen werden konnte. Die Folge: Die Rückzahlung fälliger kurzfristiger Kredite war nicht möglich und die Insolvenz drohte. Vgl. dazu: Deutscher Bundestag (Hrsg.): »Beschlussempfehlung und Bericht des 2. Untersuchungsausschusses nach Artikel 44 des Grundgesetzes vom 18. September 2009« (DrS 16/14000), S. 54 ff., *https://dip21.bundestag.de/dip21/btd/16/140/1614000.pdf*; sowie: *https://web.archive.org/web/20100417031123/http://www.soffin.de/de/soffin/leistungen/massnahmen-aktuell/index.html*.

[701] Die Autoren geben dazu als Quelle die Bundesbank an, was ich nicht verifizieren konnte.

[702] Daniel Haase und Gerd Ewert: »Staatsbankrott & Währungsreform«, in: *Das Edelmetall & Rohstoffmagazin 2009/2010*, Neustadt a. d. Orta 2009, S. 92.

[703] *Welt am Sonntag* vom 11. Oktober 2009.

[704] Ebd.

[705] Vgl. *Der Spiegel* 37/2010.

[706] Vgl. Deutscher Bundestag: »Stenografischer Bericht, 182. Sitzung, Plenarprotokoll 16/182 Berlin«, 15. Oktober 2008 (Drucksache 16/10519, S. 19412), *http://dip21.bundestag.de/dip21/btp/16/16182.pdf#P.19412*.

[707] Ebd.

[708] Gesetz über die Beaufsichtigung der Versicherungsunternehmen, *https://www.gesetze-im-internet.de/vag_2016/*.

[709] *http://www.buzer.de/gesetz/11544/a191823.htm*.

[710] *http://www.buzer.de/gesetz/11544/a192048.htm*.

[711] »Mehrere Anbieter vor dem Aus: Studie zeigt schlimme Lage bei Lebensversicherungen«, *Focus Online*, 22. Juli 2020, *https://www.focus.de/finanzen/versicherungen/lebensversicherung/lebensversicherung-5-anbieter-in-doppelter-gefahr-studie-zeigt-schlimme-lage-bei-lebensversicherungen_id_12200853.html.*

[712] Ebd.

[713] Ebd.

[714] Ebd.

[715] Ebd.

[716] Ebd.

[717] Ebd.

[718] Ebd.

[719] Vgl. Michael Grandt: *Der Crash der Lebensversicherungen*, Rottenburg 2009.

[720] »Mit Pensionsfonds und Pensionskassen«, *https://www.gdv.de/resource/blob/60734/ba7317759252abad585896e4fe700507/bav---lv-in-zahlen-2020---download-data.pdf.*

[721] Ebd.

[722] *https://www.protektor-ag.de/de/sicherungsfonds/haeufig-gestellte-fragen#welches-vermoegen-hat-der-sicherungsfonds.*

[723] »Gabriel fordert Vermögens-Umverteilung nach Coronakrise«, *Bild Online*, 17. April 2020, *https://www.bild.de/politik/inland/politik-inland/lastenausgleich-nach-corona-krise-gabriel-fordert-vermoegens-umverteilung-70104176.bild.html.*

[724] Ebd.

[725] Ebd.

[726] Ebd.

[727] Vgl. *phoenix vor ort* (*Phoenix*) vom 3. Juni 2020.

[728] GG Artikel 106, *https://dejure.org/gesetze/GG/106.html.*

[729] WD 4 - 3000 - 041/20, *https://www.bundestag.de/resource/blob/691376/2feb28d7057bf918bd18254ab06d95ad/WD-4-041-20-pdf-data.pdf.*

[730] Ebd., S. 4.

[731] Ebd.

[732] Vgl. dazu die Ausarbeitung von Joachim Wieland: »Vermögensabgaben im Sinne von Art. 106 Abs. 1 Nr. 5 GG«, im Auftrag der Hans-Böckler-Stiftung und der Vereinten Dienstleistungsgewerkschaft (ver.di), 2012; ebenso: Gregor Kirchhof: »Vermögensabgaben aus verfassungsrechtlicher Sicht«, in: *Steuer und Wirtschaft* (StuW) 2011, S. 189, 193; Lothar Schem-

mel: »Verfassungsfragen einer Vermögensabgabe«, Karl-Bräuer-Institut des Bundes der Steuerzahler, Sonderinformation 37, Oktober 1999.

733 Vgl. BVerfG vom 22. Juni 1995, Az.: 2 BvL 37/91.

734 Deutscher Bundestag, Wissenschaftliche Dienste: »Verfassungsmäßigkeit einer Vermögensabgabe zur Bekämpfung der wirtschaftlichen Folgen der Corona-Pandemie«, WD 4 - 3000 - 041/20, 2020, *https://www.bundestag.de/resource/blob/691376/2feb28d7057bf918bd18254ab06d95ad/WD-4-041-20-pdf-data.pdf*, S. 5.

735 Vgl. Gesetz über den Lastenausgleich, *http://www.gesetze-im-internet.de/lag/index.html*; Gregor Kirchhof: »Vermögensabgaben aus verfassungsrechtlicher Sicht, Steuer und Wirtschaft« 2011, S. 189, 193; Lothar Schemmel: Verfassungsfragen einer Vermögensabgabe, Karl-Bräuer-Institut des Bundes der Steuerzahler, Sonderinformation 37, Oktober 1999.

736 LAG § 2.

737 »Gabriel fordert Vermögens-Umverteilung nach Coronakrise«, *Bild Online,* 17. April 2020, *https://www.bild.de/politik/inland/politik-inland/lastenausgleich-nach-corona-krise-gabriel-fordert-vermoegens-umverteilung-70104176.bild.html.*

738 LAG §§ 16–90.

739 LAG §§ 91–160.

740 LAG §§ 161–197.

741 Henning Bartels: »Überblick über den Lastenausgleich«, Bundesarchiv, 14. Oktober 2019, *https://www.bundesarchiv.de/DE/Content/Publikationen/Aufsaetze/kriegsfolgenarchivgut-p1-bartels.html.*

742 Ebd.

743 Kriegsschadenrente: »Berechtigten nach dem Lastenausgleichsgesetz wird zur Abgeltung erlittener Vertreibungsschäden, Kriegssachschäden, Ostschäden und Sparerschäden in vorgeschrittenem Lebensalter oder bei dauernder Erwerbsunfähigkeit eine Kriegsschadenrente in Form von Unterhaltshilfe bzw. Entschädigungsrente gewährt.« Vgl. Mitteilung des Bayrischen Staatsministeriums für Familie, Arbeit und Soziales, *https://www.stmas.bayern.de/fibel/sf_k115.php.*

744 Ebd.: »Das Bundesausgleichsamt erledigt bis 2021 zunächst die Rückforderungsfälle mit Bezug zu den offenen Vermögensfragen. Danach folgen noch umfangreiche Restarbeiten und zum Schluss die Archivierung der Einzelfallakten des Bundesausgleichsamts im Lastenausgleichsarchiv.«

745 Jürgen Wipfler: »Angriff auf Ihr Geld«, in: *Das Edelmetall & Rohstoffmagazin* 2009/2010, Neustadt a. d. Orta 2009, S. 118.

746 »Gabriel fordert Vermögens-Umverteilung nach Coronakrise«, *Bild Online*, 17. April 2020, *https://www.bild.de/politik/inland/politik-inland/lastenausgleich-nach-corona-krise-gabriel-fordert-vermoegens-umverteilung-70104176.bild.html*.

747 Zum Zeitpunkt des Redaktionsschlusses war noch nicht klar, ob die Zensusbefragung aufgrund der Corona-Krise verschoben werden wird.

748 *https://www.zensus2021.de/DE/Home/_inhalt.html*.

749 *https://www.zensus2021.de/DE/Was-ist-der-Zensus/_inhalt.html*.

750 *https://www.bgbl.de/xaver/bgbl/start.xav?startbk=Bundesanzeiger_BGBl&jumpTo=bgbl119s1851.pdf#__bgbl__%2F%2F*%5B%40attr_id%3D%27bgbl119s1851.pdf%27%5D__1594990792075*.

751 Vgl. Deutscher Bundestag, Wissenschaftliche Dienste: »Verfassungsmäßigkeit einer Vermögensabgabe zur Bekämpfung der wirtschaftlichen Folgen der Corona-Pandemie«, 2020, *https://www.bundestag.de/resource/blob/691376/2feb28d7057bf918bd18254ab06d95ad/WD-4-041-20-pdf-data.pdf*.

752 Vorgesehen war eine Sollstärke von 32 000 Offizieren, 110 000 Unteroffizieren und 661 500 Mannschaften (vgl. Rudolf Absolon: *Die Wehrmacht im Dritten Reich: 30. Januar 1933 bis 02. August 1934: mit einem Rückblick auf das Militärwesen in Preußen, im Kaiserreich und in der Weimarer Republik*, Boppard am Rhein 1998, S. 4).

753 RGBl. Nr. 41, S. 505–521; vgl. dazu auch: A. Fernow: *Das Gesetz über einen einmaligen außerordentlichen Wehrbeitrag, Berlin 1913, https://books.google.de/books?id=wzzoDwAAQBAJ&pg=PA145&lpg=PA145&dq=wehrbeitragsgesetz&source=bl&ots=kE9I9Zy5Nx&sig=ACfU3U3T13Xhe-AuhMo20KEOYignpJ6qR3w&hl=de&sa=X&ved=2ahUKEwiij-3wr4jqAhVPqxoKHeOjBEYQ6AEwBnoECAoQAQ#v=onepage&q=wehrbeitragsgesetz&f=false*.

754 Das Gesetz über einen einmaligen außerordentlichen Wehrbeitrag § 1.

755 Ebd. § 1a.

756 Ebd. § 2.

757 Ebd. § 4 1b und § 5.

758 Ebd. § 2.

759 Ebd. § 9, § 11.

760 Ebd. § 13.

761 Vgl. Stefan Bach: »Vermögensabgaben – ein Beitrag zur Sanierung der Staatsfinanzen in Europa«, in: DIW Berlin – Deutsches Institut für Wirtschaftsforschung e. V. (Hrsg.): »Eurokrise, Staatsverschuldung und pri-

vater Reichtum« (*DIW Wochenbericht* 28/2012), Berlin 2012, S. 5, *https://www.diw.de/documents/publikationen/73/diw_01.c.405699.de/12-28.pdf.*

762 Ebd.; ebenso F. K. Mann: »Wehrbeitrag«, in: *Handwörterbuch der Staatswissenschaften,* Bd. 8, Jena 1928, S. 951 ff.

763 Vgl. Carl-Ludwig Holtfrerich: *Die deutsche Inflation 1914-1923 – Ursachen und Folgen in internationaler Perspektive,* Berlin/New York 1980, S. 106.

764 Benannt nach Matthias Erzberger (1875-1921); Publizist und Politiker (Zentrum) im Kaiserreich und in der Weimarer Republik. Er unterzeichnete als Bevollmächtigter der Reichsregierung und Leiter der Waffenstillstandskommission 1918 das Waffenstillstandsabkommen von Compiègne, das die Kampfhandlungen des Ersten Weltkriegs formell beendete. In den Jahren 1919 und 1920 setzte er als Reichsminister der Finanzen die nach ihm benannte »Erzbergersche Reform« durch, die als umfangreichstes Reformwerk der deutschen Steuer- und Finanzgeschichte gilt. Erzberger wurde 1921 von Attentätern der Organisation Consul ermordet.

765 Vgl. F. K. Mann: »Reichsnotopfer«, in: *Handwörterbuch der Staatswissenschaften,* Bd. 6, Jena 1925, S. 1222 ff.

766 Reichsnotopfergesetz. (RNOG) vom 31. Dezember 1919 (RGBl. 1919, S. 2189).

767 RNOG § 6; F. K. Mann: »Reichsnotopfer«, in: *Handwörterbuch der Staatswissenschaften,* Bd. 6, Jena 1925, S. 1222 ff.; Stefan Bach: »Vermögensabgaben – ein Beitrag zur Sanierung der Staatsfinanzen in Europa«, in: DIW Berlin – Deutsches Institut für Wirtschaftsforschung e. V. (Hrsg.): »Eurokrise, Staatsverschuldung und privater Reichtum« (*DIW Wochenbericht* 28/2012), Berlin 2012, S. 5 f.

768 Gesetz zur beschleunigten Veranlagung und Erhebung des Reichsnotopfers vom 22. Dezember 1920 (RGBl. 1920, S. 2114).

769 Vgl. Das Bundesarchiv: Das Kabinett Fehrenbach. Band 1: Dokumente Nr. 130: Kabinettssitzung vom 7. Dezember 1920. Sozialisierung und Reichsnotopfer, *https://www.bundesarchiv.de/aktenreichskanzlei/1919-1933/01a/feh/feh1p/kap1_2/kap2_130/para3_9.html.*

770 Gesetz zur beschleunigten Veranlagung und Erhebung des Reichsnotopfers vom 22. Dezember 1920 (RGBl. 1920, S. 2114).

771 Vgl. Heinrich Becker: *Handlungsspielräume der Agrarpolitik in der Weimarer Republik zwischen 1923 und 1929,* Stuttgart 1990, S. 120.

772 Ebd.

773 RNOG § 6, § 24; Stefan Bach: »Vermögensabgaben – ein Beitrag zur Sanierung der Staatsfinanzen in Europa«, in: DIW Berlin – Deutsches Institut

für Wirtschaftsforschung e. V. (Hrsg.): »Eurokrise, Staatsverschuldung und privater Reichtum« (*DIW Wochenbericht* 28/2012), Berlin 2012, S. 6.

774 Vgl. Reinhold Sellien, Helmut Sellien: *Gablers Wirtschafts-Lexikon*, Berlin 2013, S. 1891.

775 Vgl. »Gesetz über den Geldentwertungsausgleich bei bebauten Grundstücken« vom 1. Juni 1926, RGBl. Teil I, Nr. 32 vom 11. Juni 1926, S. 251, *https://upload.wikimedia.org/wikipedia/commons/7/7e/Deutsches_Reichsgesetzblatt_26T1_032_0251.jpg*.

776 Die Hauszinssteuer wurde bereits 1919 in Preußen eingeführt.

777 Vgl. Stefan Bach: *100 Jahre deutsches Steuersystem: Revolution und Evolution*, DIW Berlin – Deutsches Institut für Wirtschaftsforschung e. V. (Hrsg.): Berlin 2018, S. 9.

778 Vgl. »Gesetz über den Geldentwertungsausgleich bei bebauten Grundstücken« vom 1. Juni 1926, RGBl. Teil I, Nr. 32 vom 11. Juni 1926, S. 251, *https://upload.wikimedia.org/wikipedia/commons/7/7e/Deutsches_Reichsgesetzblatt_26T1_032_0251.jpg*.

779 *Aalener Jahrbuch 1992*, Konrad Theiss Verlag, Stuttgart und Aalen 1992, *https://www.aalen.de/sixcms/media.php/166/Von%20der%20Mietskaserne%20zur%20Komfortwohnung%20unserer%20Tage.pdf*.

780 Vgl. Ulrike Haerendel: *Kommunale Wohnungspolitik im Dritten Reich*, München 1999, S. 104 ff.; Hartmut Häussermann, Walter Siebel: *Soziologie des Wohnens*, Weinheim 2000, S. 112 ff.; A. Cohen: »Die Hauszinssteuer (Steuer zum Geldentwertungsausgleich, Gebäudeentschuldungssteuer)«, in: *FinanzArchiv/Public Finance Analysis*, 48. Jahrg., H. 1 (1931), S. 124 ff.

781 Die Gebäudeentschuldungssteuern belasteten in der Regel die Bruttomiete, die Steuersätze wurden jedoch nach der Höhe der Verbindlichkeiten vor der Inflation differenziert, dazu A. Cohen: »Die Hauszinssteuer (Steuer zum Geldentwertungsausgleich, Gebäudeentschuldungssteuer)«, in: *FinanzArchiv/Public Finance Analysis*, 48. Jahrg., H. 1 (1931), S. 124 ff.; Peter-Christian Witt: »Inflation, Wohnungszwangswirtschaft und Hauszinssteuer – Zur Regelung von Wohnungsbau und Wohnungsmarkt in der Weimarer Republik«, in: Lutz Niethammer (Hrsg.): *Wohnen im Wandel – Beiträge zur Geschichte des Alltags in der bürgerlichen Gesellschaft*, Wuppertal 1979, S. 385 ff.

782 Vgl. *https://www.wowi.de/wohnungsbaukosten.html*.

783 Vgl. Peter-Christian Witt: »Inflation, Wohnungszwangswirtschaft und Hauszinssteuer – Zur Regelung von Wohnungsbau und Wohnungsmarkt in der Weimarer Republik«, in: Lutz Niethammer (Hrsg.): *Wohnen im*

Wandel. Beiträge zur Geschichte des Alltags in der bürgerlichen Gesellschaft, Wuppertal 1979, S. 385 ff.

784 Vgl. Gesetz über die Befreiung des Grundbesitzes der Nationalsozialistischen Deutschen Arbeiterpartei von der Grundsteuer und der Gebäudeentschuldungssteuer vom 15. April 1935, *https://www.verfassungen.de/de33-45/partei35.htm.*

785 Verordnung über die Aufhebung der Gebäudeentschuldungsteuer vom 31. Juli 1942, *Reichsgesetzblatt 1942,* S. 501 ff., *https://sbc.org.pl/Content/263300/ii4067-1942-36-0001.pdf.*

786 Ebd.

787 Ebd.

788 Florian Sollfrank: »Immobilien – Mit ›Betongold‹ in den Ruin?«, *https://www.florian-sollfrank.de/artikel/immobilien-mit-betongold-in-den-ruin/.*

789 Nicolas Šustr: »Corona kratzt kaum an Mieteinnahmen«, *Neues Deutschland,* 6. Mai 2020, *https://www.neues-deutschland.de/artikel/1136364.mietenwahnsinn-corona-kratzt-kaum-an-mieteinnahmen.html.*

790 Stefan Bach und Claus Michelsen: »Für eine neue Mietsteuer«, *Süddeutsche Zeitung,* 30. Juni 2019, *https://www.sueddeutsche.de/wirtschaft/gastbeitrag-fuer-eine-neue-mietsteuer-1.4504904.*

791 Florian Sollfrank: »Immobilien – Mit ›Betongold‹ in den Ruin?«, *https://www.florian-sollfrank.de/artikel/immobilien-mit-betongold-in-den-ruin/.*

792 Gesetz zur Rettung von Unternehmen zur Stabilisierung des Finanzmarktes (Rettungsübernahmegesetz – RettungsG) vom 7. April 2009, *https://www.gesetze-im-internet.de/rettungsg/BJNR072900009.html.*

793 *Rechtslexikon.de*: »Rettungsübernahmegesetz«, *http://www.rechtslexikon.net/d/rettungsübernahmegesetz/rettungsübernahmegesetz.htm.*

794 Vgl. RettungsG § 1.

795 RettungsG § 3.

796 Ebd.

797 RettungsG § 4.

798 RettungsG § 6.

799 *Rechtslexikon.de*: »Rettungsübernahmegesetz«, *http://www.rechtslexikon.net/d/rettungsübernahmegesetz/rettungsübernahmegesetz.htm.*

800 *Welt am Sonntag* vom 28. Dezember 2010.

801 *Handelsblatt* vom 18. Februar 2013.

802 Ebd.

803 »Schäuble zweifelt, ob Banken in Zypern jemals wieder öffnen können«, *Deutsche Wirtschaftsnachrichten,* 20. März 2013, *http://deutsche-wirtschafts-*

nachrichten.de/2013/03/20/schaeuble-zweifelt-ob-banken-in-zypern-ueberhaupt-wieder-oeffnen-koennen/.

804 Vgl. Michael Grandt: *Deutschland vor dem Kollaps,* Rottenburg 2013, S. 151 ff.

805 »Explosive Stimmung in Zypern: Tausend Studenten vor dem Parlament«, *Deutsche Wirtschafts Nachrichten,* 26. März 2013, *http://deutsche-wirtschafts-nachrichten.de/2013/03/26/explosive-stimmung-in-zypern-tausend-studenten-vor-dem-parlament/.*

806 Vgl. Michael Grandt: *Deutschland vor dem Kollaps,* Rottenburg 2013, S. 151 ff.

807 Ebd.

808 »Fünf Milliarden Euro rollen zur Bankenöffnung«, *Tagesschau Online,* 28. März 2013, *http://www.tagesschau.de/wirtschaft/zypern478.html.*

809 »Bundestag sagt Ja zu Milliardenhilfen für Zypern«, *Tagesschau Online,* 18. April 2013, *http://www.tagesschau.de/wirtschaft/zypern-bundestag104.html.*

810 Vgl. Pressemitteilung der EU-Kommission: »Council agrees position on bank resolution« vom 27. Juni 2013, *http://www.consilium.europa.eu/uedocs/cms_data/docs/pressdata/en/ecofin/137627.pdf.*

811 »Zypern steigert Zwangsabgabe auf 47,5 Prozent«, *Spiegel Online,* 29. Juli 2013, *https://www.spiegel.de/wirtschaft/soziales/bank-of-cyprus-zwangsabgabe-auf-47-5-prozent-erhoeht-a-913773.html.*

812 »Großsparer in Zypern vor gewaltigen Verlusten«, *Tagesschau Online,* 30. März 2013, *https://www.tagesschau.de/wirtschaft/zypern-bankenzwangsabgabe100.html.*

813 Gesetz über das Kreditwesen (Kreditwesengesetz - KWG); § 47 Anordnungsbefugnis nach der Verordnung (EU) Nr. 1286/2014 *https://www.gesetze-im-internet.de/kredwg/__47.html.*

814 KWG § 47, *https://www.gesetze-im-internet.de/kredwg/__47.html.*

815 »Zwangsabgabe auf Zypern trifft auch Hilfsorganisationen«, *t-online,* 22. April 2013, *http://www.t-online.de/wirtschaft/schuldenkrise/id_63075456/zypern-zwangsabgabe-trifft-auch-hilfsorganisationen.html*; Silke Wettach, Yvonne Esterházy, Cornelius Welp: »Europäischer Banken-Hickhack«, *Wirtschaftswoche,* 28. November 2011, *https://www.wiwo.de/unternehmen/banken/stresstests-was-darf-die-eba-und-wer-kontrolliert-sie/5887440-2.html*; *https://sven-giegold.de/bankenrestrukturierung-europaparlament-fordert-reisleihne-fur-steuerzahler/.*

816 Die Nachrichtenagentur *Reuters* hatte von Knots Sprecherin die Bestätigung, dass die Aussage definitiv kein Missverständnis sei. Vgl. »ECB's

Knot backs Dijsselbloem comments on bank rescues«, *Reuters*, 29. März 2013, *http://www.reuters.com/article/2013/03/29/us-eurozone-cyprus-ecb-knot-idUSBRE92S05P20130329*.

817 *Handelsblatt* vom 19. April 2013.

818 Zitiert in: Mark Schieritz: »Kein Pardon mehr«, in: *Die Zeit*, Ausgabe 24/2013 vom 6. Juni 2013.

819 *Handelsblatt* vom 22. Mai 2013.

820 »Zypern-Wirren belasten die Börsen«, *Spiegel Online*, 18. März 2013, *https://www.spiegel.de/wirtschaft/soziales/zyprische-regierung-ringt-vor-notsitzung-um-mehrheit-a-889412.html*.

821 Frank Stocker: »Euro-Staaten beschließen Enteignungskanal«, *Welt Online*, 8. Januar 2013, *http://www.welt.de/finanzen/article112468144/Euro-Staaten-beschliessen-Enteignungsklausel.html*.

822 Vgl. Michael Grandt: *Deutschland vor dem Kollaps*, Rottenburg 2013, S. 90 ff.

823 Vgl. ESM Treaty (Paragraph 3, Artikel 12): *https://europa.eu/efc/efc-sub-committee-eu-sovereign-debt-markets/collective-action-clauses-euro-area_de*; sowie: *https://europa.eu/efc/efc-sub-committee-eu-sovereign-debt-markets/collective-action-clauses-euro-area/euro-area-model-cac_en* und *https://europa.eu/efc/efc-sub-committee-eu-sovereign-debt-markets/collective-action-clauses-euro-area/previous-work-cac_en*; beschlossen wurde die Einführung dieser Klauseln im Zuge der Verhandlungen über die Einführung des permanenten Rettungsschirms ESM. Damit sollte die Grundlage dafür gelegt werden, bei künftigen Umschuldungen vor einer Klagewelle durch renitente Kleinanleger geschützt zu sein. Vgl. Frank Stocker: »Euro-Staaten beschließen Enteignungskanal«, *Welt Online*, 8. Januar 2013, *http://www.welt.de/finanzen/article112468144/Euro-Staaten-beschliessen-Enteignungsklausel.html*; sowie: Michael Grandt: *Deutschland vor dem Kollaps*, Rottenburg 2013, S. 90 ff.

824 Ebd.

825 Ebd.

826 Ebd.

827 Ebd.

828 Matthias Weik, Marc Friedrich: »Enteignung, Zwangsabgaben, Inflation: Warum der Finanz-Sturm noch 2015 losbricht«, *Focus Online*, 21. Juni 2016, *https://www.focus.de/finanzen/experten/weik_und_friedrich/geld-in-gefahr-naechste-schritte-enteignung-und-hoehere-steuern_id_4453095.html*.

[829] Gesetz zur Sanierung und Abwicklung von Instituten und Finanzgruppen vom 10. Dezember 2014 (BGBl. I S. 2091), das zuletzt durch Artikel 1 des Gesetzes vom 19. März 2020 (BGBl. I S. 529) geändert worden ist, *https://www.gesetze-im-internet.de/sag/BJNR209110014.html#BJNR209110014BJNG000100000.*

[830] *https://www.rhotham.de/sanierungs-und-abwicklungsgesetz.html.*

[831] Marc Friedrich und Matthias Weik: »Komplette, legale Enteignung per Gesetz«, *heise online,* 6. November 2019, *https://www.heise.de/tp/features/Komplette-legale-Enteignung-per-Gesetz-4579663.html?seite=all.*

[832] *https://www.rhotham.de/sanierungs-und-abwicklungsgesetz.html.*

[833] Ebd.: Peter Frelenberg: »Das ganze Drama mit Kulisse – Verbraucherschutzverbände sollten Sturm laufen!«.

[834] »Sanierungs- und Abwicklungsgesetz (SAG) – Sanierungspläne für alle«, *BankingHub,* 11. November 2014, *https://bankinghub.de/banking/steuerung/sanierungs-und-abwicklungsgesetz-sag.*

[835] Begriffsbestimmungen in SAG § 2.

[836] SAG § 55; siehe dazu auch Abschnitt 2, §§ 89–106.

[837] *https://www.rhotham.de/sanierungs-und-abwicklungsgesetz.html.*

[838] Siehe auch Telefongespräch mit Herrn Frelenberg am 6. Juli 2020, Telefonnotiz (Archiv Grandt).

[839] Peter Frelenberg: »Das ganze Drama mit Kulisse – Verbraucherschutzverbände sollten Sturm laufen!«, *https://www.rhotham.de/sanierungs-und-abwicklungsgesetz.html.*

[840] Ebd.

[841] Kreditinstitute und Finanzgruppen, die als »systemrelevant« bewertet werden, verfügen in der Regel über ein Vermögen von mehr als 30 Milliarden Euro oder ihr Gesamtvermögen übersteigt 20 Prozent des Bruttoinlandsprodukts; welche das sind, veröffentlichte die BaFin in einer Liste, die hier abzurufen ist: *https://www.bafin.de/DE/Aufsicht/Banken-Finanzdienstleister/Eigenmittelanforderungen/ASRI/asri_node.html*; die EZB veröffentlichte ebenfalls eine Liste: *https://www.rhotham.de/mce/files/14-09-04-ezb-liste-120-bedeutende-und-unbedeutende-banken.pdf.*

[842] Peter Frelenberg: »Eine derartige Kapitalherabsetzung könnte nach dem (ausgehebelten) § 222 Aktiengesetz nur mit einer 3/4tel Mehrheit von der Hauptversammlung beschlossen werden. Vorstand, Aufsichtsrat und Hauptversammlung der AG haben nichts zu sagen. Allein die Behörde entscheidet. In der Konsequenz wird das Aktiengesetz insoweit ganz außer Kraft gesetzt, die betroffenen Eigentümer/Aktionäre der Bank sind

ausgeschlossen!«, Peter Frelenberg: »Das ganze Drama mit Kulisse – Verbraucherschutzverbände sollten Sturm laufen!«, *https://www.rhotham.de/sanierungs-und-abwicklungsgesetz.html.*

843 SAG § 91; sowie: Peter Frelenberg: »Das ganze Drama mit Kulisse – Verbraucherschutzverbände sollten Sturm laufen!«, *https://www.rhotham.de/sanierungs-und-abwicklungsgesetz.html.*

844 Ebd.

845 Ebd.

846 SAG § 4.

847 SAG § 8.

848 *https://www.rhotham.de/sanierungs-und-abwicklungsgesetz.html.*

849 Ebd.

850 SAG § 99; SAG § 150.

851 Vgl. Peter Frelenberg: »Das ganze Drama mit Kulisse – Verbraucherschutzverbände sollten Sturm laufen!«, *https://www.rhotham.de/sanierungs-und-abwicklungsgesetz.html.*

852 *https://www.rhotham.de/sanierungs-und-abwicklungsgesetz.html.*

853 Peter Frelenberg: »Das ganze Drama mit Kulisse – Verbraucherschutzverbände sollten Sturm laufen!«, *https://www.rhotham.de/sanierungs-und-abwicklungsgesetz.html.*

854 Europäische Zentralbank · Bankenaufsicht: »Liste bedeutender beaufsichtigter Unternehmen und Liste weniger bedeutender Institute«, 4. September 2014, *https://www.rhotham.de/mce/files/14-09-04-ezb-liste-120-bedeutende-und-unbedeutende-banken.pdf.*

855 Ebd.

856 Ebd.

857 Michael Grandt: *Deutschland vor dem Kollaps,* Rottenburg 2013, S. 260 ff.

858 Marc Friedrich und Matthias Weik: »Komplette, legale Enteignung per Gesetz«, *heise online,* 6. November 2019, *https://www.heise.de/tp/features/Komplette-legale-Enteignung-per-Gesetz-4579663.html?seite=all.*

859 Ebd.

860 Florian Diekmann: »So könnten die Reichen für die Coronakrise zahlen«, *Spiegel Online,* 4. April 2020, *https://www.spiegel.de/wirtschaft/soziales/coronavirus-krise-sollen-reiche-fuer-die-kosten-zahlen-a-7c5a8ee5-9b2c-483b-aab0-6d6937f39de4.*

861 »Scholz will Spitzensteuersatz erhöhen«, *ntv Online,* 30. Januar 2019, *https://www.n-tv.de/politik/Scholz-will-Spitzensteuersatz-erhoehen-article20836221.html.*

862 »SPD und Grüne planen Gesetzentwurf zur Vermögensteuer«, *Süddeutsche Zeitung,* 3. August 2012, *https://www.sueddeutsche.de/politik/hoehere-steuern-fuer-wohlhabende-auf-die-reichen-mit-gebruell-1.1431122-2.*

863 Claudia Scholz: »Immer mehr Arbeitnehmer zahlen Spitzensteuersatz«, *Handelsblatt,* 20. Januar 2020, *https://www.handelsblatt.com/politik/deutschland/lohn-immer-mehr-arbeitnehmer-zahlen-spitzensteuersatz/25451980.html?ticket=ST-3852469-Ub9wDmm5OcgXO7bdk7SP-ap3.*

864 »SPD und Grüne planen Gesetzentwurf zur Vermögensteuer«, *Süddeutsche Zeitung,* 3. August 2012, *https://www.sueddeutsche.de/politik/hoehere-steuern-fuer-wohlhabende-auf-die-reichen-mit-gebruell-1.1431122-2.*

865 Isabel Reifenrath: »Neues Rütteln am Ehegattensplitting«, *Tagesschau Online,* 13. Mai 2020, *https://meta.tagesschau.de/id/145857/neues-ruetteln-am-ehegattensplitting.*

866 »Arbeitsminister Heil: Spitzenverdiener müssen zurückgeben«, *Apotheke Adhoc,* 3. Juni 2020, *https://www.apotheke-adhoc.de/nachrichten/detail/politik/arbeitsminister-heil-spitzenverdiener-muessen-zurueckgeben-diskussion-ueber-reichensteuer/.*

867 »Esken für einmalige Vermögensabgabe«, *Tagesschau Online,* 1. April 2020, *https://www.tagesschau.de/inland/vermoegensabgabe-101.html.*

868 Silke Kersting: »Höhere Preise für Fleisch und Wurst: Klöckner fordert Tierwohlabgabe«, *Handelsblatt,* 26. Juni 2020, *https://www.handelsblatt.com/politik/deutschland/branchengespraech-fleisch-hoehere-preise-fuer-fleisch-und-wurst-kloeckner-fordert-tierwohlabgabe/25953292.html?ticket=ST-4739451-XScEBoOFbZQGSCyNEmfF-ap1.*

869 »Esken für einmalige Vermögensabgabe«, *Tagesschau Online,* 1. April 2020, *https://www.tagesschau.de/inland/vermoegensabgabe-101.html.*

870 Michael Grandt: *Kommt die Klima-Diktatur?,* Rottenburg 2019.

871 Vgl. *hart aber fair* (ARD) vom 11. Mai 2020.

872 Interview in: *Der Spiegel* 20/2020, S. 37.

873 Dr. Carsten Heinz, Fabian Krüger, Dr. Vitaliy Kaminskiy: »Erste Vorschläge zur Gegenfinanzierung des staatlichen Corona-Hilfspakets und deren verfassungsrechtliche Einordnung«, Noerr, 20. April 2020, *https://www.noerr.com/de/newsroom/news/erstevorschlagezurgegenfinanzierungdesstaatlichencoronahilfspaketsundderenverfassungsrechtlicheeinor.*

874 Ebd.

875 Deutscher Bundestag: Drucksache 17/10770, 17. Wahlperiode, 25. September 2012, »Entwurf eines Gesetzes zur Erhebung einer Vermögensabgabe« der Abgeordneten Lisa Paus, Kerstin Andreae, Dr. Thomas Gambke, Britta

Haßelmann, Priska Hinz (Herborn), Dr. Tobias Lindner, Dr. Gerhard Schick, Birgitt Bender, Agnes Brugger, Viola von Cramon-Taubadel, Ekin Deligöz, Katja Dörner, Harald Ebner, Kai Gehring, Katrin Göring-Eckardt, Bärbel Höhn, Ingrid Hönlinger, Thilo Hoppe, Uwe Kekeritz, Katja Keul, Sven-Christian Kindler, Maria Klein-Schmeink, Oliver Krischer, Agnes Krumwiede, Stephan Kühn, Markus Kurth, Beate Müller-Gemmeke, Dr. Hermann E. Ott, Brigitte Pothmer, Tabea Rößner, Claudia Roth (Augsburg), Manuel Sarrazin, Elisabeth Scharfenberg, Dr. Frithjof Schmidt, Ulrich Schneider, Dr. Wolfgang Strengmann-Kuhn, Daniela Wagner, Arfst Wagner (Schleswig) und der Fraktion Bündnis 90/ Die Grünen, *http://dip21.bundestag.de/dip21/btd/17/107/1710770.pdf.*

876 Ebd.

877 Deutscher Bundestag: Drucksache 17/10778, 17. Wahlperiode, 25. September 2012: »Antrag »Reichtum umFAIRteilen – in Deutschland und Europa« der Abgeordneten Alexander Ulrich, Dr. Diether Dehm, Wolfgang Gehrcke, Jan van Aken, Christine Buchholz, Roland Claus, Sevim Dağdelen, Werner Dreibus, Dr. Dagmar Enkelmann, Nicole Gohlke, Annette Groth, Dr. Gregor Gysi, Heike Hänsel, Inge Höger, Dr. Barbara Höll, Andrej Hunko, Harald Koch, Jutta Krellmann, Stefan Liebich, Ulla Lötzer, Dr. Gesine Lötzsch, Ulrich Maurer, Niema Movassat, Thomas Nord, Richard Pitterle, Paul Schäfer (Köln), Michael Schlecht, Dr. Axel Troost, Kathrin Vogler, Sahra Wagenknecht, Katrin Werner und der Fraktion Die Linke, *https://dip21.bundestag.de/dip21/btd/17/107/1710778.pdf.*

878 Ebd.

879 Volker Looman: »Wer soll das bezahlen?«, *FAZ Online,* 28. April 2020, *https://www.faz.net/aktuell/finanzen/meine-finanzen/sparen-und-geld-anlegen/wie-sie-ihr-vermoegen-vor-dem-corona-soli-schuetzen-koennen-16744576.html.*

880 Dr. Carsten Heinz, Fabian Krüger, Dr. Vitaliy Kaminskiy: »Erste Vorschläge zur Gegenfinanzierung des staatlichen Corona-Hilfspakets und deren verfassungsrechtliche Einordnung«, Noerr, 20. April 2020, *https://www.noerr.com/de/newsroom/news/erstevorschlagezurgegenfinanzierungdesstaatlichencoronahilfspaketsundderenverfassungsrechtlicheeinor.*

881 »EU erwägt Einführung einer ›Fleischsteuer‹«, *Tagesspiegel,* 22. Mai 2020, *https://www.tagesspiegel.de/politik/weniger-krankheiten-durch-gesunde-ernaehrung-eu-erwaegt-die-einfuehrung-einer-fleischsteuer/25851408.html.*

882 Melchior Poppe: »Plastiksteuer, Klimasteuer, Digitalsteuer: Wer die große EU-Umverteilung wie bezahlt«, *Focus Online,* 23. Juli 2020, *https://www.*

focus.de/finanzen/boerse/viele-unklarheiten-bei-historischem-corona-hilfspaket-plastiksteuer-klimasteuer-digitalsteuer-wer-die-grosse-eu-umverteilung-bezahlt_id_12236910.html.

883 »Grünen-Chef Habeck fordert Unterstützung für Plastiksteuer«, *Merkur,* 19. Juni 2019, *https://www.merkur.de/politik/gruenen-chef-habeck-fordert-unterstuetzung-fuer-plastiksteuer-zr-9859188.html.*

884 Ralf Schuler: »Neue Steuern für EU-Deal!«, *Bild Online,* 21. Juli 2020, *https://www.bild.de/politik/2020/politik/eu-digital-und-plastik-steuern-sollen-corona-hilfspaket-finanzieren-72006448.bild.html.*

885 Melchior Poppe: »Plastiksteuer, Klimasteuer, Digitalsteuer: Wer die große EU-Umverteilung wie bezahlt«, *Focus Online,* 23. Juli 2020, *https://www.focus.de/finanzen/boerse/viele-unklarheiten-bei-historischem-corona-hilfspaket-plastiksteuer-klimasteuer-digitalsteuer-wer-die-grosse-eu-umverteilung-bezahlt_id_12236910.html.*

886 Ebd.

887 Merkel bei der Auftaktrede zur deutschen EU-Ratspräsidentschaft (*ntv* vom 8. Juli 2020).

888 Ralf Schuler: »Neue Steuern für EU-Deal!«, *Bild Online,* 21. Juli 2020, *https://www.bild.de/politik/2020/politik/eu-digital-und-plastik-steuern-sollen-corona-hilfspaket-finanzieren-72006448.bild.html.*

889 »Gabriel fordert Vermögens-Umverteilung nach Coronakrise«, *Bild Online,* 17. April 2020, *https://www.bild.de/politik/inland/politik-inland/lastenausgleich-nach-corona-krise-gabriel-fordert-vermoegens-umverteilung-70104176.bild.html.*

890 Nicolas Šustr: » Corona kratzt kaum an Mieteinnahmen – Wohnungswirtschaft berichtet über maximal ein Prozent Mietausfälle«, *Neues Deutschland,* 6. Mai 2020, *https://www.neues-deutschland.de/artikel/1136364.mietenwahnsinn-corona-kratzt-kaum-an-mieteinnahmen.html.*

891 »Erhöhung der Tabaksteuer ab 2020: Anhebung stufenweise«, *lexoffice, https://www.lexoffice.de/gesetzesaenderungen/erhoehung-tabaksteuer-2020/.*

892 Albert Funk: »Kommen die Reichen zu gut weg?«, *Der Tagesspiegel,* 29. August 2019, *https://www.tagesspiegel.de/politik/vermoegenssteuer-im-vergleich-kommen-die-reichen-zu-gut-weg/24952246.html.*

893 Fabian Hartmann: »Erbschaftssteuer: Ran an die Privilegien!«, *Redaktionsnetzwerk Deutschland,* 10. Januar 2020, *https://www.rnd.de/wirtschaft/erbschaftssteuer-ran-an-die-privilegien-ODPCRY26L5CBVIZA-NYLGMTBJ5E.html.*

894 Interview in: *Der Spiegel* 20/2020, S. 37.

895 Thorsten Mumme: »Abgaben für Kleinanleger – Olaf Scholz, der Anti-Aktionär«, *Der Tagesspiegel*, 13. Oktober 2019, *https://www.tagesspiegel.de/wirtschaft/abgaben-fuer-kleinanleger-olaf-scholz-der-anti-aktionaer/25108774.html.*

896 Hermann-Josef Tenhagen: »Finanztransaktionssteuer – Wehren Sie sich gegen die Scholz-Version«, *Spiegel Online*, 14. Dezember 2019, *https://www.spiegel.de/wirtschaft/service/finanztransaktionssteuer-olaf-scholz-zerstoert-eine-gute-idee-a-1301113.html.*

897 *https://www.finanztransaktionssteuer.de/nachrichten.html.*

898 »Scholz zu geplanter Aktiensteuer: ›Jetzt können wir den Sack bald zumachen‹«, *Tagesschau Online*, 10. Dezember 2019, *https://www.tagesschau.de/wirtschaft/finanztransaktionssteuer-113.html.*

899 Daniel Eckert: »Finanzexperten fordern Stopp der Aktiensteuer«, *Welt Online*, 23. Juni 2019, *https://www.welt.de/wirtschaft/article195725527/Regierungsplaene-Finanzexperten-fordern-Stopp-der-Aktiensteuer.html.*

900 Vgl. dazu vertrauliche Gespräche mit politischen Entscheidern.

901 Bund der Steuerzahler Deutschland e. V.: » Jede zehnte Gemeinde erhöht Gewerbesteuer«, 23. September 2019, *https://steuerzahler.de/publikationen/detail/jede-zehnte-gemeinde-erhoeht-gewerbesteuer/.*

902 W. Haarmann: »Debatte um Soli und Co. – 14 Ideen für gerechte Steuern«, F*AZ Online*, 13. Februar 2020, *https://www.faz.net/aktuell/wirtschaft/steuerberater-stellt-14-ideen-fuer-gerechte-steuern-vor-16624540.html.*

903 Cordula Eubel, Antje Sirleschtov: »FDP-Vorstoß – Lindner will Elterngeld abschaffen«, *Der Tagesspiegel*, 16. Mai 2011, *https://www.tagesspiegel.de/politik/fdp-vorstoss-lindner-will-elterngeld-abschaffen/4177240.html.*

904 Die Wohnungsbauprämie, die bislang als staatlicher Zuschuss in Höhe von 8,8 Prozent der Aufwendungen für Bausparbeiträge sowie Zinsen auf erspartes Guthaben gezahlt wird, erhöht sich danach auf 10 Prozent. Auch der Erwerb von Anteilen an einer Bau- und Wohnungsgenossenschaft soll künftig mit dem höheren Prämiensatz gefördert werden. Neu sind ebenso die Einkommensgrenzen für die Förderberechtigung. Diese werden für Alleinstehende um 36 Prozent von bislang 25 600 Euro zu versteuerndem Jahreseinkommen auf 35 000 Euro angehoben, für Verheiratete steigt der Grenzwert von 51 200 Euro auf 70 000 Euro. So sollen künftig mehr Menschen von der Förderung profitieren. Die Höchstgrenzen der jährlich förderfähigen Aufwendungen werden ebenfalls um 36 Prozent angehoben, vgl. *https://www.immobilien-zeitung.de/gesetzesvorhaben*, abgerufen am 16. Juni 2020.

905 Tobias Koch: »Umweltschädliche Subventionen: Milliarden gegen den Klimaschutz«, SWR aktuell, 3. Juni 2020 *https://www.swr.de/swraktuell/umweltschaedliche-subventionen-staat-100.html.*

906 Vgl. dazu vertrauliche Gespräche mit verschiedenen politischen Entscheidern.

907 Claus-Jürgen Göpfert: »SPD erwägt höhere Gewerbesteuer in Frankfurt«, *Frankfurter Rundschau*, 19. Mai 2020, *https://www.fr.de/frankfurt/erwaegt-hoehere-gewerbesteuer-frankfurt-13769438.html.*

908 *cte/Reuters*: »Ökonomen-Tipp zur Schuldenkrise – Reiche sollen Staatskasse mit Krediten füllen«, *Spiegel Online*, 11. Juli 2012, *https://www.spiegel.de/wirtschaft/soziales/diw-reiche-buerger-sollen-staat-zwangskredit-gewaehren-a-843732.html.*

909 Dietmar Neuerer: »DIW-Vorstoß – Schäuble hegt Sympathie für Zwangsanleihe«, *Handelsblatt*, 11. Juli 2012, *https://www.handelsblatt.com/politik/deutschland/diw-vorstoss-zwangsanleihen-besonders-in-krisenzeiten-beliebt/6865706-3.html?ticket=ST-2434938-WavN4Xr6r63moaiymEiY-ap4.*

910 Philipp Wittrock: »Ideen gegen die Krise – Koalition verschmäht Vorstoß zu Zwangsanleihen«, *Spiegel Online*, 11. Juli 2012, *https://www.spiegel.de/politik/deutschland/zwangsanleihen-gegen-schuldenkrise-idee-des-diw-stoesst-auf-vorbehalte-a-843840.html.*

911 RGBl. Teil I, Nr. 53 vom 25. Juli 1922, S. 601 ff.; siehe auch: *https://commons.wikimedia.org/wiki/File:Deutsches_Reichsgesetzblatt_22T1_053_0601.jpeg.*

912 Ebd.

913 Vgl. Fritz Terhalle: *Die Finanzwirtschaft des Staates und der Gemeinden*, Berlin 1948, S. 243.

914 Alexander Jung: »Schnitt durch den Schein – Wie Staaten in der Vergangenheit ihre Schuldenprobleme lösten«, *Spiegel Online*, 28. Juli 2009, *https://www.spiegel.de/spiegel/spiegelgeschichte/d-66214357.html.*

915 »JU-Chef Kuban im *Bild*-Talk – Auch Rentner müssen Gürtel enger schnallen«, *Bild Online*, 4. Mai 2020, *https://www.bild.de/politik/inland/politik-inland/ju-chef-kuban-wir-alle-muessen-den-guertel-enger-schnallen-70430842.bild.html.*

916 rei mit *Reuters*: »Diskussion um Renteneintrittsalter – Vorstoß für Rente mit 70 stößt auf Kritik«, *manager magazin*, 21. Oktober 2019, *https://www.manager-magazin.de/politik/deutschland/rente-bundesbank-fordert-renteneintrittsalter-mit-70-a-1292581.html.*

917 Vgl. dazu vertrauliche Gespräche mit verschiedenen politischen Entscheidern.

918 »Debatte über Enteignungen: Soll der Staat – oder soll er nicht?, *Tagesschau Online*, 8. April 2019, *https://web.archive.org/web/20190408194931/https://www.tagesschau.de/inland/enteignungen-debatte-101.html*.

919 Bernd Riegert: »Corona-Wiederaufbau: EU-Kommission dringt auf schnelle Einigung«, *Deutsche Welle*, 28. Mai 2020, *https://www.dw.com/de/corona-wiederaufbau-eu-kommission-dringt-auf-schnelle-einigung/a-53600260*.

920 *Der Spiegel* 23/2020 vom 30. Mai 2020, S. 67.

921 Ebd.

922 Gab es bereits 1952, siehe Lastenausgleichsgesetz §§ 91–160.

923 Gab es ebenfalls bereits 1952, siehe Lastenausgleichsgesetz §§ 161–197 (vgl. Unterkapitel → »Enteignungen nach einem Lastenausgleichgesetz«, S. 196).

924 Jürgen Wipfler: »Angriff auf Ihr Geld«, in: *Das Edelmetall- & Rohstoffmagazin* 2009/2010, Neustadt a. d. Orta 2009, S. 118.

925 *apa*: »Italien senkt Limit für Barzahlungen auf 2000 Euro«, *stol.it – Nachrichten für Südtirol*, 18. Juni 2020, *https://www.stol.it/artikel/wirtschaft/italien-senkt-limit-fuer-barzahlungen-auf-2000-euro*.

926 »Kampf gegen das Bargeld: Italien senkt Obergrenze für Cash-Zahlungen deutlich«, *Deutsche Wirtschafts Nachrichten*, 7. Juli 2020, *https://deutsche-wirtschafts-nachrichten.de/505086/Kampf-gegen-das-Bargeld-Italien-senkt-Obergrenze-fuer-Cash-Zahlungen-deutlich*.

927 »Scholz-Versprechen: Reichensteuer kommt ins Wahlprogramm», *Bild Online*, 10. Mai 2020, *https://www.bild.de/politik/inland/politik-inland/spd-olaf-scholz-will-reichensteuer-ins-wahlprogramm-aufnehmen-70553342.bild.html*.

928 Ebd.

929 *Der Spiegel* 23/2020, S. 68.

930 Vgl. »Enteignung – wann Immobilieneigentümer enteignet werden dürfen«, *immoverkauf24*, *https://www.immoverkauf24.de/immobilienverkauf/immobilienverkauf-a-z/enteignung/*, abgerufen am 2. April 2020.

931 Vgl. BauGB § 104–122.

932 Vgl. »Enteignung – wann Immobilieneigentümer enteignet werden dürfen«, *immoverkauf24*, *https://www.immoverkauf24.de/immobilienverkauf/immobilienverkauf-a-z/enteignung/*, abgerufen am 2. April 2020.

933 Artikel 14 (3) GG.

934 Vgl. »Enteignung – wann Immobilieneigentümer enteignet werden dürfen«, *immoverkauf24*, *https://www.immoverkauf24.de/immobilienverkauf/immobilienverkauf-a-z/enteignung/*, abgerufen am 2. April 2020.

935 Ebd.

936 Ebd.

937 Ebd.

938 BauGB § 194.

939 Vgl. »Enteignung – wann Immobilieneigentümer enteignet werden dürfen«, *immoverkauf24, https://www.immoverkauf24.de/immobilienverkauf/immobilienverkauf-a-z/enteignung/*, abgerufen am 2. April 2020.

940 Vgl. *https://rp.baden-wuerttemberg.de/rps/Abt2/Ref24/Documents/FAQ_Enteignung.pdf.*, abgerufen am 2. April 2020.

941 Ebd.; sowie: BaugGB § 100.

942 Konjunkturunabhängige Aktien: Ich habe Kriege und Crashs analysiert und bin zu dem Schluss gekommen, dass lediglich Aktien, die Produktionsmittel zum täglichen Leben, zum Genuss und für die Aufrüstung jegliche Krisen (fast) unbeschadet überstanden haben. Dazu gehören Lebensmittel, Getränke, Rauchwaren, Waffen (mehr dazu in meinen Publikationen zu Wirtschafts- und Finanzthemen).

943 Johann Wolfgang von Goethe (1749–1832) gilt bis heute als bedeutendster deutscher Dichter, und sein Werk zählt zu den Höhepunkten der Weltliteratur (vgl. Johann Wolfgang von Goethe: *Sämtliche Werke. Briefe, Tagebücher und Gespräche,* Frankfurter Ausgabe in 40 Bänden einschließlich der amtlichen Schriften und der Zeichnungen, mit Kommentar und Registern, Frankfurt am Main 1985; die Sekundärliteratur über ihn ist so umfangreich, dass wir diese aus Platzgründen hier nicht zitieren möchten).

944 Josef Ackermann, Hans Christoph Binswanger: »›Es fehlt das Geld. Nun gut, so schaff es denn!‹, *Frankfurter Allgemeine,* 30. Juni 2009, *http://www.faz.net/themenarchiv/2.1157/josef-ackermann-und-hans-christoph-binswanger-es-fehlt-das-geld-nun-gut-so-schaff-es-denn-1811056.html.*

945 *Faust – Eine Tragödie* ist das bedeutendste und meistzitierte Werk der deutschen Literaturgeschichte (vgl. Johann Wolfgang von Goethe: *Faust – Ein Fragment,* Leipzig 1790; ders.: *Faust – Eine Tragödie,* Tübingen 1808).

946 Ein Ziel der Alchemisten war die Transmutation (Umwandlung) von Metallen zu Gold und Silber; vgl. dazu auch: Otto Krätz: *7000 Jahre Chemie,* München 1999; Christoph Meinel: *Alchemie in der europäischen Kultur- und Wissenschaftsgeschichte,* Wiesbaden 1986; Karin Figala (Hrsg.): *Alchemie: Lexikon einer hermetischen Wissenschaft,* München 1998; Hans-Werner Schütt: *Auf der Suche nach dem Stein der Weisen – Die Geschichte der Alchemie,* München 2000.

947 Hans Christoph Binswanger: *Geld und Magie – Eine ökonomische Deutung von Goethes Faust,* Hamburg 2005, S. 13.

948 Ebd., S. 47, 52.

949 Ebd., S. 23.

950 Ebd., S. 26, 44, 48.

951 Johann Wolfgang von Goethe: *Faust – Der Tragödie zweiter Teil,* Stuttgart 1832, 6055/6060, *https://de.wikisource.org/wiki/Faust_-_Der_Trag%C3%B6die_zweiter_Teil.*

952 Josef Ackermann, Hans Christoph Binswanger: »›Es fehlt das Geld. Nun gut, so schaff es denn!‹, *Frankfurter Allgemeine,* 30. Juni 2009, *http://www.faz.net/themenarchiv/2.1157/josef-ackermann-und-hans-christoph-binswanger-es-fehlt-das-geld-nun-gut-so-schaff-es-denn-1811056.html.*

953 1948: Von der Reichsmark zur D-Mark; 1990: Von der Ostmark zur D-Mark; 2001: Von der D-Mark zum Euro.

954 Ausführlich in Michael Grandt: *Ihre Vorsorge-Mappe – So schützen Sie Ihr Vermögen,* München 2016.